日本人的活法

徐静波 著

中国出版集团公司
华文出版社

图书在版编目（CIP）数据

日本人的活法 / 徐静波著 . -- 北京：华文出版社，2017.1（2019.9 重印）

ISBN 978-7-5075-4646-0

Ⅰ. ①日… Ⅱ. ①徐… Ⅲ. ①文化研究－日本 Ⅳ. ① K313.03

中国版本图书馆 CIP 数据核字 (2016) 第 319435 号

日本人的活法
RIBENRENDEHUOFA

著　　者：徐静波
责任编辑：潘　婕
出版发行：华文出版社
社　　址：北京市西城区广外大街 305 号 8 区 2 号楼
邮政编码：100055
网　　址：http://www.hwcbs.com.cn
电　　话：总 编 室 010-58336239　　发行部 010-58336238
　　　　　责任编辑 010-63429159
经　　销：新华书店
印　　刷：北京明恒达印务有限公司
开　　本：787mm×1092mm　1/16
印　　张：21.75
字　　数：340 千字
版　　次：2017 年 2 月第 1 版
印　　次：2019 年 9 月第 9 次印刷
标准书号：ISBN978-7-5075-4646-0
定　　价：49.80 元

版权所有，侵权必究

友愛

冷徐静波大兄

平成二十五年一月十二日
鳩山友紀夫

序

鸠山由纪夫

我的老朋友徐静波先生的新书《日本人的活法》就要在中国出版了,我由衷地感到高兴。其实对于这本书,我期盼已久。

近几年来,日本与中国的政治关系出现急剧冷却。其原因是,对于70多年前的那一场战争,加害者日本已经快忘得一干二净,而受害者依然遗恨难忘。同时,日本一些毫无顾虑的言行,有时候成了这种遗恨的催化剂。日中两国无论在经济领域,还是在文化领域都有着无法割裂的传承与交融,但是日本无视这一种关系,经常闹出一些令对方产生误解的事情,从而使问题的解决日益复杂化。

在这样的背景下,徐静波先生还一如既往地向中国读者介绍日本的文化、政治、经济、观光旅游,想想这是一件多么艰难的事。

因为一次采访,我和徐静波先生成了好朋友。他具有非常敏锐的洞察力和率直的性格。他曾在我主办的讲演会上,向日本人介绍中国的政治、经济、文化,并教导我们应该如何看待中国理解中国。我从中也学到了许多的东西。他既了解中国,又深知日本,始终保持不偏不倚的观点与立场,这样的专家真是我们现在最渴求的人才。

我始终认为,在日中关系出现政治冷却的时候,更需要在友爱的精神之下,推进两国在经济、文化,乃至教育、环境、医疗等各种领域的深度合作,并由日中两国担当起核心重任,一步一步地推进东亚共同体的构建。这不仅有利于改善日中两国的政治关系,同时也可以从东亚向世界发出更多的和平信息。

希望《日本人的活法》这本书能够得到更多读者的喜爱,我也期盼东亚共同体的构想能获得更多的人理解与支持。

日本前首相、东亚共同体研究所理事长

鸠山由纪夫

2016年9月

自序：日本到底是一个怎样的国家

不知多少次，我被朋友们问到同样的问题：日本到底是一个怎样的国家？

其实，我每一次回答，都觉得很难，就像我给日本人解读中国一样。

20 世纪 40 年代，美国女人类学家本尼迪克特写了一本书，叫《菊与刀》，书中阐述了日本发动战争的原因和日本人的性格、日本民族的本性。本尼迪克特没有到过日本，仅仅凭借资料和对日本侨民、战俘的访谈，就写成了这本影响至今的书，是一个奇迹。拿这本书来解读当今的日本社会，会觉得似曾相识，却又陌生有异。

从人类学的角度来讲，日本作为一个岛国，有其固有的保守与团结的民族个性。在 2000 年的历史长河中，它由"万世一系"的天皇和诸侯、武士、平民，构建了金字塔式的社会结构与国家体制，形成了日本社会特有的对于天皇、对于家族、对于雇主、对于企业的忠诚之心，也形成了为达到集团的目的不惜牺牲、齐心共进的社会风尚。

从文化史的角度看，日本从隋唐时期开始向当时世界最强大的中国学习，不惧葬身大海之险而远涉重洋，引进了中国的政治制度、文字、文化、建筑和农业科技，使得日本从一个未开化的时代进入文明的社会。"明治维新"时期，日本又向当时世界最强大的欧洲学习，全盘引进了西方的政治、社会制度和军事、教育、科学制度，让一个闭关锁国的落后岛国在短短的几十年时间里一跃成为野心勃勃的亚洲第一强国。1945 年，日本战败投降后，转而向自己强大的敌人美国学习，并千方百计地引进了美国的新工业与新科技，奠定了世界技术大国的地位。

不管岁月多变，日本始终以一颗虔诚之心、谦虚之情学习世界最优秀的东西，引进世界最优秀的成果，以此来改造自己的社会，革新自己的文化与经济，并催生出一系列引领世界的新技术、新产品。

不过，我们也看到，日本在"明治维新"之后，以极其膨胀的野心毁灭了中国的近代化舰队，掠夺了中国台湾，占据了朝鲜半岛，打败了沙俄帝国，最终发动大东亚战争，侵略中国和东南亚国家，并发动了攻击美国的太平洋战争。在半个多世纪中，日本发动了一场又一场的战争，蹂躏了诸多邻国百姓，虽然最终以失败告终，但是它从内心始终不愿意承认自己的罪过，只承认自己最终没有打赢。所以，日本这一民族，具有可怕的狼性。

让许多人感到不可思议的是，战后 70 余年，日本走了一条和平发展之路，狼性在磨失，讨厌战争、渴望和平的正义之声在崛起。昔日的残暴之族，正在改变。东西方文化在这里交融和演绎，传统的文化依然在发扬光大，先端的科技与文化在不断地被吸收与创新。泡沫经济虽然把这个国家击倒在地，但是在零增长的背景下，它依然能够重新崛起。当你走在东京街头，能感受到世界最前卫的时尚；当你走在京都的古街，还能够体味到浓郁的唐宋余韵。日本人彬彬有礼，但是骨子里荡漾着一种白人的意识。它敬崇强者，蔑视懦夫。它甚至认为，自己是中华文化最优秀的传承者。

所以，我们很难用简单的一句话来概括和评价日本这个国家，我们只能罗列"勤劳、内敛、虚心、认真、诚信、礼貌"与"自傲、狂妄、野心"等关键词，来给这个国家与民族贴上标签。

2015 年，华文出版社出版了我的《静观日本》。这本书一年的时间加印 5 次，并被引进香港。我在香港版的《静观日本》（香港三联书店出版）上写了一个序言，最后写了这么一段话："我们中国如今也实行了改革开放，努力向世界学习，我们正在变得越来越强大。但是，我们可以表扬美国，可以欣赏欧洲，甚至可以赞美非洲，但是我们不敢喊出'向日本学习'，因为我们放不下心中的那份怨恨，也放不下那份大国的架子，内心还没有我们自己说的那么强大。在亚洲各国中，将西方的文化融入东方文明做得最为成功的一个国家，是日本，它不仅保留了诸多中华传统文化，同时也创造了新的科技与文化。我们与其舍近求远，还不如静下心来，好好地去研究这个讨厌的邻居。我们的先辈孙中山、周恩来甚至邓小平都曾这样努力过。我一直主张，对于日本，应少一点批判，多一点研究，把日本实行改革开放和固守传统的经验与教训，把日本发展社会与经济的做法搬回中国，摊在我们的桌子上，取其精华，去其糟粕，或许能让我们少走一些弯路，加快我们的发展步伐。"

我很喜欢奈良市的一座古寺——唐招提寺。这座古寺是中国唐朝的高僧鉴真大师设计建造的。他六次东渡，历尽艰险，最后不仅将中国的佛教文化带到了日本，而且把中国当时最新的、也是世界最先进的建筑技术、农业技术、科学技术带到了日本。所以日本人至今依然十分敬爱他。

唐招提寺的金堂，完整地保留了1200多年前中国唐朝的建筑风格。2015年夏天，我去唐招提寺访问的时候，80岁的第87代方丈石田智圆扶着金堂的大柱子对我说："你看这根柱子，它有三截，最上面的一截是唐朝的原物，后来柱子烂了，在江户时代补修时又接了一段。最下面的一截是几年前再度补修时接上去的。"一根柱子，记录了唐招提寺1200多年的风雨沧桑的故事，更刻录了中国佛教在日本弘扬的历史，而我感受到更有两个字——传承。

令我感动的不仅仅是金堂的柱子，还有唐招提寺的荷花。10多年前，在整理寺院莲池时，发现了残旧的莲子，经过检测分析，确认是1000多年前鉴真大师从大唐带来的莲子。采用科学技术进行培植后，残旧的莲子重新开出了红艳的莲花，唐招提寺将它称为"唐花"。如今，每到夏时，唐花开满了寺院，给予这座古老的寺院一种大唐生命的涌动。

其实，我们在日本生活与旅行，无论是欣赏和服，品味茶道，还是追逐艺伎，漫步古街，甚至看到离开旅馆后依然远远挥手相送的人们和用双手把零钱放到我们手心的店家老太，无不感受到一种似曾相识的美丽与温暖。我们也曾经有过，只是我们丢失的太多。

写《日本人的活法》这本书，是为了诠释当今日本与日本人的品性，努力解读一位陌生老邻居的发家之路。但是，更多的，还是想捡回我们曾经丢失的东西。

徐静波

2017年元月于东京

目录

活法 / 1

1. 骑自行车去超市买菜的日本前首相 / 3
2. 日本美女主播为何会嫁寿司郎 / 7
3. 著名女影星川岛直美之死 / 10
4. 一个与晚期癌症抗争的女孩 / 13
5. 四肢不全的励志偶像为何沉迷于婚外恋 / 16
6. 日本哪里的女人最漂亮 / 21
7. 日本天皇为何突然提出要"生前退位" / 25
8. 高仓健的豪华故居为何被拆 / 28
9. 一位日本老八路的人生故事 / 32
10. 日本老人用什么方式感恩中国 / 40
11. 日本包工头如何当上首相 / 43
12. 鸠山兄弟的政治宿命 / 47
13. 一位女律师如何成为防卫大臣 / 52
14. 日本年轻人为何愿去乡下当农民 / 56
15. 日本相扑运动员退役后都干什么 / 58
16. 到富士山探寻日本女性长寿的秘密 / 61
17. 日本 AV 女优们的真实生活 / 63
18. 一位 IT 天才的陨落 / 66
19. 日本首相被人"造谣"如何还手 / 70
20. 日本人最期望谁当下届首相 / 73
21. 在深山老林里守护千年温泉的大学生夫妇 / 76

22. 东京都知事小池百合子的旋风／81
23. 日本社会的"富二代"为何不张扬／86
24. 日本皇室御用的乡村旅馆是什么样／89
25. 夜泊日本最美丽神奇渔村／92
26. 日本人的爱乡之情是如何培养出来的／95
27. 日本人为什么不愿仇恨美国人／98
28. 日本人过成人节有何讲究／101
29. 日本人的假面夫妻都有哪些特征／104

世相／109

1. 日本人现在都买什么车／111
2. 日本年轻人的生存压力到底有多大／114
3. 日本人为什么不喜欢网购／118
4. 日本学生如何报考名牌大学／122
5. 日本社会为何有一个"5月病"／126
6. 日本人为何热衷于收集信息情报／130
7. 日本首相一年收入有多少／135
8. 北海道女人为何爱吃"成吉思汗"／138
9. 日本公共厕所为何要免费提供卫生纸／141
10. 在日本租房子的规矩／145
11. 日本如何处理交通事故／151
12. 日本的小区为何没有围墙／155
13. 日本为何没有"滴滴打车"／158
14. 日本靠什么扳倒贪腐大臣／161
15. 从日本医疗体制看"魏则西事件"／165
16. 日本企业破产数为何会创新低／169
17. 日本人对待孩子与中国有何不同／171
18. 日本孩子为何没人想当老板／175

19. 日本的救护车为何放在消防署里 / 179
20. 日本消防队员都是些什么人 / 182
21. "东京鬼城"如何变成时尚大街 / 185
22. 日本内阁为何老是要改组 / 187
23. 日本媒体为何热衷于内阁支持率调查 / 190
24. 日本为何被称为是美国的第51个州 / 193
25. 冲绳人为何反对美军驻守 / 196
26. 看日本人如何拍摄抗战片 / 199
27. 日本企业为何寻求与中国劳工的和解 / 205
28. 日本电视台如何解读"南京大屠杀" / 208
29. 日本孩子暑假都在干什么 / 211
30. 东京的道路为何不会出现堵车 / 214
31. 日本人为何总能获得诺贝尔奖 / 219
32. 在日本留学每月需要多少生活费 / 224
33. 用日本电饭煲烧饭有什么秘诀 / 229
34. 日本邮局送来一张道歉条 / 231
35. 日本的黑社会为什么怕老百姓 / 233
36. 日本如何应对校园暴力欺凌事件 / 236

传承 / 241

1. 日本历史上为何从未出现过改朝换代 / 243
2. 日本女人穿和服有什么讲究 / 248
3. 日本人如何打离婚官司 / 252
4. 日本哪些星座的老板最容易破产 / 255
5. 日本社会为何要严格维系师徒关系 / 258
6. 日本人为何选择在神社里举办婚礼 / 262
7. 日本皇后为何不同意跟天皇合葬 / 265
8. 日本人看樱花为何满怀悲情 / 268

9. 日本人为啥看红枫看到了"凄美" / 272

10. 日本女孩与父亲一起泡澡到几岁 / 274

11. 日本社会的羞耻文化 / 277

12. 日本人如何演绎自己的"工匠精神" / 279

13. 日本人为何敢在厕所里面吃东西 / 282

14. 日本社会进步的秘密在哪里 / 287

15. 日本人过年有哪些传统风俗 / 292

16. 银座酒吧女必须遵守哪些规矩 / 296

17. 日本社会为何还保留着告老还乡的传统 / 299

18. 与日本女生谈恋爱的几个招数 / 305

19. 诚信,在日本社会的分量有多重 / 311

20. 在日本吃寿司有什么讲究 / 314

21.《菊与刀》这本书反映了日本人什么性格 / 320

22. 日本情人节为何是女人讨好男人 / 325

23. 到京都寻访最浪漫的美食街 / 328

24. 与京都艺伎喝花酒的隐秘规矩 / 331

活法

1. 骑自行车去超市买菜的日本前首相

一年多没有见到村山富市老先生，这次趁着去福冈市讲演的机会，我决定去看望他。扳扳手指算算，老先生 1924 年 3 月生，现在应该有 92 岁了。

村山先生卸任日本首相后不久，又放弃了国会议员，正儿八经告老，回到了自己的家乡——大分县大分市，日本九州地区一个滨海城市。

电话打过去，是村山先生接的，一听说我要去看他，很是高兴。我们约好第二天上午在他家见面。

第二天一早，我开车从福冈市出发，沿着山间高速公路狂奔两个半小时，就到了大分市。车开到村山前首相的家门口，没有想到，刚好遇到老先生骑自行车从家里出来。还是我手脚麻利，掏出相机连拍数张，记录了这位日本前首相骑自行车外出的罕见镜头。

老先生见我到来，忙下车。我问他骑车去哪里？他说："家内（妻子）一直腰疼，我去超市买点菜。"

喔，您是日本前首相啊，况且已经 92 岁了，还得骑自行车跑超市吗？

老先生请我们进屋。屋子与两年前我第一次来看望他时的陈设没有什么变化。门口依然整洁，屋内依旧狭小。村山先生说，这房子是明治时代的建筑，已经有 130 年了。1945 年时，美军轰炸大分市，这一带的房子都被毁了，就剩下这一栋房子还在。"这是一栋幸运的房子，于是就把它买下来了"，村山先生说。

进了屋，村山夫人在家。曾经的日本第一夫人是一位很典型的慈祥的老太太。她又是端茶又是拿出豆馅饼，弓着背好像确实很疼。看得我直想流眼泪。

我给村山前首相带去了一盒茶叶，是我的老家——浙江省舟山市出产的"普陀山佛茶"，是舟山市老市长周国辉先生访日时给我的礼品，我是"借茶献佛"。老两口特别高兴，忙打开盒子看，说"佛茶就是仙茶"。

我与村山先生就着茶，谈到了中日关系，谈到了安倍政权，谈到了他与中

国领导人的交往。不过谈得最多的,还是他的人生故事。

村山先生有 11 个兄弟姐妹,他排行老六。"小时候家里穷,父亲是打鱼的,这么多孩子没法管,我是老六,所以父母亲对我很放任,也没有什么期望,有饭吃饿不死就行了。"村山先生说。

小学毕业后,村山先生被亲戚带到东京,在印刷厂打工。白天工作,晚上就去读夜间中学勤奋读书,后来还考上了明治大学政治经济学部。村山先生说:"刚进学校,就被征了兵,先是陆军二等兵,后来升为军曹。"幸运的是,村山先生还没被拉去当炮灰,日本就投降了。东京一片废墟,他就回到了自己的老家。

村山前首相很遗憾自己没有当过一天的公司白领。回到老家后,他就当上了大分县渔村青年同盟的书记长,开始了工农运动的生涯。后来当选为市议员,又当选为县议员,1972 年当选为国会议员,1992 年成为日本社会党委员长。1994 年,他当选为日本第 81 代内阁总理大臣(首相),随后发表了著名的"村山谈话",首次代表政府承认日本对中国的侵略战争。

问起为什么当时会想到发表这么一个"谈话"？村山先生说："刚好遇到终战50周年，我想这个时候不说，以后就没有机会说了。"短短的一句话，透着一份正义和信念，融入了对于历史的一份责任感。

前首相的家，没有一般人想象的前呼后拥。村山先生的家里居然没有警卫，没有秘书，也没有佣人，只有这对90多岁的老夫妻，平静得和一般的城市平民没有什么两样。

老先生早上5点起床，一个人健步快走到附近的一处公园，和一些市民老伙伴们做体操、聊天。每天坚持两小时。这也成为他健康的源泉。

我突然想起一个问题："日本首相退休后，都享受什么待遇？"

村山先生听了直摇头："什么都没有！"

美国总统退休后，政府还拨一笔钱给建个图书馆。日本首相退休后，政府既没有特别的补助金，也没有什么安家费，连书报费和交通费都没有。生病就是一般的国民健康保险，自己承担三分之一，当然更没有前国家领导人的高干待遇。所有的生活，就靠几十万日元的议员养老金。

这个资本主义国家，也太没有人情味了。

前几年，村山先生因为白内障去医院动手术。医生问他"是要选择看远的，还是看近的"，村山先生想了想，平时还要骑车上超市买菜，就选择看远的吧。医生又告诉他一句话："还有一种手术，既可以看近又可以看远，但是需要100万日元（约6.5万元人民币），而且不可使用医疗保险。"村山先生听了直摇头，他不舍得那100万日元。

临近中午时分，村山夫人张罗着要做饭，我是一定要请他们去外面吃饭。最后村山先生打电话到一家经常去的寿司店订好了座位，还叫了出租车。

出租车到家门口时，我问司机："认不认识这位老先生？"那司机说，大分县的人都认识他，他是大分县的"宝贝"，大家叫他"とんちゃん"（昵称）。

走进寿司店，最里面的一间是村山先生最常用的地方。空间很小，坐下我们四个人就已经很挤了。老板娘说，村山先生从当议员开始就来店里吃饭。他不用说，我们都知道他喜欢吃什么。

怪不得村山先生外出不需要保镖，与市民与邻居之间的鱼水之情，就是对他最好的保护。

村山先生虽然已是90多岁高龄，但一年还要到中国访问几次，要么作为日本访问团的名誉团长，要么就是带九州地区的企业到中国考察交流。"退休后，海外跑得最多的还是中国。这两个邻居，不友好不行啊！"村山先生说，"我就是喜欢中国，忍不住。"

道别时，村山先生最后跟我说了一句话："还让你付了寿司钱，家内说我了。真是对不住！"说得我眼泪直打转。老先生，多保重！

2. 日本美女主播为何会嫁寿司郎

上海电视台外语频道的日语节目《中日新视界》对我做了一个专访，采访我的是女主持人小森步。小森步是一位日本人，我和她相识也已经快10年了。

许多学日语的中国人都认识小森步，称她为"小森老师"，因为她曾经在电视台上讲授过《新版中日交流标准日本语》，声音清脆，笑容可爱，赢得了不少粉丝的喜爱。2004年，小森步辞去了在日本的电视节目主持人的工作，只身一人来到上海，进入东华大学学习中文。

2007年，我组织策划了日本歌手长山洋子在海外的首场演唱会，演出地点就选在上海。演出结束后，大家举行庆功会，小森步也来了，她打扮得十分靓丽，跟长山洋子有一拼。我们一起喝酒聊天时知道小森步在中国经常主持一些与日本有关的活动，还在电视台上开日语讲座。从那以后，偶尔有几次参与她主持的上海电视台的日语节目，但一直没有问她的私生活。

这次《中日新视界》的采访，特地借了上海一家五星级酒店的总统套房，因此有机会在录制前一起聊天。于是，我问她到底结婚了没有？她说，早就结了，而且已经做了妈妈。我问她到底嫁给了谁？小森笑着说："你猜一猜？"我说猜不出来。她告诉我，老公是做寿司的，在上海的古北开了一家小小的寿司店。

小森步是属于人见人爱的美女，中文也说的很棒。按照我们中国人的概念，她颜值很高，职业价值也很高，完全可以嫁一个富豪或成功人士，让自己的生活更加富裕和安逸。

她开玩笑说，没人追她啊。我想，她说出的这句话，会让许多男人痛哭流涕。

不过，我还是很好奇地问了她一个问题："你为什么会嫁给一个做寿司的男人？"

她说："我选择丈夫，并不是刻意地要选择厨师或者是蛋糕师，而是感觉到他和我一样，是在艰苦的环境中奋斗出来，然后才拥有了现在这样的工作，我们之间有着许多共同点，因此他很值得尊敬。"

小森步的回答，让我想起了我的另外一位在日本电视台当主持人的朋友——上宫菜菜子。

上宫是朝日电视台的当红主持人，她出生在东京，因为父亲工作的关系，小时候在美国生活了6年，英语讲得非常棒。回日本后，她在东京外国语大学学了西班牙语。结果西班牙语没有用上，她却成了朝日电视台体育节目的主持人。

上宫的老公在东京的一家小公司里上班，只是一名普通的公司职员。两人在一个同学聚会上相遇后，便开始了恋爱，恋爱长跑整整6年，最后发现马上要奔30岁了，所以就结了婚。一切都是那么水到渠成。

对于上宫嫁给一位公司小职员的事，我曾经写过一篇文章。日本社会，不管是漂亮的女影星也好，著名歌手也罢，亦或是电视台的主持人，她们很少有嫁企业老板的。因为大多数人认为，企业老板多少有些铜臭味儿，不属于她们的同路人。在她们的眼里，找丈夫志同道合最重要，有没有钱是次要的。

在泡沫经济时代，日本女性选择丈夫时往往也把高收入、高学历、高身材这"三高"作为基本标准。但是，20世纪90年代初泡沫经济崩溃后，日本社会一颗浮躁的心开始沉静下来，人们不再为了面子活给别人看，而是去寻找适合自己的生活方式，那种质朴、自然的东西开始回归社会，回归到每个人的生活中。婚姻也一样，不再虚荣，不再追求高大上，而是寻找真情，过自己想过的生活。现在日本女性的"三高"标准已经换成了"有共同的价值观，性格相符，有稳定收入"这三点，也就是说，她们的要求更踏实、更接地气。

　　日本生命保险公司对 25 岁至 34 岁的未婚女性做过一次调查，问她们找丈夫的条件？结果显示，排在第一位的是"要求价值观相同"，第二位的是"对于金钱要有同样的感觉"，第三位的是"有稳定的工作"。而以前所追求的"高收入"已经退到第九位，"高学历"退到第 19 位，"高身材"退到第 20 位。

　　这调查中还有一组数据也是很有趣的。对于男性的年收入，日本女性的平均要求为 550 万日元，相当于 30 万元人民币。30 万元人民币的年收入，在日本属于普通的收入，因为日本国税厅公布的日本男性公司职员平均年收入就是 533 万日元。也有女性提出，如果真的相爱的话，对方哪怕只有一半的收入，也就是只有 15 万元人民币的年收入，也不在乎，只要能过生活就行。

　　在欲望横流的社会里，尤其是在经济不景气的状态中，日本女性能够回归爱情与婚姻的纯真本性，只要求与自己爱的人在一起，而不是趁机把自己"卖"一个好价钱，这是难能可贵的。就像小森步、上宫菜菜子作为知名度很高的电视节目主持人，明明知道自己的男友只是一个做寿司的，只是一个小公司的小职员，但还是要嫁给他，不仅是因为自己爱他，还因为两人有共同语言和理想。

　　小森步至今在上海还没有拥有自己的房子，她说自己的老公是一根筋男人，除了做寿司，什么都不会。但是他对自己的职业很执着，一定要把最好的材料从日本运来，给客人提供最让他自己满意的寿司。虽然老是做亏本生意，但他是一位"寿司工匠"，是一个很值得尊敬的男人。她说，钱可以慢慢挣，但是拥有一份自己喜爱的事业，这才是一个人最有价值的地方。

　　小森步的丈夫叫前川，他的寿司店就叫前川寿司，位于上海古北。有机会去前川寿司店吃一盘寿司，说不定还可以遇见小森老师，和她聊聊上海的爱情故事。

3. 著名女影星川岛直美之死

日本著名影星川岛直美走了，胆管癌，终年54岁。

川岛出道很早，读大学时就上了电视，被誉为"娱乐女神元祖"。但是，我记住川岛是因为她演了电视版的《失乐园》，那是根据渡边淳一先生的小说改编的婚外恋故事，演绎尺度比电影版的女主角黑木瞳更大，充满激情。

川岛后来还演过不少电影和电视剧，我都没有记住。但是前几年她突然热爱上红酒，又拍广告又出书，俨然成了红酒大师。最后给世间留下的一句最惊人的话是："我身上流淌的都是红酒。"

爱红酒的美女，最终嫁的男人自然与吃相关——日本著名的西式糕点师铠塚俊彦。两人虽然没有孩子，但却也是绝配的夫妻，感情很深。

2015年，川岛一直在全国各地主演舞台剧。9月17日，日本各大媒体突然曝出一条消息，说川岛实在撑不住了，决定放弃舞台剧的主演，委托B角顶替。川岛为何撑不住？当天电视台播出的一组镜头让日本全国的观众吓了一跳：多日在荧屏上不见的川岛，居然已经瘦成了皮包骨。那么美丽鲜艳的女人，怎么会变得如此苍老？

川岛和她的丈夫什么都没说。

24日，各电视台突然传出速报：川岛直美在东京的医院里去世。这一天距离她离开舞台仅仅一个星期。也就是说，身患绝症已经无法正常进食的川岛，直到生命的最后一刻，还在舞台上为观众表演歌舞。

我还看到一条消息，说川岛因为长期无法正常进食，体重已经降至35公斤。由于无力，她在9月7日那天的演出中肋骨骨折，在后续的几场演出中，虽然有时会说错台词，但是无论是舞蹈还是歌唱，表演得都十分完美。一个女艺人在癌症晚期又遭遇肋骨骨折的情况下，是如何忍住疼痛，把自己的演艺生涯坚持到生命的最后一刻的？我实在难以想象。我只想问：是什么力量顽强地支撑着她直到倒下？

川岛直美去世后，她的丈夫在整理遗物时居然发现川岛在去世前两天的手机上，都是发给友人的短信。告诉她们，她自己要给丈夫好好地过一次生日，请她们无论如何都要来捧场。而川岛留给这个世界的最后一句话，居然是"对不起"，因为她突然吐血，血迹沾满了病床。说完这句话，她就陷入昏迷。

在很长一段时间里，我其实对川岛的印象并不是很好。不是因为她在《失乐园》中露的太多，而是觉得她当"红酒女神"有点不务正业。但是在人生的最后时刻，川岛并没有躲进医院或者遁居温泉地养病求生，而是选择了把自己的艺术生命之火燃烧殆尽，这让我肃然起敬。一个柔弱的女人，一位出色的艺人，如此豁达地面对死神的降临，忍受病痛的折磨甚至呼吸困难时依然登台表演，这需要多么强大的心灵和意志！"生为艺术人，死为艺术鬼"，日本媒体把川岛的精神称为职业意志。

也许天堂那边缺美女，在川岛去世前几天，比她更年轻的一位美女也走了——32岁的NHK新闻主播黑木奈奈。

黑木毕业于日本上智大学法语专业，先担任每日放送电视台出镜记者，后加盟TBS电视台当新闻主播。2011年4月起，成为NHK新闻节目主播。

黑木身高172CM，十分靓丽，是NHK四大美女之一。去年7月她因胃溃疡住院治疗，却意外发现患了胃癌，而且已是晚期。去年9月，黑木的整个胃被切除，每天靠饮用液体生活，但是她依然坚持每周主持一次NHK卫视（BS1）的《国际报道》节目，直到2016年7月13日倒在工作台上，再度被送进医院，那时发现癌细胞已经转移。黑木住院一个月后，依然渴望回到演播室。最后在父母的陪伴下，9月19日凌晨在家中告别了自己短暂的生命。

在全胃切除后，黑木写了一本书讲述自己与病魔斗争的故事，最后她写道："未来还有办法恋爱和结婚吗？"这成了这位热爱播音事业的女性的最大遗愿，听了催人落泪。

写完这篇文章，我一直想不出一个很好的题目，因为我不是想告诉大家日本有两名美女主播死了，而是想告诉大家：也许在不少人的印象中，日本女性是柔弱的，甚至她们只懂AV。但是，无论是川岛还是黑木，作为艺人面对绝症，她们没有畏惧，没有气馁，更没有选择逃避，而是勇敢地坚守在自己的事业阵地直到最后一刻，像一名勇士一样倒下得无怨无悔！

川岛与黑木的死，让我对这些日本职业女性们肃然起敬，不仅仅是因为她们对于病痛的无畏勇气，更是因为她们那份至死不渝的敬业，令人敬佩！

4. 一个与晚期癌症抗争的女孩

山下弘子被诊断出肝癌晚期的时候,她只有19岁,日本立命馆大学一年级女生,还来不及过20岁的成人节。

起初她只是觉得右胸疼,去医院检查后,医生什么都没说,要求她立即住院手术。医生告诉她的母亲:女儿只有半年的生命。

2公斤的肿瘤摘取后不久,又发现她的癌细胞转移到了肺部。肺

部再动手术,随后又发现转移,转移地方达20多处。短短几个月的时间里,弘子动了11次手术,胸腔打开,缝上,再打开,再缝上。这让她想到了如何尽快死去。

但是半年过去了,弘子没死成,她痛苦地活了下来。

一家四姐妹,她是老大,小时候跟随在中国工作的父亲在北京读到小学三年级才回国。她圆圆的脸,说不出特别的美丽,但十分可爱。

接下来的化疗让弘子的头发一撮一撮地往下掉。她把长头发剪了,但是头发依然在减少。

弘子不想变成光头,爱美的女孩都会这么想。她实在有点扛不住,想起了高中的班主任———一位待她如自己孩子的女老师。她回到母校抱住班主任哭,班主任摸摸她的头说:"我陪你好好地活下去!"第二天,班主任去医院看她,

弘子发现，班主任把长头发剪了，剪成了比她还短的男孩头。

那一刻，弘子有了活下去的勇气。

医生告诉她一个简单的道理：每个人的身上都有各种坏细胞，当免疫力很强时，好细胞遏制着坏细胞。而当免疫力下降时，坏细胞就要跑出来兴风作浪。所以只有提高免疫力，才能战胜坏细胞。而提高免疫力的最好办法，不是吃药，而是快乐！

弘子离开医院，回到了大学，重新拿起课本走进了课堂。她在自己的Facebook上写下这么一段话："人生只有一次，不管是短还是长，都是一次。不管哭也好笑也好，也都是一次。所以哪怕是一天，哪怕是一瞬，都要毫不后悔地活好。"

弘子在课余时间开始去学打高尔夫球，暑假跑去澳大利亚学跳伞，跑到塞班岛去学潜海。她不需要人陪，一个人到巴黎，到伦敦，到布鲁塞尔，把自己想看的城市、想走的地方，都走一遍，并把自己的心得，通过Facebook传递给关爱着自己的朋友们，共同分享生命的快乐。

虽然服用了许多的抗癌药，躲过了半年的危险期。一年后检查结果显示，吃了这么长时间的抗癌药，依然没能阻止住癌细胞的扩散。

当医生再度发出"余命半年"的通牒后，弘子开始写书。她要把自己与死神搏斗的故事写出来，来鼓励那些想自杀的日本人：珍惜生命，相信未来。弘子拖着伤痕累累的病躯，走上讲台，给同龄人、给癌症患者们，讲述"人生不后悔"的故事。

也许上帝垂爱努力生活的人。在家人绝望的时候，日本一家医药公司发明了一种抗癌新药，并开始寻找试验者。治疗弘子癌症的近畿大学医学部附属医院医生在分析了这一新药的成分后，觉得可以让弘子一试。于是，弘子开始服用这种新药，结果奇迹出现了：癌细胞开始得到控制，并出现了萎缩的趋势。

弘子从立命馆大学毕业后，像普通的大学生一样走上了社会。她开始在母亲经营的不动产中介公司工作，同时还做中文翻译。弘子成了小白领，下班后也和普通的OL一样去居酒屋喝酒，去卡拉OK唱歌，休息日也去银座逛街看电影，或者与姐妹们一起去泡温泉。她活泼、热情，毫无病态。

医生说，参加新药临床试验的人，全世界总共200位，弘子是其中的一个。

这一新药新免疫疗法并非人人有效，但弘子感觉很管用。病人找药，药也在找人，这是天意。

2016年1月，日本TBS电视台播出了介绍弘子的纪录片，让我感动不已。我找到弘子的邮箱，给她写了一封邮件。她马上回复说："现在这一刻，让我们欢笑地活着，不要后悔每一天。精神比药重要！"

山下弘子，今年24岁，从第一次动手术到现在，已经度过了4年的美丽时光。现在，她还成了生命保险公司的广告模特儿，努力宣传珍爱生命，成为许多癌症患者的励志偶像。弘子告诉我：她的目标，是要进入联合国从事儿童教育工作，然后活到80岁。

5. 四肢不全的励志偶像为何沉迷于婚外恋

2016 年 3 月，日本闹出了一个大新闻，一位没有手臂也没有腿脚的中年男子，居然和 5 名年轻的女性发生了婚外恋，而且都有肉体关系。而这位四肢不全的中年男子，还是日本年轻人心目中的励志偶像，他的名字叫乙武洋匡。这绯闻的传出，不仅让一个高大形象轰然倒下，同时也给安倍政权带来了极大的麻烦。

乙武洋匡 39 岁，是东京人。1976 年 4 月 6 日，他的母亲在医院里生下他时，就是一个没有腿脚也没有手臂的"怪物"。当时医院的医生曾经劝他的母亲放弃这个孩子，但是乙武洋匡的妈妈觉得无论如何这也是一个生命，坚持要把孩子养大。

小学时，乙武是妈妈背着上学的。到了中学，他开始自己练习用特制的轮椅去学校。乙武是一个意志十分坚强的人，他没有因为自己没有手脚而自卑，没有唉声叹气也没有向病魔低头，而是积极参加学校的体育活动，用残留的一点点手臂练习打篮球，也打棒球。同学们刚开始时觉得他好玩，但是后来发现他很顽强也很勇敢。乙武能够用嘴含着笔写作业，用电脑发邮件，所有的学习与生活，正常人能够做到的，他几乎也都能做到。更令人惊叹的是，他高中毕业后居然还考上了著名的早稻田大学。

乙武在全国出名，是因为在早稻田大学的文化节上表演节目。前去采访的 NHK 记者发现了他，被他的精神所感动，特别为他制作了一档节目。结果，这节目轰动了日本列岛。几乎所有看过这节目的人都流泪了。乙武在节目中说了这么一句话："残障确实给我的生活带来了不便，但这并不是一种不幸。"这句话成了鼓励日本全国的残疾人最励志的一句话，乙武也因此成了全国年轻人的偶像。

出版社找到他，请他写书。于是，乙武将自己的经历和对生活的渴望写成了一本书，书名叫《五体不满足》。这本书立即成了日本的畅销书，卖了 270

多万册，并被翻译成中文等十几个国家的语言，鼓励了大批的残疾人走向社会。

乙武在这本书中写道：我一生下来就是一个残疾人，我五体不满足，不仅不满足，而且五体中缺少四体。但父母没有放弃养育我的责任，朋友们聚拢在我的身边，我一天天长大，与轮椅一道自由自在地生活着，一点儿也没有感到不满足，我要大声宣告："我是残疾人，但是我生活的每一天都是快乐的。"

给乙武带来最大快乐的，是他在早稻田大学的学妹。这位学妹名叫仁美，她被乙武的精神所感动，不顾家人的反对，在大学毕业的前一天与乙武登记结婚。当时，这也成为日本社会的一大新闻。

我在一次讲演会上见过乙武，乙武的身高只有1米，而且身材瘦小。当他宣布结婚时，许多人感到很好奇：他会不会生孩子？不少好事者甚至在网上发表了一些教他做床上运动的漫画来调侃他。没有想到的是，乙武在结婚8年后，妻子生下了第一个儿子，随后又生下一儿一女。最小的女儿2015年刚出生，一岁不到。乙武一下子成了3个孩子的父亲，他为此留下了一句豪言壮语："正常人能够做到的事，我也能做到。"

乙武真的做到了别人能够做到的事。他大学毕业后到一所小学当老师，给孩子们上国语课。他还去当体育记者，跑到球场采访。许多电视台请他做节目，对教育问题发表意见，给年轻人讲励志的故事。他已经出版了21本书，每年做几十场讲演。2013年，东京都政府请他担任教育委员，成为日本首都教育问题的参与者和管理者。

从大学时代开始成名，乙武在这20年的时间里，一直是以日本最顽强、最成功的年轻人形象出现在这个世界上。最近他还遇到了一件大好事，日本首相安倍晋三接见他，邀请他作为日本执政的自民党的候选人参加2016年7月举行的参议院大选。凭借乙武在全国的知名度和他的毅力，他当选为参议员是毫无疑问的。

那么，安倍首相为什么会邀请乙武去竞选参议员呢？对于安倍首相来讲，2016年7月举行的参议院大选决定着他能不能实现修改宪法这一政治目标，是一个极为重要的挑战。因为日本宪法规定，如果要修改宪法，必须要获得三分之二以上国会议员的同意。安倍首相目前领导的联合执政党，在众议院已经获得了三分之二以上的议席，但是在参议院还只是获得过半数的议席，这次的参议院大选，如果能够推举出优秀的候选人，不仅能够保证自民党获得更多的议席，同时也能鼓励更多的选民来投执政党的票，以便能够让执政党在这次大选中获胜，占据三分之二的议席，保证安倍首相实现修改宪法的梦想。对于39岁的乙武来说，如果当选为参议院议员的话，他的人生也将因此发生巨大变化，他将从一名普通的残疾人变成一位堂堂正正的政治家。

但是，世上总有物极必反的时候。就在乙武做起政治家之梦时，日本的一家叫《周刊新潮》杂志，在3月23号突然发表了一篇文章说乙武有婚外恋，而且婚外恋的女人不止一个，至少有5个。这篇报道就像晴天霹雳，让日本列岛为之震惊。许多人开始怀疑这篇报道的真实性，认为这么一个四肢不全的男人，他怎么可能去引诱女人，怎么可能会有年轻的女孩子投入他的怀抱。但是，报道说的有板有眼，还说其中有一位二十几岁的女孩子，跟着他已经有三四年，去年两人还到突尼斯和巴黎秘密旅行。

采写这篇文章的记者，事先也直接采访了乙武本人，所以在这本杂志发行当天的凌晨，乙武在自己的网站上面发表了一篇公开道歉信，承认自己确实跟5位女性有过肉体关系，并为自己的不道德行为向社会和家人表示道歉。

这封公开信发表以后，日本所有电视台的娱乐节目的话题都立即转向了乙武的这场婚外恋。在节目讨论中，有艺人说，作为父亲和丈夫，乙武这样的做法是不道德的，但是作为男人，他是值得令人羡慕的，因为他比我们这些四肢健全的男人精力更充沛。日本电视台还特别邀请了几位年轻女性参加讨论，主持人问她们，为什么有这么多年轻女性愿意跟他上床？这几位日本女孩子说，基本原因可能是两种，一种是对乙武的顽强的意志和精神产生由衷的敬爱，并愿意为他献身。另外一种是，有些女人出于好奇和寻找刺激。

一位曾经多次被乙武诱惑的女子在接受富士电视台的采访时表示，乙武玩女人从8年前就已经开始。他经常泡吧，并炫耀自己的小弟弟如何厉害。要了这位女性手机号码后经常主动与她联系，有一次，乙武在东京的一家高级酒店里订好了套房，要求这位女性到酒店来约会。

这说明乙武在"五体不满足"的欲望驱使之下，拿巨额的版税收入踏上了玩女人以满足性欲，或者以此想证明自己还是一个正常男人之路。虽然乙武自己没有说明大搞婚外恋的理由，也许除了放纵自己身体的堕落之外，在潜意识中还会有"我不仅行，而且很行"的一种对于自己残缺身体的"复仇"心理，甚至是一种极端自卑的心理投射。

乙武婚外情曝光以后，许多人为他的妻子鸣不平。毕竟早稻田大学的这么一位优秀的学妹，嫁给一个四肢不全的男人，还为他生了3个孩子，这种献身的精神不仅没有换来丈夫对她更深的爱，反而带来如此大的伤害。在电视节目中，很多人开始讨论两人离婚的事。但是出乎人们意料的是，乙武的妻子也发表了一份道歉信，认为丈夫出轨自己也有很大的责任，因为自己没有照顾好他，也没有完全满足他。因此她作为妻子，也需要向社会表示道歉，并表示会继续陪伴丈夫一起生活下去。

乙武妻子的这封道歉信，又给日本社会扔了一颗小石头。大多数舆论对于乙武妻子的道歉信持批评态度，认为作为一个女性、一个妻子，已经受到如此大的伤害，就没有必要替丈夫担责任。她这样做的目的，就是为了平息社会舆论对乙武的批评，让他继续能够成为自民党参议院的候选人，协助丈夫成为政治家，自己也因此成为政治家夫人。

还有舆论分析说，乙武的妻子发表这封道歉信的背后，不仅有她本人的算盘，也很可能是安倍政权出的主意。所以，乙武夫妻两人的道歉信不仅没有平息这起婚外恋事件，结果还适得其反。日本其他媒体纷纷参与这一事件的报道，又曝出消息说，乙武玩过的女人不止5个，可能会有50个以上。最励志青年一下子就变成了道德沦丧的大色狼。

人们感到奇怪的是，一般的日本社会名人在闹出性丑闻之后，都会立即辞职或闭门思过。但是乙武却不一样，事情已经过去了一个礼拜，他本人也好，自民党也好，在是否要退出参议院议员竞选的问题上保持着沉默。双方都用一种侥幸心理在观察社会舆论对乙武的总体评价，期待舆论能够出现同情的论调。但是，自民党最近几年从社会人士中筛选出来推荐成为国会议员的年轻人中，至少已经有3个人被发现婚外恋，自民党已经被扣上了"王八党"的帽子。因此，自民党如果死扛着乙武，坚持要让他去参加参议院大选的话，对于安倍首相来说，可能是祸多福少，弄不好执政党在参议院大选中会面临失败。

一个残疾的励志人士的婚外恋问题，牵连到安倍政权的支持率，这也是日本社会的一个奇葩。

半年后的9月14日，乙武在自己的网站上宣布已经与妻子分手。他说，自己有许多不足的地方，十分感激妻子在这15年来对家人的付出，而离婚"是对家庭最好的决定"，他还是3个孩子的父亲，为了不让孩子们蒙羞，会尽力做好父亲的责任，并对婚外情事件造成的不良社会影响而致歉。

有人说，乙武虽然会失去成为政治家的机会，但是他如果能够把自己婚外恋的真实故事写出来，销量不会低于他的成名作《五体不满足》。不管怎样，乙武的人生还有很漫长的路要走。但在日本社会，一旦失去信誉，要重新树立起来是十分艰难的，需要付出许多倍的努力才能赢得民众的原谅和再次的信任。

6. 日本哪里的女人最漂亮

经常有朋友很好奇地问我一个问题："日本哪里的女人最漂亮？"这个问题回答起来还真不容易，因为日本各地都有美女。

日本是一个岛国，民族单一，因此与大陆国家相比，历史上人种交流的机会相对比较困难。除了冲绳人有些特有的外表与肤色特征之外，日本其他地区的人几乎都长得差不多，没有太大的差异。我在早稻田大学兼课，与社会学教授福田先生谈起"日本美女"分布图时，他说，日本自古有"秋田美女九州郎"的说法，说的是日本东北地区秋田县的女人很漂亮，而南部九州地区的男人很英俊。这个说法是否成立，接下来请大家跟我去日本美女的著名产地走一走，领略日本美女的故事。

不久前，我去日本东北地区的秋田县出差，刚好遇上当地举行传统的文化节。日本自古有一种说法，说秋田的女人最好看。从白天的歌舞表演到晚上的灯笼游艺活动，发现秋田美女还真不少。

秋田县是一个山清水秀的丘陵地区，冬天雪厚达到3米以上，土地肥沃，水质清冽甘甜，种出来的稻米特别的香甜。

古代日本有一位大美女叫"小町"，相传就出生在秋田县的汤泽市。她生活在唐朝杨贵妃的时代，被称为与杨贵妃和埃及王后齐名的世界三大美女之一。

小町因为长相实在漂亮，结果被天皇选中去做贵妃。当时的日本首都在奈良，从秋田县坐马车和轿子需要行走一个多月才能到达奈良。小町被送到皇宫后，一直不能回家。后来因为思念亲人，她向天皇提出来希望回秋田老家伺候父母，天皇准许了她的要求。于是，小町以贵妃的身份回到了汤泽市，并在家乡住了下来。一位小伙仰慕她的美貌，一直苦苦追求她，但是小町碍于自己的身份，只能默默相爱，坚决不与这位小伙结婚，最后在郁闷中死去，留下了自己对天皇的无限忠贞和与相爱的人无法结婚的遗憾。

　　历史上，美人的结局基本上都是凄惨的，小町如此，中国的杨贵妃也是一样。也许这种凄惨的结局更能引起人们的怜悯和惋惜，加深对她的思念。所以，日本人后来干脆就把杨贵妃的故事续写到日本，说杨贵妃当年并没有死，死去的只是她的替身，唐玄宗偷偷地派人把她送到了日本。这一传说，只是日本人对于美人的一种理想的结局的安排，不过，日本各地真的有许多供奉杨贵妃的寺院。

　　小町是日本美女的一大象征，她的真实容貌，当年没有照片，也没有宫廷画师为她留下一幅作品，所以只能凭人们自己的想象。如今在秋田的汤泽市，依然保留着小町的故居遗址，她当年使用过的水井，她与小伙子约会的山洞，还有传说中她的墓。

　　秋田是盛产稻米的地方，有个品牌叫"秋田小町"，许多人看不懂这个品牌的意思。听了我刚才讲的故事，大家就会知道，原来是拿美女做的广告。

　　秋田女人的最大特点，是皮肤美，而且是白里透红的那种细腻的美。我在汤泽市政府拜会市长时，遇到一位端茶的女孩子，脸蛋就像水蜜桃，在我们中国的江南，也难得看到有如此美丽的肌肤。

　　秋田的女人为什么长得漂亮，原因比较多。据说，秋田县与俄罗斯隔海相望，古代两地多有交往，因此"秋田美女"的鼻梁普遍较挺，皮肤也普遍白净。还有一个原因是秋田的温泉很多，尤其是汤泽市，到处是温泉，甚至还有一条温泉河。因此，秋田女人经常泡温泉，使得肌肤更为美丽。还有一个原因是，秋田是一个丘陵地区，四季分明，冬天大雪纷飞，春天樱花盛开。秋田人喝的水，都是由高山雪水渗透的地下水，水质十分清冽甘甜。加上物产丰富，生活富足，所以秋田的女人们可以优雅地生活。

　　说了这么多秋田女人的美丽，那么在当今的日本演艺界，有代表性的秋田美女是谁呢？有两个，一个是佐佐木希，一个是坛蜜。

佐佐木希演技一般，但是她的肌肤特美。2010年，佐佐木希作为"最美丽面孔日本美女"入选美国电影网站TCCandler"2010年最美丽的脸100人"排行榜，排行在全球第31位，并被誉为"美国人最喜欢的日本第一纯情美少女"。

坛蜜则被誉为日本第一性感女郎，身材十分火辣，说话嗲声嗲气，台湾男人们把她叫作"日本林志玲"。

日本另一个被誉为"美女故乡"的地方，是千年古都——京都。京都的女人之美，在于风姿。

无论是艺伎还是一般的女孩，穿上一身漂亮的和服，露出白白的项颈，脚踏一双木屐，从古街小巷里款款走来，还没看清脸，就先被其婉约风姿醉倒。那是一种古都文化熏陶出来的优雅之美。因此，京都的美女有"京美人"之称。"京美人"的另一层意思是"美得傲气"。

但是很遗憾的是，京都在全国出名的美女却数不出几个来，有代表性的也就是宝塚歌舞团出身的艺人檀丽和歌手倖田来未。

在日本女艺人的出生地排行榜上，漂亮女人最多的不是秋田，也不是京都，居然是九州地区的福冈县。著名歌手酒井法子、滨崎步、坂井泉水、松田圣子、AKB48的筱田麻里子，目前日本最走红的模特吉瀬美智子，还有女影星黑木瞳、苍井优、田中丽奈等都出生于福冈县。

九州大学的一个研究小组对福冈美女进行了一番研究，得出一个结论，福冈之所以美女多，是因为饮食上占了优势。福冈乡土料理中最有名的是"もつ鍋"（杂碎火锅），也就是猪肠火锅，用特制的豆瓣酱煮制而成。这种火锅能产生很多的胶原蛋白，具有很好的美肌作用。同时嚼肠子能活动脸部肌肉，也促进脑细胞的新陈代谢。而且福冈长期以来是九州地区的商贾中心，众多的花柳街也汇聚了九州各地的美女。当然还有一个原因是，福冈在古代就有不少来自中国和韩国的移民，在DNA上占了优势。

我去福冈讲演，特地拿了相机去街头拍了几张，发现街头美女还真不少。

讲演结束后，我的好友、福冈数据分析公司社长儿玉先生拉我去喝酒，他说："看福冈美女要去酒吧。"于是我们前往中洲的一家酒吧，遇到了美女友佳。聊天中才知道，友佳居然是九州大学的高材生，专业是原子能粒子分析。我无论如何也无法将酒吧女与原子能专业毕业生联系在一起。友佳倒是说得很轻松："福岛核泄漏事件一出，九州电力公司的几座核电站也停止运营了，我学的这个专业一下子没了人气"。

白天，友佳在一家化妆品销售公司工作，晚上到酒吧来打工，这是一位生活很努力的女孩。她说她想赚足一笔学费去报考研究生，改读国际政治专业。

我突然发现，日本最漂亮的美女确实是在福冈，因为福冈美女特别聪慧努力。

7. 日本天皇为何突然提出要"生前退位"

2016年8月8日，日本明仁天皇通过NHK电视台发表了一份电视谈话，正式向日本国民和世界表明了自己希望"生前退位"的强烈心愿。

而在此前一个月，当NHK电视台突然报道"天皇陛下准备提前退位"的消息时，人们还是半信半疑。

82岁的明仁天皇，由于前几年前列腺出了问题，已经动过两次手术。虽然他依然每天要圈画内阁的各项决议案，还要经常接待外国元首，并去地方城市视察，但是与前几年相比，他的行动已经显得迟缓，尽显老态。

采访皇室50年的资深记者神田秀一先生，是明仁天皇十分信赖的人。他在电视节目中透露，不久前拜见天皇时，天皇跟他说，现在耳朵有点背，听力下降。电视新闻主播讲的话能够理解，一般人说的话有时听不清楚，理解困难。

日本自明治时代以来，近200年的历史中没有出现过天皇"生前退位"的先例。现今的日本皇室法典《皇室典范》中，也没有规定天皇可以"提前退位"。战后制定的日本国宪法规定，天皇不能过问国政，只是一个国家的象征。因此，明仁天皇要"生前退位"，并不是自己想退位就可以退位，这里面首先涉及必须修改包括《皇室典范》在内的相关法律。

而这种修改法律的要求，由于涉及国家立法机构——国会的问题，天皇自己不能提出明确要求，那会涉及"过问国政"的"违宪"责任。天皇最终只能选择发表一份谈话来表明自己心愿的方式，间接地表明自己准备"生前退位"的意愿。

我们注意到，明仁天皇强调自己希望"生前退位"的主要原因，是高龄和健康的问题。他说自己已经动过两次外科手术，体力也明显出现衰减，因此对于要继续承担作为"象征天皇"的职责，已经显得力不从心。

同时明仁天皇也表示，考虑到自己之后的皇室继承等问题，减轻因为天皇驾崩与新天皇即位所要进行的长达一年的相关仪式与活动的负担，觉得有必要改革皇室的相关制度，让日本传统的天皇制度与现代社会相吻合，更适合新时代的要求。

这里面，明仁天皇有一个很重要的担忧，他没有明说：那就是立谁为皇太子的问题。

1989年昭和天皇驾崩后，当时身为皇太子的明仁皇太子继承了皇位。皇太子成为天皇后，他必须选定一个人作为新的皇太子。所以在明仁成为天皇后，他就下诏书立自己的大儿子德仁亲王为皇太子，这样就确定了接班的程序。

问题是，现在的皇太子德仁和雅子妃结婚后，只生了一个女儿爱子，没有生儿子。而天皇的小儿子秋筱宫，不仅生了两个女儿，纪子妃在40岁时又冒险生下一个儿子悠仁亲王。悠仁的诞生，使皇室第三代有了唯一的男丁。

有了儿子的秋筱宫，在多个场合对于哥哥和嫂子的言行颇有微词，于是坊间传出兄弟不和的传言。根据以往的惯例，皇太子成为天皇后，一般是立自己的孩子为皇太子。在悠仁亲王没有出生前，爱子成为日本未来女皇的呼声还是不少。日本政府甚至考虑修改《皇室典范》，允许女性继承皇位。但是悠仁亲王出生后，爱子开始遭到冷落。

所以，德仁皇太子在自己成为天皇后，要废掉自己的女儿而立侄子为皇太子，心里的这道坎要跨过去很难，尤其是雅子妃，可能病情又会加重。因为如果立悠仁为皇太子，爱子出嫁成为平民后，皇太子现在的东宫作为皇室的一个宫家，将会消失。

所以立谁为皇太子，这不仅是日本政府的一大难题，更是日本皇室最大的危机。如果明仁天皇还在，他可以说服兄弟俩和平交接。如果明仁天皇不在了的话，兄弟俩面对面争执，这个问题就严重了。因此，天皇在自己头脑还清醒、还在世的情况下解决好"皇太子"继位问题，也成为他最后也是最重要的工作。

天皇最后还特别强调，如何避免天皇的职责中断，保证皇室的长久稳定，对于日本国家和国民的生活都有很重要的关系。

从明仁天皇长达11分钟的电视谈话中可以看出，高龄与健康、皇室制度改革、保证皇室长久稳定，是天皇选择"生前退位"的三大原因。

听了日本天皇的这番话，多数日本国民在接受媒体采访时都表示，能让天皇安度晚年，平稳完成天皇权位的交接，对日本国家和社会都是一件好事。舆论调查也显示，有 80% 以上的国民表示理解天皇的心愿。

所以，明仁天皇考虑"生前退位"，与安倍政权计划修改宪法，没有直接的关联，更不存在安倍首相"逼宫"要天皇提前退位的问题。

从明仁天皇正式表明"生前退位"的心愿，到他正式提前退位，中间还需要修改《皇室典范》等法规，或者还需要制定一部单独的皇室法规来解决明仁天皇退位后的称号、待遇等问题。安倍首相在天皇发表谈话之后，也代表政府发表了意见，表示尊重天皇的旨意，将会认真研究天皇"生前退位"的事情。安倍首相怕说错话，专门起草了一份书面的讲话稿。他说："对于天皇面向国民发表的谈话，我们表示严肃接受。我们在检证天皇的年龄和公务负担现状问题时，有哪些事情我们可以去做？必须要予以认真的考虑。"

安倍首相的这番话也意味着，政府将会着手组建一个专门的委员会来研究天皇"生前退位"涉及的所有事宜以及需要修改的相关法律。在完成法律环境的整备情况之下，才能选择合适的时机来实现天皇的心愿，完成皇位的平稳继承，这些都需要时间。

那么，明仁天皇会在什么时候正式退位呢？天皇在自己的谈话中其实已经略有暗示，那就是在一年之后的 2018 年，那年是他即位 30 周年。

8. 高仓健的豪华故居为何被拆

一早接到山川先生的电话说："高仓健的家要被拆了。"

山川先生是高仓健生前的专属摄影师，两天前，山川先生突然有点想念他，于是开车去了高仓健的家，结果发现家门口贴了一张工程告示表：房子要拆了。

听到这个消息，我马上跟山川先生约时间，两人一起赶去高仓健家探个究竟。因为两个月前我们还在一起讨论一个问题：高仓健去世一年半，没有举行过追悼会、没有建过坟墓，亲朋好友们也没有见过他的骨灰盒，一切犹如烟云瞬逝。作为一代影帝，高仓健应该留下一些东西，于影迷、于日本文化艺术，都有一个永久的交代。譬如把他的家建成一个纪念馆，供海内外影迷们追思。对于没有子女的高仓健来说，至少他还有一个地方，可以让后人们感受到他的气息。

但是这个梦想还没能实现，就面临破灭。

高仓健的家位于东京都世田谷区的濑田。我在蒲田车站下车与山川先生汇合，发现这个车站就是高仓健时代的电影《蒲田进行曲》的故事发生地。从蒲田车站开车10分钟，就来到了多摩美术大学，从大学的后侧上山坡，绕了几个弯道，才来到高仓健的家。

这是一个绝对静寂隐秘的高级住宅区，除了一排高大的树，很少看到人影。高仓健的家就在一个高台上，据说从那个高台可以看到静静流淌的多摩川。

我们下车看了看工程表，没想到赶到

的当天是拆除作业的第一天，整栋楼都还没来得及动。由于四周是高台，我们只能从路上仰视高仓健的家。据当地房产中介估算，这栋房子的市场价格约在6.5亿日元以上（约3600万元人民币）。

家门口的门牌上写着"小田"，一般人不会知道这是高仓健的真姓，其实他原名叫"小田刚一"。

门虚掩着，里面有人说话的声音。很少有人跨进过高仓健家一步，包括与他深交的山川先生。我想，我再不闯进去，一生将永远无法看到高仓健家的真实情况。

于是我推门进去，边走边拿起相机拍照。两位正在忙碌的建筑工人看见一个穿西装的男人进来，忙停下手跟我鞠躬打招呼。他们一定是把我当成了高仓健的亲戚。我探他们口气说："这房子要全拆吗？真是可惜。"他们回答说："是啊，我们也觉得应该保存。""高仓健家里不知还有没有人？"（我突然很想借此机会见一见高仓健的"养女"）他们说，"请您等等，我们的监督在里面，我们去叫她过来。"不一会儿，走出来一位30多岁的女性，她看了我一眼，很惊讶地问："你是谁？"我赶紧亮出记者身份（不然私闯民宅要被问罪）。刚想解释些什么，她很坚决地说："你必须出去！"一边说一边毫不犹豫地把我往外推。

我在被推出门的那一刻，突然看到了一位中年女性从隔壁一栋楼里探出身来往这边看的影子。我瞬间意识到，这位女士一定是高仓健的"养女"。

日本人心目中有两个神圣的偶像，女的是山口百惠——在演艺生涯最辉煌的时候，21岁嫁给银幕伴侣三浦友和，从此离开影坛，在家相夫教子，不再在公开场合露面。日本人对于山口百惠的尊崇，连狗仔队都不敢举起相机去偷拍一张她的"主妇照"。而男的则是高仓健，千万个日本女人心目中的永远的"情圣"。

1959年，28岁的高仓健与当时最红的歌星22岁的江利智惠美结婚，轰动日本列岛。3年后智惠美怀孕，高仓健欢天喜地。但是智惠美得了严重的妊娠中毒症，在医生的劝说下不得不做了流产手术。失去孩子对于高仓健是一个重大精神打击。后来，智惠美的姐姐盗用她和高仓健的名义借高利贷，落下4亿多日元的债务。再加上原来在东京成城的家因为漏电而被烧毁，结婚12年后，两人的婚姻终于走到了尽头。

主动提出离婚的智惠美，在与高仓健分开后终日郁郁寡欢，并经常酗酒。1982年，智惠美在自己家中因脑梗和食物塞喉窒息而死，死后才被助手发现，终年45岁。

智惠美突然的孤独死亡，让高仓健十分伤心。虽然已经离婚11年，但是高仓健似乎永远觉得自己愧对智惠美。在智惠美的葬礼上，人们看到了高仓健赠送的花篮，却没有见到高仓健的身影。当灵车载着智惠美的遗体驶往火葬场时，人们看到高仓健站在马路边双手合十。

此后，高仓健一直未婚。

但是，出乎人们预料的是，在高仓健于2014年11月患癌症去世不久后，突然冒出来一个"养女"，日本社会为此空气凝固。据说，这名"养女"比高仓健小30多岁，以前也是一名二线演员，后来就住在高仓健的家打理一切。两年前高仓健动了第一次手术后，委托律师办理了"养女"的法律手续，她也因此改姓"小田"。于是，高仓健去世后，所有的后事都由她决定，自然高仓健的所有财产也归这位"养女"处置。

事先有人告诉过我，高仓健的家其实有两栋房子，左边一栋是高仓健居住，右边一栋是"养女"居住。怪不得我看到的"养女"的身影，是在右边的那栋房子里。

山川先生去停车，没能跟我进去瞅一眼高仓健的家。他看我出来时有点狼狈，赶忙安慰我说："这栋楼在拆除之前，能够让你进去看一眼，已经是很幸福了。"

我想想也对。

山川先生陪我沿着小山坡又从几个角度观察了高仓健的家，最后他告诉我："好像高仓健前妻的墓，就在这附近的寺院里。"我一听兴奋不已，忙到附近去找，果然找到了一座名叫"法德寺"的寺院。寺院不大，里面有一块很大的墓地。不敢惊动寺里的和尚，怕又被赶出来，于是我俩大着胆子围着一座座墓看墓碑，提心吊胆地兜了一圈，始终没有找到江利智惠美的墓。

失望之际，我们准备离开。下寺门阶梯时，我感觉到有一座女性的雕像。回过头去，夕阳下那个雕像发出炫目的光辉。我对山川说"你等等"，跑回去一看，果然是智惠美的墓。墓石上刻有她的代表曲《田纳西华尔兹》的曲谱和一句歌词，还刻了"1937—1982"。

智惠美的墓与高仓健的家相距也就 100 多米。对于这一重大发现，我感到十分兴奋。我需要证实：到底是墓建在先，还是高仓健的家建在先？于是毫不犹豫地按响了和尚家的门铃。

当我跟和尚说明原委后，他告诉我："智惠美的墓落在本寺后没多久，高仓健就在这附近买了地造了房子。每年的忌日，他都会一个人过来献花烧香。"原来，高仓健为深爱的前妻守了一辈子的墓！

我也突然理解，"养女"为什么要拆除高仓健的房子。

9. 一位日本老八路的人生故事

小林宽澄，今年96岁，他是日本目前仅存的两位日本八路军老战士之一。还有一位叫"前田光繁"，今年99岁，已在老人院里静养。

早在2008年温家宝总理访问日本时，这两位老八路被邀请出席了欢迎晚宴，温总理专门走到他们的饭桌前问候他们，并祝他们健康长寿。我当时在场，为他们拍了一组纪念照片。

过去这么多年，一直很想去采访他们，听一听当年他们当八路军的故事。苦于找不到他们家的地址，这一心愿一直到抗战胜利70周年的现在才得以实现。

日本八路军新四军老战士会的事务局长小林阳吉先生陪我到小林老先生的家。小林阳吉先生的父亲也是一位日本老八路，长期从事反战工作，遗憾的是，早已在中国过世。

小林宽澄先生的家在东京都练马区的一个静谧的老住宅区里，天下着绵绵细雨，走进这条老街，特别有一种怀旧的感觉。

他的家是一栋旧式的二层楼，门口种的月季花已经攀升到二楼的屋檐。因为事先知道我们去，老先生用红笔写了一张中文纸条——"热烈欢迎中国贵宾光临"，贴在门口的墙上。

按了门铃，小林先生笑眯眯地来开门，连声说："谢谢你们来看我。"这句普通话可能长时间不说有些生硬，但是很有胶东半岛的味道。老先生说："我是在山东当兵，在山东被俘，也是在山东参加了八路军。"

走进小林先生的家，才发现没处下脚。到处是杂物，也到处是书籍资料。一问才知道，他的老伴去世多年，儿子一家虽住在隔壁，但是他基本上是一个人过，自己买菜、烧菜、洗衣服。

小林先生把我迎进客厅。所谓的客厅，是他起居、睡觉、写东西的地方。小林先生个子小，挨着小方桌坐下正合适，我和摄影师个子大，勉强把腿盘下。

刚落座，老先生就拿出了自己珍藏的一枚枚军功章说："当年回日本时，这些军功章都不能带来，还是后来补发的。"

我努力想象眼前的这位瘦小的老人穿上八路军军服的样子。可惜，当年的照片也都没能带来日本。他说："那时没法子，组织上规定不能带这些东西回来。"

回忆起 70 多年前的往事，小林先生来了精神。从开始谈到最后，他说了整整两个小时，直到结束才喝了一口水。

小林先生的老家在群马县，距离东京 300 多公里，坐火车得两个小时。因为祖上传下来一座寺庙，小林的爸爸是和尚，小林长大后也成了小和尚。

小林是在 21 岁时接到了参军的命令。"突然来了通知，村长拿来一张纸，说我必须马上参军。"小林说，当时父亲跟他讲的一句话，至今还记得："男子汉应征为天皇而战，是光荣的。"

1939 年 6 月，小林脱下袈裟成了一名日军士兵。次年 1 月，小林随华北派遣军第十二军畈田部队坐船在青岛登陆。

到青岛后，小林被编入"小林中队"，前往淄博参加新兵训练。没过几天，他先被大伙打了一顿。

"那时的新兵训练有一个传统做法，就是打人。我当时戴眼镜，班长说我一定是个有文化、有思想的人，肯定很傲慢，所以必须第一个挨打。于是，我被命令从队列中向前一步站出来，班长脱下皮鞋抽我的脸，我当场流血，但是不能叫，只能咬紧牙关。两天后，脸肿得不得了，小林队长遇见我，问我怎么了？我回答说，摔了一跤。他其实知道是怎么回事，新兵总是要过这一关。"小林先生说完这段话，还下意识地伸手摸了摸自己的脸。过去这么多年，那一幕，他也许终生难忘。

但更难忘的是第一次叫他杀人。有一次，他和班长中钵等几个人外出，迎面走来 4 个中国男人，班长下令叫小林上去练刺刀。"班长叫几个人上去抓了一个中国人，命令我上刺刀刺那中国人的胸膛。那中国人抓住了我的刺刀，我不敢刺下去。结果班长一上来，就把那个中国人踢倒在地，然后骑在他的身上，那刺刀直接插入了他的胸口。事后还若无其事地带着我们走了。这么一个活生生的人就这么被刺死了。"小林先生叹了一口气，那个地方叫"桐林"。

小林被俘是在当兵一年半之后。他清楚地记得那天是1941年6月7日。当时他驻扎在山东省牟平县。一早就吹起了集合号，侦察兵回来报告说，附近的一个村里发现了一股八路军，大约有200人。"日本军队有一个坏毛病，一个星期不活动活动就难受，表现也不好看。所以一听说有八路军，而且有这么多人，队长就下令去围剿，他想立功。当时调集了一个伪军大队，有200人。我们日本军是两个班，30人左右。每次活动，伪军大队总是走在前面，我们跟在后面。其实，我是很看不起他们，替日本人打自己的同胞兄弟，很没有骨气。"小林先生开始讲述自己被俘的故事。

赶到一个村庄时，是早上8点多钟，没有发现八路军的踪影，于是这些日本兵和伪军跑到农民家里吃早饭。"刚端起饭碗，就有报告说前方的山冈上发现人影。于是我们马上集合，朝山冈上赶过去。我当时是机枪手，扛着一挺机枪。但是快赶到山冈时，发现中了埋伏，八路军冲下山来。大家打了一阵子，就开始撤。"

小林因为背的机枪太沉跑不快，于是他和另外一名战友一起与大部队岔开，往山的背后跑，结果遇到了一队迎面赶来的八路军。"那些八路军都会说一句日语，叫'放下武器，八路军不杀俘虏'，但是我们是帝国军人，不能放下武器，因为武器是军人的生命。"小林先生说。

八路军围得越来越近，小林他们站的地方下面刚好有一个水塘。他的战友对他说："我们去喝一口水吧。"小林回忆说："我知道他说的意思，因为日本人死之前都要喝一口水。于是我们下到水塘边上，喝了一口水，他先开枪自杀了。我把机枪的枪眼对准脑袋，结果去抠扳机时，机枪移了位，枪响后我只削掉了一块头皮。"

当小林醒来的时候，发现自己躺在担架上，他马上意识到自己没死成，开始用日语骂"八格亚鲁"。

"当俘虏是多么可耻的事情啊，日本军人怎么可以当中国的俘虏呢？我当时要滚下担架，但是被八路军死死按住，动不了。就这样，我被抬到了八路军胶东支队的一个司令部，我以为他们会杀我，可是，他们给我上药，把我关在一个小间里，派人看着我，我就这样成了八路军的俘虏。"小林说这话时，目光有些惆怅。

关在小房间里，八路军给他送去了一本书，叫《论社会主义》，放在他的床头。过几天，又给他换一本新书《论唯物论》。

"我开始很讨厌八路军的这种书，但是后来关在房间里实在闷，我拿来翻了几页，是讲社会主义思想，讲唯物论的，我觉得有一定的道理，我同意书中的观点。可是我很警惕，因为我是日本军人，不能接受这种思想。虽然我很顽固，但是中国同志还是很尊重我，没有把我当作罪犯，态度很友好。"小林说。

这样对峙了一个多月，小林的伤也好了。有一天，八路军胶东大队特工科长姜昆对小林说："能否帮帮我的工作？"姜昆曾经留学东京大学，在日本生活了8年。"卢沟桥事变"后，他毅然回国参加了抗日战争。

"姜昆先生人很好，会讲一口流利的日语，有时会跟我聊日本生活的往事。但是他叫我替八路军帮忙，我心里接受不了，我担心自己会成为一名卖国贼。姜昆没有特别勉强我，还开导我说，日本发动的是侵略战争，是不人道的战争，应该一起来抵制这场侵略战争。他跟我讲了许多的道理，后来我想想他说的也有道理，我们的这场战争确实不正义，后来就下了决心，即使被日军暗杀，我也要帮八路军做事。"小林就是这样加入了八路军，成了一名八路军战士，并成为日本反战同盟的成员。

成为八路军战士后，小林干的第一件"革命工作"，就是去日本兵的炮楼前喊话。

那是一个夜晚，在武工队的陪伴下，小林来到一个日本兵的据点前，拿着铁皮做的喇叭向岗楼里喊话。刚开始时，岗楼里会传来"八格"的骂声，并发射迫击炮轰炸。"但我不怕，大不了光荣了。"小林说。武工队怕他受伤，要他撤下去，但是小林是越喊越有劲，还唱起了日本民歌，唤起日本兵对家乡和亲人的思念，劝那些日本兵放下武器。"最后他们炮也不打了，静静地听我喊了。"

小林的"叛变"引起了日军上层的恐慌，要悬赏捉拿他。为此，小林开始在八路军和武工队的掩护下转战各个山村。他说："有一次，为了把艾思奇先生的《唯物史观》翻译成日文做反战宣传资料,我躲在一个山洞里,村里的武工队长每天给我送饭,有时候还带来一点酒,我们就像亲兄弟一样推杯换盏,真是战争中的世外桃源!"

抗战结束后,为了小林的安全,组织上没有让他随投降的日本兵一起回日本,还是让他留在了济南市政府外事处,帮助政府做遣返战俘和日侨的工作。解放战争爆发后,小林参加了解放军,继续从事反战工作。

小林先生摸着桌子上的军功章说:"我当八路军、解放军整整15年,也算是一个老兵了。"

1946年1月,此时已是反战同盟滨海支部支部长的小林先生因负责遣返日军工作,过度劳累加感冒病倒了。一天晚上,山东军区政治部主任舒同突然来看望他,并给他带来了一篮鸡蛋和当时在山东省发行的3000元北海钱币。闲聊中,舒同问他:"小林同志,你愿不愿意入党啊?"小林忙问:"我是日本人,可以吗?"舒同说:"你是革命同志,完全可以申请入党,我来给你做入党介绍人。"

于是,在舒同的介绍下,山东省委批准小林加入中国共产党。

不过很快遇到了问题,小林入党的事让中央组织部知道了。中组部发来一个通知,说外国人入党必须由中组部审批,山东省委批准的不算。

"我当时很难过,说我入的党不算数,要重新来。于是我重新写了一份申请书,递交给山东省委,由山东省委转交给中组部。中组部看了我的申请书和自传,还表扬我,说我的申请书写得很感人,中文水平也很好。于是就批准我入党了。"小林先生说,其实那份入党申请书,他整整写了三天。

舒同后来担任中共山东省委第一书记、陕西省委书记、中国人民解放军军事科学院副院长、中国书法家协会第一任主席。小林一直后悔,"没有向他讨一幅字"。为此,他后来去北京八宝山革命公墓祭奠老首长时,还念念不忘这件事:"要是有一幅字,我会把它挂在床头,就像他跟我在一起时一样。"

解放战争开始后,小林先生在解放军的一个师部里工作。有一天吃饭,师长突然说要给小林介绍对象,是师部的一位女同志。和她见面后,小林很认真地对她说:"我是日本人,最终要回到日本去,你愿意跟我回去吗?"那位女同志说:"我是中国人,不懂日本话,去日本的话我没法生活。你如果可以留在中国的话,我跟你结婚。"小林当时想,共产党把自己从一名侵华日本兵培养成一位革命进步分子，放到日本去工作才更有意义。所以，自己应该还是要回到日本去的。

不久，师长又给他介绍了一位随东北解放军南下的日本女护士。"当时师长跟我说，医院里新来了一名日本护士，可以去见见。"小林跑去医院一看，还挺有感觉，女护士也喜欢他。于是，两个人就去小林工作的济南市政府办理了结婚手续。

"结果市委不同意，说我是一名党员，与日本护士的成分不同，不能结婚。这事让师长十分生气，他跑到市委去抗议，说两个日本人好不容易对上眼，没有道理不让他们结婚。那个时候师长是很厉害的官，市委于是同意我们结婚了。"

但是结婚后不久，部队开拔，护士妻子也随部队南下。刚开始还通信，后来，小林写去的信都石沉大海。"可能她的部队里也有其他的日本人，我们的婚姻就这么消失了。"小林苦笑着说。

问他后来有没有去找过她？小林先生说："没找，算了。"

一晃到了1953年，小林已经33岁。由于他一直从事反战与策反工作，组织上为了便于他以后回国，将他调到内蒙古丰镇人民医院担任副院长。有一次小林去沈阳出差，战友给他介绍了一位在四野工作的日本女护士，并把她也调到丰镇人民医院工作，两人在医院里结了婚。

1954年，妻子生下了儿子。那年刚好是中国宪法颁布，小林给儿子取名"宪明"，小名叫"友好"。第二年，夫人又怀上了闺女。虽然闺女最后是在日本出生，但是为了纪念丰镇，小林给她取名叫"丰子"。对于他们一家来说，丰镇是第二故乡。

新中国成立后，有一批外国人在中国政府机构中工作，开始成为一个问题。

小林先生回忆说："国际社会很关注这个问题，外国代表团来参观，我常常需要回避，不能露面。"

1955年12月，组织上决定让小林先生一家回国。那时候也刚好是中国政府遣返残留日本人的时期，小林带着妻儿在天津踏上了回国的航程。

"我在中国已经生活工作了15年，真的舍不得离开同志们。离开医院时，大家哭，我也哭。离开天津港时，我知道同志们在送我，但是不能握手、不能拥抱、不能行一个军礼，只能默默地相互看一眼。"小林谈起自己离开中国时的心境，如是说。

回到日本后，小林先生在中国的真实身份很快被日本政府锁定，但是没有逮捕他，而是将他列入了公安的监控名单。

如何养家糊口，成为小林先生回到日本后的头等大事。虽然中国政府给他发了一笔数目可观的安家费，据说当时是100万港币，但是在东京添置一个房子之后，这钱就所剩无多了。小林先生去政府的工作介绍所找工作，但是介绍所都接到了政府的通知，拒绝为他介绍工作。

"我原来是一个和尚，家里还有寺院，信众们都欢迎我回老家，继承我父亲的事业继续当和尚。但是我是一个老八路，是一个共产党员，读了唯物论的书，世界观已经改变。所以，我说服了信众们，也说服了家族，离开老家群马县，来到了东京，我相信一定能够找到一份促进中日友好的工作。"小林先生说。

日中贸易协会找到了他，希望他参加日中友好翻译团的工作，这是小林回国后从事的第一份与中国有关的工作。因为小林的中文实在太熟练，第二年终于有一家大公司邀请他加入，这家公司那时叫"满铁汽船"，是当年日本政府在满洲（中国东北地区）建立的轮船公司，也是20世纪50年代仅有的几家有资格从事中日贸易的轮船公司之一。

轮船公司至今还流传着这样一个故事。轮船运货到中国港口后，当时的装卸很落后，常常要在锚地排队等候好几天，有时候长达半个多月才能卸货。公司问小林先生有什么办法，小林就跑到中国去找老战友。后来各地港务局接到通知，说小林先生公司的船到码头后，必须优先卸货。

轮船公司的总部位于东京车站前，小林先生在那里一直干到70多岁，公司才让他退休。

离开轮船公司后，小林先生没有闲着，担任了日本八路军新四军老战士会的会长，这个组织的标准名称叫"椰子会"，"椰子"在日文读音中是"八四"的意思，很巧妙地代表了八路军和新四军。

"我退休后，终于有一天，附近的一个交番（岗亭）的警察对我说，我们监视你已经几十年了，一直把你当成国际间谍，但是发现你跟我们想象的不一样，没有做过一次出格的事。现在开始，你自由了。"小林这才发现，原来这个岗亭是用来监视自己的。虽然有警察"陪伴"，他在中国15年的反战经历还是被日本政府视为"被俘时期"，认定了他15年的"军龄"，还每月发放一笔"恩给"（军人退休金）。

退休后，小林先生开始公开参加"椰子会"的活动并担任会长，在日本各地讲演自己在中国的反战经历，呼吁人们珍惜和平，反对战争。

中国政府也没有忘记这些曾经一起帮助过中国抵抗日本侵略和参与解放全中国的日本老兵。2005年9月3日，小林应邀赴北京参加了纪念中国人民抗日战争暨世界反法西斯战争胜利60周年大会，受到了胡锦涛总书记的接见。2009年7月在小林宽澄90岁高寿之际，中央电视台《军事纪实》播出了《一个日本籍的八路军》专题片，介绍了小林宽澄在中国15年的传奇经历。

小林先生拿出好多照片让我们看，其中最让他开心的是在2008年，相隔53年重返内蒙古丰镇市的照片。"老院长回来了！横幅上写着'热烈欢迎小林宽澄老院长回院指导工作'，大家都出来鼓掌，还给我送鲜花，请我喝茅台酒，我又仿佛回到了过去革命的时代，感受到了革命同志的亲情。丰镇是我一生难忘的地方。"小林先生说。

老伴是5年前先走的，小林先生一直把老伴的照片放在床头，他说"我们是革命战友"。没了女人的家，简直快成了垃圾堆。小林先生什么都不舍得扔，包括那一台老旧的电脑，时不时地还打开，敲下键盘写一点回忆文章。

我想什么时候组织几位中国留学生来帮助这位老八路清理一下房间。小林先生说："不可以，不可以，我都已经习惯了。"

2015年9月3日，小林先生作为日本八路军老兵的代表登上了天安门城楼，与中国国家领导人一起出席了抗战胜利70周年大阅兵。当天，中国国家主席习近平在人民大会堂亲自为小林先生授勋，感谢他为中国人民的解放事业做出的贡献。

老先生说，他爱吃饺子，那种带有大葱味的。我说一定会请人包一些给他送来。分别时，他一定要出门相送。在细雨中，他撑着一把塑料伞，远远地一直挥着手。

10. 日本老人用什么方式感恩中国

在黑龙江省方正县的日本人公墓园区内,除了 5000 人的"开拓团"合葬墓之外,还有一座单独的墓,上面写着:藤原长作纪念碑。

为什么要单独给这位日本人修一座墓?陪同我的地方官员解释说:"藤原先生教会了我们水稻寒地旱育稀植栽培技术,这项技术使东北地区有了高产稻米。"

我打开 iPad,上网搜寻藤原长作先生的资料,看到了《黑龙江日报》在 2008 年和 2009 年的两篇报道,内容如下:

东北尤其是我们黑龙江省被称为粮仓,但以前只是种植大豆、高粱和玉米等几种大田作物,那首《松花江上》的歌曲不是这样唱嘛:"我的家在东北松花江上,那里有森林煤矿,还有那满山遍野的大豆高粱……"

但是在农业生产上也有问题不好解决,那就是春旱秋涝,尤其是方正县及周边地区,春天需要雨水的时候,没有,春旱,真是春雨贵如油啊!秋天不需要雨水了,却阴雨连绵,内涝又排不出去。

两种农业灾害中秋涝更为严重,因为方正县及周边地区是松花江冲击而成的平原,地势低洼,新中国成立前就有这样的俗语:九河下梢,十年九涝,人缺口粮,马缺饲料!

这一情况到了 1981 年,伴随着一个日本老人的到来,问题得到了彻底解决。1980 年 7 月,76 岁高龄的藤原先生随日本民间友好访华团来黑龙江省方正县参观访问。在瞻仰"日本人公墓"时,藤原先生的心灵受到了震撼,作为被侵略的中国人民竟将日本人的骸骨搜集起来,耗费巨资建立了公墓。他对中国政府这种国际主义精神感到深深的敬意。在访问过程中,他还特意考察了方正县水稻种植情况,发现方正县和北海道的地理环境、气候条件、水资源情况大同小异,但水稻的单位面积产量却相差甚远,其主要症结是水稻种植技术落后。在访问团与方正县有关人士交流时,藤原表示:他虽然没有参加过侵华战争,但对日本侵略者给中国人民造成的伤害表示忏悔,要把自己创造的水稻种植技术传授给中国农民，以此向中国人民谢罪。

于是他向方正县政府提出了无偿来方正县传授水稻栽培高产技术的要求，并且承诺亩产能达到千斤。当时北方地区种植水稻，大多是"漫撒子"，即将种子用手撒在稻田里，不是插秧种植，而且亩产只有300斤左右。

次年4月，藤原长作先生来到了方正县，试验水稻旱田育苗稀植插秧栽培技术。他和当地农民一起劳动，手把手地传授技术。藤原长作先生带来技术的要领是：4月上旬旱田做床，浇水后播撒经过浸种催芽的稻种，用腐殖土覆盖后，支上小棚覆盖塑料薄膜。5月中旬，当秧苗三叶一心时开始插秧，行株距为10寸×5寸，每穴1—2株，浅灌水，靠分蘖增产。

试验的第一年，藤原长作和当地社员一起经历了秧苗立枯病、暴雨灾害、低温冷害、鸟害等一个个考验，试验基本获得成功，达到了亩产805斤，虽然没有达到藤原先生预期的亩产千斤，但是和当时的水稻产量比已经翻番了。1982年，方正县遭遇了百年不遇的大旱，但是大家仍然战胜了困难，试验再次获得成功，亩产达到了900斤。后来，藤原先生干脆久居方正县，每天的饭菜，永远只是一菜一汤。

转眼过去30余年，方正县因为藤原长作先生的这项技术成了水稻大县、水稻强县，"方正大米"也名扬天下，是全国第三个大米原产地保护县。同时，藤原长作先生技术成果也已经推广到全国25个省、市、自治区，如今中国的水稻几乎都采用藤原技术。

当地官员说，因为藤原先生的技术，方正县农民的收入提高了9倍。过去农民住的是茅草房，现在改成砖瓦房，不少人还盖了楼房。而黑龙江农垦集团采用藤原先生的技术种植的万亩大良田，亩产均超过1200斤，让北大荒成了中国最大的粮仓。

1983年，方正县政府授予藤原先生"方正县荣誉公民"称号；1984年被黑龙江省政府授予黑龙江省科学技术奖；1989年荣获国家外国专家局颁发的中华人民共和国成立四十周年纪念特别荣誉证书；1990年荣获国家颁发的国际合作奖。藤原先生曾受到当时的国务院总理李鹏和全国人大委员会委员长王震的接见。

黑龙江省政府外事办公室副主任王英春当年多次陪同藤原先生到方正县种

植水稻。他回忆说，1998年，藤原先生的身体已经十分虚弱，但是他提出来，想再来一次中国，再到方正县看一眼水稻。当年还是小伙子的王主任，和同事一起抬着轮椅让藤原先生登上了长城，实现了他多年的夙愿。藤原先生向中方提出了一个要求，在自己死后，希望将一半的骨灰葬到方正县的土地上。回日本后没几个月，藤原先生就去世了。

如果说，中国农业专家袁隆平先生靠改良稻种让中国水稻实现高产，那么，日本农民藤原长作先生则以特殊的种植法，帮助中国水稻实现了高产。过去几十年，中国在农田不断被城市扩张侵蚀的背景下，依然能够解决好13亿人的吃饭问题，袁隆平和藤原长作这两位大师做出了不可磨灭的功绩。但是，人人知道袁隆平，却很少有人知道藤原长作。他的技术改变了中国的水稻种植历史，让亿万中国人受益，但是，他从没有向中国要过一分钱，也没有申请过一项专利。

日本人对于过去侵略战争的认识和对中国的歉疚与感恩，因为其特殊的暧昧文化，各有委婉表示。藤原先生对于中国水稻种植事业的无私奉献，便是他对于中国的一种特别的感恩。

藤原先生的墓石已经有几块脱落，看来是好久好久没有人来打扫和祭奠过他。我忍不住摘了几朵野花，恭恭敬敬地放在他的墓前，对他说了一句话："谢谢您！"

真想为藤原先生塑一尊像！

11. 日本包工头如何当上首相

1962年，年仅44岁的田中角荣被任命为日本大藏大臣，也就是财政部部长。这一任命让日本舆论极度哗然：一个小学毕业的农村土包子，居然要掌管日本的国家财政，这不是天大的笑话？

所有的媒体都想看田中出洋相：上任第一天的大藏省干部大会上，看这位小学生如何对付那帮东京大学毕业的财务官。

远在美国念书的女儿田中真纪子给老爸发了一份加紧电报，上面写了一行字："爸爸，千万别把小胡子剃了。"

第二天一早，田中角荣走进了大藏省。当他站在几百位财务官面前时，所有在场的记者都打开厚厚的笔记本准备做速记。田中在讲台上向下望了望，开口说了这么一段话："我是一个粗人，只有小学文化水平，各位都是东京大学的高材生。今后，你们尽管放手做事，出了问题我来负责。"

接下来半天没有声音，记者们抬起头来，才发现田中已经鞠躬走下讲台。所有的人都愣在那里，没有想到田中大臣只说了这三句话。不知哪位先鼓起掌来，于是大厅里掌声一片。

从那天起，内阁更换了两次，但是田中稳坐钓鱼台，财政大臣一当就是三年多。如果他不是高升去当执政的自民党的干事长，也许他还会当下去。

田中离职后，他的继任是响当当的东京大学毕业生。按理说，校友做官相辅相成，但是，这位老兄就是坐不稳大藏省。在被轰下台时，他找来官房长（办公厅主任），问了他一个问题："田中当年为什么在大藏省内这么有人气？"

官房长说了实话：每到年末，财务省所有的机关干部家庭都会收到一个以田中角荣个人名义赠送的礼包。田中如果到欧洲去参加西方七国财长会议回来，财务省一定要派出两辆卡车前往机场。第二天，局长们会得到一套意大利西装，课长们是一条名牌领带，哪怕是电话接线生，都会得到一支田中大臣赠送的口红。

直到离开大藏省，这位大臣也没搞清楚，田中收买人心的钱是从哪里来的？

在田中角荣当财务大臣的时候，他的身边一直有一对母女，一位很有姿色的女性和一位刚刚出生的女孩。这位女性名叫佐藤昭子，其公开身份是田中私人办公室的秘书。而这位女孩名叫佐藤敦子，管田中角荣叫"爸爸"。事后人们发现，这位女孩竟是田中的私生女。

佐藤昭子与田中角荣的相识，是在田中的老家——新潟县柏崎市，也就是说，田中和佐藤是老乡。当时，田中作为一名建筑公司老板，正在积极争取参加国会议员的竞选。他回家乡拜票时，走进了佐藤的家。当时，佐藤才17岁，田中已经27岁，而且早已经结婚，还有了孩子。田中对于佐藤可谓是一见钟情，马上邀请佐藤帮他一起参选拉票。佐藤对于这位英俊潇洒的国会议员也仰慕已久，于是一口答应。

田中角荣出生在新潟县的一个农家，家里以养牛马为生，后来父亲亏了钱，一家生活十分潦倒。1939年，在他21岁时，田中被征兵前往旧"满洲国"（中国东北地区）当骑兵。两年后得了肺炎，当时属于大病，部队把他清退回家，田中觉得自己无脸见家乡父老，于是选择留在东京，并在东京的饭田桥车站东口借了一个房子，开了一家建筑公司，当起了包工头。

没多久，田中把房东家的女儿坂本花的肚子搞大了，房东没有办法，只好将女儿嫁给了他。结婚8个月后，生下了儿子正法。次年（1944）又生下女儿田中真纪子。很可惜，儿子在4岁时生病夭折。真纪子如今是众议院议员，曾任外务大臣，其丈夫是曾经担任过防卫大臣的田中直纪。

田中角荣两次竞选国会议员，直到1947年28岁时才正式当选。佐藤后来到东京考入了东京女子专门学校（现东京家政大学），两年后中途退学，于1952年正式成为田中的秘书，当时是24岁。

佐藤离过两次婚。先与家乡的一位男子结婚，因为丈夫有了外遇，两人分手。后来她又和日本一家著名国际商社的职员结婚。本来可以过一个平稳的日子，但是随着田中在日本政坛的地位越来越高，原先认为很出色的丈夫，在佐藤的眼里变得越来越渺小。

1957年，田中角荣以39岁的年龄当选为邮政大臣，成为日本战后最年轻的大臣。就在这时，佐藤怀上了田中的孩子，并与丈夫分了手。当年，田中的私生女佐藤敦子出生。

田中角荣绝对是一个好色男人。他把年轻貌美的佐藤放在身边当秘书，昼夜相处，而在东京却又养了一位"二奶"。这位"二奶"的名字叫辻和子，是东京神乐坂的一位美丽艺伎。

在20世纪五六十年代，神乐坂是东京最高级的花柳街，田中一个星期总会有几天泡在那里。他喜欢佐藤雪白的肌肤，但她只是村姑一个。从小接受严格艺伎教育的辻和子，其一举一动，无不透露出大和女子典雅艳丽的高贵，让从小长在农村的田中尝到了天鹅肉的美味。

话说回来，田中是在佐藤之前先有了辻和子。辻和子19岁时与田中相好，先后给他生了2个儿子1个女儿。后来女儿在4岁时夭折。但是，两个儿子的诞生，让田中欢喜不已。

没有人去告田中角荣重婚罪，也许在那个年代，有钱有地位的男人添置外室，属于一种被社会所接受的风流。以至于田中角荣后来公开让两个私生儿子认宗，也没有人来揪辫子。

田中虽然生性风流，甚至传闻他所养女人可以一周每天轮着转，但是很显然，田中一生最爱的女人还是佐藤昭子和她的女儿——虽然一直到死，田中都没有公开承认她们。

佐藤离婚后就忠心耿耿地跟随田中角荣，并成为田中个人的政治资金团体越山会的大管家。越山会后来成日本政坛田中派的大本营，20世纪90年代后担任过日本首相的桥本龙太郎、小渊惠三和羽田孜，以及现在日本政坛最重要的政治家小泽一郎，均出自田中的门下。因此在这些政治家的眼里，年长的佐藤自然是"大姐大"。

佐藤昭子晚年写了一本回忆录，叫《我的田中角荣日记》。书中说，当年女儿出生后，她就下定了决心，为了不给有政治前途的人添麻烦，她不会要求田中公开认这个女儿。

田中显然很感激佐藤的这番心意，他给佐藤写下了一份"保证书"："除你之外不会有第二个妻子。我对敦子的未来负全部的责任。"

佐藤昭子是田中政治生涯中一起打拼江山的最忠实的战友。从一名普通的国会议员，到大臣，到自民党的实际操作者，到最后成为总理大臣，30多年间，佐藤不仅为田中摆平一切事务，还为田中掌管各种来历不明又去向不明的资金，晚上又以女人的柔情抚慰他疲惫的身心。

1972年7月，田中以6票之差击败福田赳夫，当选为自民党总裁和日本首相。选举大会结束后，田中直奔自己的私人办公室，抱住佐藤说了一句话："这可是你我两人拼搏的结果啊。"在万分的兴奋中，田中满怀感激之情，当着众人的面给佐藤写了这么一行字：爱君山岳心不移。

从这行字中可以看出，无论是私人生活还是政治事业，佐藤已经成为田中角荣最亲密也是最信赖的战友与伙伴。

两个月之后，田中角荣踏上了中国的土地，与周恩来总理宣布中日邦交正常化。

作为一名包工头出身的首相，他的身上有豪气，也有匪气。他成在钱上，败也败在钱上。1974年，田中因为涉嫌洛克希德受贿一案而下台，不久遭到逮捕，成为日本战后第一位被捕的前首相。即使如此，中国人也没有忘记田中。1978年邓小平先生访问日本，一下飞机就直奔田中的家，看望刚刚保释出来的田中角荣。

1993年7月，田中角荣病逝，终年75岁。佐藤昭子另外组织了一个团体政经调查会，传播田中角荣的政治理念。直到2010年3月去世，终年81岁。

我的手头还有一张借款的复印件，是田中向佐藤借2.2亿日元的借条。作为田中角荣一生的情人，佐藤为支持这个男人付出了自己所有的一切，而没有任何一点的索求，这种品性让人肃然起敬。

田中角荣是日本战后最出色的政治家，也是一位最受争议的政治家。不管如何，日本人至今还念叨他当年实施"改造日本，提升日本经济高速发展"的功绩，期望日本社会再诞生这么一位出色的政治家。

12. 鸠山兄弟的政治宿命

"鸠山邦夫逝世，终年 67 岁"，这条消息被日本各大媒体速报出来，是在 2016 年 6 月 21 日中午。

我们不能说"日本列岛震惊"，但也确实让日本许多人感到意外。因为就在 6 月 1 日日本国会闭幕时，鸠山邦夫还出席了闭幕式，只是他的同僚们感觉到微胖的他为何突然消瘦，他笑笑没说。秘书回答称"最近一直在减肥"。

此事过去 3 个星期，鸠山邦夫在东京的一家医院里，突然走了。前一天，他还在办公室忙参议院大选的准备工作，第二天准备去福冈市，为自民党候选人站街助选。

听到鸠山邦夫突然去世的消息，我打电话给鸠山邦夫的哥哥、日本前首相鸠山由纪夫致哀。鸠山先生说："真的太突然，家里都没有思想准备。"

鸠山邦夫的同事说："死因是十二指肠溃疡。"

鸠山邦夫去世的消息为何会引起日本社会如此大的震动？主要原因是鸠山邦夫是日本政坛著名的政治家，先后担任过 4 次大臣，特别是担任过日本前首

相田中角荣的秘书，是鸠山一族的第四代政治家。

鸠山邦夫的曾祖父是鸠山和夫，曾经担任过众议院议长。爷爷鸠山一郎是日本执政的自民党的创始人，1954年出任日本首相，与苏联实现了邦交正常化。奶奶鸠山薰是共立女子大学的校长，父亲鸠山威一郎担任过外务大臣。而其哥哥鸠山由纪夫，于2009年出任日本第93代首相。所以谈起鸠山一族，人们总是称他们是"东京大地主"——并非土地众多，而是政治势力极强。

鸠山的母亲安子夫人，是著名的轮胎公司普利司通创始人石桥正二郎的大女儿。在她的眼里，两个儿子中如果选择一人作为鸠山家的政治接班人的话，非邦夫莫属，因为他从小就特别聪明伶俐。高中时，他在著名的高考辅导学校——骏台预备学校参加大学模拟考试中，第一次的成绩排名第600名，第四次时上升到第60名。在第五次考试中，他的成绩名列第一。结果，邦夫考入了东京大学，并以法学部第一名的优秀成绩毕业。

邦夫的父亲是一位文弱的政治家，虽然官至外务大臣，但是成为首相的梦想一直未能实现。因此，母亲把希望寄托给了小儿子邦夫。

邦夫大学毕业后，就在父亲的介绍下拜田中角荣为师。田中见到邦夫时，正值他与福田赳夫争夺自民党总裁，继而争夺首相。田中对邦夫说了一句话："如果我当了首相的话，你跟我当秘书。如果福田赳夫当首相的话，我把你介绍给福田。"结果田中战胜福田，当选为日本首相并访问中国，实现了中日邦交正常化。当时邦夫是田中的秘书，协助田中起草了一系列文件。

1976年，田中卸任首相职位后，田中对邦夫说："你不应该再给我当秘书，应该去竞选国会议员。"于是，邦夫辞去田中首相的秘书职位，参加众议院大选并一举当选。自那时到突然去世为止，邦夫当选了13届众议院议员，成为日本国会最资深的国会议员之一。1991年，邦夫第一次入阁，担任宫泽内阁的文部大臣。此后又担任过劳动大臣、法务大臣和总务大臣，但始终距离首相的宝座只差一步。倒是本来对于政治并不热衷的哥哥鸠山由纪夫，冷不丁地当上了日本首相。不过，由纪夫能够当选为首相，实现母亲苦苦追求的"第四代首相梦"，邦夫是帮了大忙的。

1996年，邦夫与哥哥一起出资12亿日元（约7058万元人民币）创建了民主党，并担任民主党副主席。1998年，民主党与民政党等合并，组建为新的民主党。这个新的民主党在 2009 年的众议院大选中，一举击败执政的自民党，夺取了政权，作为民主党主席的鸠山由纪夫，因此当选为首相。

只可惜在哥哥当首相前，邦夫因为在政治政策制定等问题上与哥哥意见分歧，已经脱离了民主党。1999 年，邦夫参加东京都知事的竞选，结果败给石原慎太郎，位居第二位。1996 年，邦夫回到政治老巢自民党，重新当选为众议院议员，一直到今年 6 月 21 日逝世为止。

邦夫的政治生涯中，有一件事做得令人惊讶。他在担任法务大臣时，一口气处死了 13 名死刑犯。因为日本处死死刑犯必须要法务大臣签字批准，大多数法务大臣都不愿意去签这个字成为刽子手，日本有 100 多名被最高法院判处了死刑的罪犯，因为没有人愿意签字杀人，乐呵呵地在监狱里生活，有的被判处死刑十几年都还没有被处死。邦夫认为这些杀人重犯理应偿命，于是大开杀戒，成为最近几十年间下令处死罪犯最多的一位法务大臣。

有人说，正因为他当年处决罪犯太多，因此，自己最终也是突奔黄泉。其实，邦夫并没有这么想，他有一位大学的同班同学叫舛添要一，因挪用政治资金，前几天刚刚宣布辞去东京都知事的职务。就是这位同窗准备辞去知事的时候，邦夫给哥哥打了一个电话，表示自己准备第二次挑战东京都知事的位子，哥哥由纪夫表示支持他。但是，舛添要一正式辞职的那一天，正好是邦夫突然去世的日子。命运真的有许多令人不解的地方。

说到鸠山家，我们不得不来介绍另外一位第四代的政治家鸠山由纪夫。由纪夫比弟弟邦夫大一岁，从小是属于听话的好孩子。

在弟弟去世后发表的谈话中，由纪夫回忆说，上幼儿园时，弟弟就已经公开宣称自己是鸠山家的政治继承者。而由纪夫则喜欢做学问，不喜欢政治，因此在高中毕业考入东京大学时，他没有选择法学部，而是选择了工学部，立志要当一名优秀的工程师。

大学毕业后，由纪夫赴美国留学，并获得了斯坦福大学的博士学位。回国后，他先在东京工业大学当助教，后在其曾祖父创立的专修大学当副教授。

由纪夫一直称自己是"政治后进生"，因为他的弟弟在 1976 年就当了国会议员，而由纪夫在 1984 年才步入政界，当时 37 岁。他在谈话中称弟弟是自己的政治前辈。

由纪夫和弟弟一样，先加入的政党是自民党，这是他爷爷创立的政党，统治了日本半个多世纪。但是，由纪夫却对于自民党的"黑金"政治大感不满，于 20 世纪 90 年代初就毅然离开自民党。1996 年，由纪夫和弟弟一起创建了民主党。

与弟弟邦夫不同的是，由纪夫对于日本的历史问题，态度一向明确。他在 2001 年访问韩国时，对于扶桑出版社出版的教科书修改历史问题一事提出强烈批判，认为"教科书美化了日本侵略与殖民统治的历史。绝不允许狭隘的民族主义教科书流入到学校中"。呼吁各地教育委员会抵制这本历史教科书。但是，弟弟邦夫却是"大家一起参拜靖国神社国会议员会"的主要成员，每年的 8 月 15 日日本投降纪念日，邦夫总是会去靖国神社参拜。因此在历史问题上，兄弟俩的不同观点与立场，也是导致两人最终未能在政治道路上走在一起的重要原因。

2009 年 8 月，在众议院大选中，鸠山由纪夫领导的民主党提出了"政权交代"的口号，赢得了国民的热烈支持，一举击败自民党，建立起民主党政权。而由纪夫本人也当选为首相，成为日本战后第一位理科毕业的首相，自然也是第一位拥有博士学位的首相。美国《时代周刊》在 2010 年 4 月公布的"世界最有影响力 100 人"中，在领袖一栏中，由纪夫排名第六位。

但是，由纪夫上台后，积极推行日中美三国"等边三角形"外交，积极发展与中国的友好合作关系，与美国开始保持距离。同时在冲绳美军基地的搬迁问题上，鸠山领导的民主党积极支持冲绳民众要求美军基地撤离的主张，因此也得罪了美国政府。

我在 2016 年 5 月与鸠山由纪夫前首相做访谈节目时，特地询问了当初他在首相职位上为何提倡建立东亚共同体构想的问题。由纪夫说，日本在过去几十年中，一直倚重于美国。虽然也获得了不少的政治利益，经济也得到了发展，但是与亚洲的距离越来越远，甚至成为"亚洲的孤儿"。因此，有必要强化与中韩和东南亚国家的关系，一起打造东亚共同体，使亚洲真正成为 21 世纪的世界中心。

但是由纪夫的这种"远离美国"的外交政策，遭到了日本官僚集团的抵制。"许多时候，我的政治主张和外交政策，在外务省和经济产业省等部门遭到了他们的拒绝。"由纪夫如是说。甚至在时任中国国家副主席习近平访问日本，会见日本天皇问题上，也遭到了宫内厅和日本部分舆论的反对。由纪夫和当时的民主党干事长小泽一郎冲破阻力，坚决安排习近平与天皇的会见。此事也成了他"离美亲中"的一大罪状。

不久，由纪夫又被媒体揭露出接受母亲数亿日元的资金援助而没有申报和缴纳财产赠与税的问题。在内外交困中，由纪夫仅仅当了一年的首相就被迫辞职。而此后的民主党首相，无论是菅直人还是野田佳彦，在钓鱼岛问题上多次挑战中日关系，甚至将钓鱼岛"国有化"，令民主党政权成了破坏中日关系的政权。

2013年1月，由纪夫在接受凤凰卫视采访时，认为"从中方来看，说日本窃取了钓鱼岛也有道理"，"中方认为，《开罗宣言》包括归还钓鱼岛的内容，钓鱼岛自然存在主权纷争"。这期节目播出后，引起了日本政府和社会舆论的极大反响，一些右翼组织攻击由纪夫是"卖国贼"。由纪夫最后被自己一手创建的民主党驱逐出党。

虽然离开了政坛，由纪夫依然不忘自己的政治初衷，成立了一个东亚共同体研究所，孜孜不倦地宣扬自己的理念。他觉得，习近平主席提倡的"一带一路"战略，与自己的东亚共同体理念十分相近，因此，当中国主导的亚投行（AIIB）邀请他出任顾问时，由纪夫欣然接受。

由纪夫的爷爷鸠山一郎曾积极提倡世界"友爱"理念，由纪夫也继承了这一家训，不仅将自己的名字改为"友纪夫"，同时有人请他题词，他必写"友爱"两字。日本前首相中曾根康弘当年点评鸠山家的"友爱"理念就像奶油冰激凌——味道甜美但很快就会消融不见。由纪夫则答曰：此"友爱"非世俗之爱，而是指法国革命口号中"自由、平等、博爱"中的"博爱"。可惜，如今传承这一"友爱"精神的亲人少了一个，只剩下由纪夫一人。他说："我会寂寞，但是我也会继续努力。"

13. 一位女律师如何成为防卫大臣

2016年2月，安倍首相曾经指着一位女士公开宣称："她就是日本未来的首相。"8月，这位女士被安倍任命为防卫大臣。没有摸过枪的人是否可以指挥现代化的三军？在日本这不是问题，因为制度是文官治军。问题是，安倍为何要刻意培养这位女士？

3日，我一整天忙于采访安倍首相改造内阁，下午好不容易回了一趟办公室，收到了日本写真杂志 *FRI* 寄来的最新一期。*FRI* 是满载性感美女的杂志，为何编辑部会寄给我？因为其中刊登了介绍高仓健生平故事的内容，他们采访过我。

我翻着杂志，却意外地看到了这样一幅照片：一位中年女性穿着极其时髦的破洞牛仔裤，手里拎了一个小包，就像是邻居大姐。

仔细一看标题，这位时髦的大姐居然是"稻田朋美"。稻田朋美是何许人也？是今日全世界最为关注的女人——日本新任防卫大臣！

你无论如何是难以将稻田的这身打扮与指挥25万日本自卫队员的防卫大臣的形象联系在一起。

但是，稻田朋美就是这样一个女人，爱美，极其追求时尚。

内阁改造当天，稻田在出门前准备了两套时装，一套是纯白色咖啡线条西装裙，另一套是无法形容的海蓝色靓丽时装。稻田准备这两套时装，是要穿给两个男人看，第一套是穿给安倍首相看，第二套是穿给天皇看。

两天前，安倍把稻田叫到了自己的办公室，两个人说了20分钟的话。走出首相官邸时，稻田面对紧跟的记者，只是抿嘴笑。后来传出消息：安倍准备任命她为防卫大臣。

这消息确实有些意外，意外的不是因为安倍选拔了一个女人去当防卫大臣，因为早在2007年安倍第一次当首相时，就任命过小池百合子当了日本第一位女防卫大臣。意外的是，执政的自民党内最保守甚至有些右翼色彩的女性，为什么会被安倍安排到如此重要而敏感的位子上？安倍的目的何在？

在解答这些问题之前，我们先来了解一下稻田朋美的人生。

稻田今年57岁，个儿不高，眼睛不大，但是皮肤很白。她小时候是一位美少女，深得父亲喜爱。稻田学习很努力，高中毕业后考上了早稻田大学法学部，几年后取得了律师资格，开始加入律师事务所，专打政治官司。2004年，稻田担任了两名在当年的"南京大屠杀"中展开杀人比赛的日军少尉向井和野田的家族代理人，认为"百人斩"的报道是一个重大的新闻谎言，是损毁日本形象的事件，因此要求法院恢复这两名少尉的名誉。

这场政治官司因为备受媒体和政界的关注，因此，稻田也一案成名。

稻田为什么会成为一位极具民粹主义思想的律师呢？这可能与她的家庭教育有关。稻田的父亲名叫椿原泰夫，据悉是一名高中英语教师，还当过校长。稻田的父亲在京都地区是一位出了名的民粹主义者，他担任着日本右翼团体奋起日本全国行动委员会的京都府本部顾问。而奋起日本全国行动委员会是一个以否定日本侵略历史，支持"钓鱼岛国有化"为宗旨的政治团体。稻田会成为"百人斩"翻案诉讼的代理律师，与他父亲的影响显然是分不开的。

那么作为一名律师的稻田，是怎样与安倍拉上关系的呢？这事也与"百人斩"案有关。

2004年下半年，日本自民党总部邀请稻田就"百人斩"翻案诉讼问题做一次讲演。稻田严谨的思维和流利敏捷的表达，吸引了一个男人的眼睛。

安倍当时担任自民党的干事长，他发现稻田具备政治家的素质。于是游说稻田放弃律师工作，投身自民党参与国政。

在安倍的推举下，稻田作为"美女刺客"参加了2005年的众议院大选，结果一举当选。此后，她担任过自民党内多个重要职位，2012年12月，安倍重新出任首相时，稻田担任了行政改革大臣。2014年，安倍又安排稻田出任自民党政策调查会长，掌控执政党的政策制定，而这次，又把稻田安排到防卫大臣的重要位子上。仅仅3年多的时间，稻田两度入阁，引起了自民党内大佬们的极度不满。但安倍却公开地告诫党内不满者一句话："我与稻田的政治信念相同，稻田是日本未来首相的重要候选人。"

安倍这句话是心里话。两人感情上没有一腿，但是精神上已融为一体。

稻田朋美自2013年首次以大臣身份参拜靖国神社以来，作为安倍内阁中在历史问题上态度最保守的阁僚，不管舆论如何反对，始终我行我素，每年都要去参拜靖国神社。她在 2010 年出版的《我要守护日本》的书中，对"东京裁判"进行了批判，认为这场裁判是战胜国对日本战争指导者的惩罚，是一场"野蛮的裁判"。

对于宪法，稻田认为："看了序文就可以感觉到，都是反日和自虐的内容。"因此她积极呼吁修改宪法，成为修宪的急先锋。稻田在书中积极主张日本拥有国防军，将自卫队改名为"自卫军"，并呼吁警惕中国的崛起。她说："即使闭着眼睛，中国依然还在身边。我们不会去从事战争，但是我们必须考虑如何保卫国家，强化日本的防御力量。"

对于参拜靖国神社问题，稻田积极呼吁安倍首相前去参拜靖国神社。她说："不管拥有什么样的历史观，为了向为国捐躯的人们表示敬意，这个国家的领导者有必要去靖国神社表达感谢与敬意。如果一个国家的领导人连这么一件事情都不敢做的话，那么要想实现道德复兴，构建安全保障机制，都是不可能的。"

2015 年 10 月，稻田在接受媒体采访时表示，应该让日本所有的年轻男子去自卫队服役，锻炼他们的意志。她还表示，"战争是人类灵魂进化的最高宗教活动"。而在这之前的 2011 年，稻田还公开表示，作为一项国家战略，日本应该研究独自拥有核武器的问题。

稻田说自己最欣赏的人是明治时期的革命家西乡隆盛，自己的座右铭是"用崇高的精神做出决断，然后采取坚决的行动"。

在稻田被任命为防卫大臣的当天，在记者会上，日本媒体向稻田问的第一个问题就是："你 8 月 15 日是否还要去参拜靖国神社？"稻田的回答："这属于心灵的问题，去还是不去，现在无法做出回答。作为内阁一名成员，将遵从内阁的判断。"稻田直接躲避了问题的焦点。结果在 8 月 15 日日本宣布投降的"终战日"，稻田找了一个去吉布提视察自卫队的理由，躲过了参拜问题。

安倍首相为何要如此刻意地去培养这么一位政治家呢？

首先，稻田的立场和观点，也就是人生信仰，按照安倍的说法，两人是相同的。根据目前的自民党规则，安倍将在两年后的 2018 年 9 月卸任党总裁，也就意味着不能再当首相。谁来接自己的班，保证自己的思想路线能够继续统领日本？这是安倍现在已经在考虑的问题。因此这次内阁改造，其实也是一次确定接班人的行动。安倍认为，自己一手培养的稻田是最忠实和最合适的接班人才。

其次，安倍最大的政敌、前地方再生大臣石破茂在此次内阁改造中拒绝了安倍的再度邀任，离开内阁准备积蓄反安倍势力，在 2018 年挑战首相宝座。为了阻止石破茂的夺权阴谋，安倍在此次内阁改造中除了安插属于自己派阀的稻田之外，还留任了不属于自己派阀的外务大臣岸田文雄作为下届首相的候选人之一。那么，资历较浅的稻田和性格温和的岸田，能否抵挡得住石破茂的进攻？就要看未来两年内稻田的政治表现能否赢得国民和自民党内多数人的支持。为此，安倍需要给稻田抹上更多美丽的色彩。

最后，我们也注意到，安倍在改造内阁的同时也对自民党中央领导班子进行了改造。被视为"亲中派"代表人物的前经济产业大臣二阶俊博，被任命为党的干事长，成为自民党的实际操盘人。二阶俊博的上台，让大家看到了中日关系有可能进一步改善的希望。但是，安倍同时任命一位对中态度强硬的稻田出任防卫大臣，在东海、南海问题上继续牵制中国，让安倍政权形成了对中外交"软硬兼施"的新态势。

对于稻田出任防卫大臣，国际舆论与日本国内舆论也是反响强烈。中国一些舆论已经将她定性为"右翼"。韩国媒体更是称呼她为"极右女安倍"。对于韩国政府来说，还有一个头疼的问题是，当年稻田要从韩国登上两国有主权争议的竹岛（韩国称"独岛"），韩国政府因此拒绝她入境，并将她列入黑名单。但如果下次以"防卫大臣"的身份访问韩国，要不要让她入境？

远在欧洲的《英国时报》担忧的是："一个否定'二战'侵略历史，主张拥有核武器的人出任防卫大臣，今后日本的防卫到底要干什么？"

《英国时报》的这份担忧，确实也代表了世界各国民众的担忧。我在努力想象，8 月 3 日傍晚，当稻田穿上一套艳丽时装去皇宫从天皇手中接过防卫大臣的任命书时，天皇看着眼前这位主张修宪、主张拥有核武器的臣子，他会作何种感想？会不会产生一种"国家遭到安倍和稻田联合绑架"的感觉？

从今之后，稻田的一举一动将会不断地刺激周边国家和世界的神经。而这种效果也许正是安倍所渴望的：自己做不到的事情，让女人去做。邻国关系，放倒再说。在国际社会上多一点日本的强硬感，就会多一点日本和安倍的存在感。

14. 日本年轻人为何愿去乡下当农民

接到青木君的电话很是惊讶，因为他告诉我，下周盂兰盆节之后，他将离开东京，去新潟县的加茂市生活，和几位朋友一起去垦荒种田。

青木是我在早稻田大学兼课时的学生，毕业后在东京的一家设计公司工作，月薪 20 万日元，富不了也饿不死，标准的小白领生活。

我一向很看重这位小朋友，因为他很有自己的思想。在同学们你瞧我我瞄你谁都不敢发言的时候，他总是会第一个举起手来，说出自己的真实想法。我喜欢有思想的年轻人，因为这意味着他不是一个"死活"着的人。

只是没有想到，他要离开繁华的大都市，去一个只有 3 万人口的乡下小城做一位农民。

我请青木和他的伙伴们一起吃了顿饭，算是送别。顺便我想问一问，大家为何愿意离开大都市去乡下生活？

青木说，自己的老家在熊本县，从小习惯了在小城市里生活，在东京读书和工作几年，总感觉到在迷失自己，找不到在这个城市里的存在感。虽然东京是国际大都市，夜夜灯红酒绿，但是感觉这座城市不是属于他的。

与青木一起决定离开东京的村上，也是早稻田大学的毕业生，在一家商社工作。他是新潟县新潟市人，他说自己喜欢开一辆车看新潟海边落日余晖的美景，无法忍受东京的拥堵和高得离谱的物价。

女孩土屋是地道的东京人，出生在港区。她是去新潟县加茂市旅游时爱上这个乡下小城的。因为那个城市盛产一种叫箪笥的日本古典衣柜，她想成为箪笥工匠。

土屋是通过 Facebook 联系上青木和村上的。但是，告诉他们在那里还有一片荒芜的稻田可以耕种的，是另外一名女孩寺冈，寺冈是日本青年垦荒会的会员，横滨人。这个组织为了让日本的农田不再荒芜，鼓励年轻人奔赴农村垦荒种田。

前些天，青木和伙伴们搭乘新干线，又换乘只有两节车厢的小列车到加茂市去认真视察了一番，发现那里有十几亩可以耕种的荒芜的农田，农田的主人因为自己年老无力而放弃耕种。青木他们决定接下这片农田，实施垦荒种田。

　　新潟县是著名的越光米的主要产地。青木他们准备成立一家农业公司来经营这片农田。青木悄悄告诉我："政府有鼓励和奖励政策，至少可以申请来几百万日元作为启动资金。"

　　酒喝多了，青木开始描绘蓝图：到时在绿油油的田野里建几栋小别墅，修一条小马路连接县道，大家一起过上自给自足、悠然自得的田园生活。"人活着，就是为了一份自由和快乐，这种自由和快乐在东京无法得到，那里有太多的拘束和压抑，只有到乡下小城市里去才可以享受。"土屋附和着说。我猜测，这个女孩似乎准备跟定青木去过田园生活。

　　我开始理解他们的想法，因为今天看到一份日本内阁府的舆论调查报告，称 38% 的年轻人愿意到乡下去生活。青木与他的伙伴们只是这其中的一员。

　　据悉，在日本的乡下做农民，一年的收入也有 300 万日元左右（约 20 万元人民币）。300 万日元在东京几乎存不下钱，但是在乡下可以过上富裕的生活，因为地价、房价、物价都很便宜，1000 万日元可以建一栋小楼。

　　分别时，我对他们说："种上大米后，第一时间要送给我。你们再养一群孩子，到时我带他们去迪斯尼乐园。"大家笑着说："一定一定！"

　　年轻人有梦想，真好！

15. 日本相扑运动员退役后都干什么

收到日本相扑运动员岩木山将在东京国技馆举行断发仪式的邀请函，我推掉了当天所有的应酬。对于一名相扑运动员来说，断发仪式是他告别选手生涯的最后仪式，很希望亲朋好友能够见证这一神圣的时刻。

国技馆位于东京都的两国，圆顶的建筑好像一只锅盖。我在二楼的最前排落座，这里可以看到整个赛场。

日本人将相扑称作国技，自古以来，这是日本男人最能表现强悍魅力的一项运动。可惜，最高勋位的横纲，已经连续两届让位给了蒙古国籍的选手。而位居第二的"大关"，六个人中，有三个是外国人。日本男人都跑哪里去了？这是我最近一直在纳闷的问题。是不是因为远离禽肉吃草太多，都已经雄性褪尽变成了"草食男"？我常常替日本女人们感到一份惋惜和担忧。

岩木山是青森县弘前市人，据说青森大学毕业后担任过高中教师，因为喜欢相扑的同学遇车祸逝世，他决心继承好友的意志，把相扑当作终身事业。他24岁时正式入门，大器晚成，到31岁时，业绩颇佳，已升至"小结"勋位。就在离"大关"勋位仅一步之遥时，突然小脑梗死，他不得不离开土俵。

断发的这一天，是岩木山作为相扑运动员的最后一天，他重新登上了国技馆的土俵，先与自己的侄子，可能也是他的第一位弟子进行了一次比赛，然后带上3岁儿子，在土俵上进行了一场意味深长的父子战。国技馆聚集了3000多名观众和岩木山迷，许多人是乘坐大巴从遥远的青森县赶来，大家一起喊着"岩木山"的名字，让整个国技馆变得热闹闹暖烘烘。

相扑运动员的头发都有一个小结，一旦结束相扑选手的生涯，就要剪去这个小结，称为断发。并不是所有的选手都有资格在国技馆里举行断发仪式，岩木山是最近两年以来的第一位。

断发仪式非常隆重，包括获得横纲和大关勋位在内的所有相扑运动员都出席并参加表演，一起来表扬伙伴的业绩，也为伙伴送别，可谓情谊深深。

　　断发仪式很传统，也很有深意。它是在国技馆的土俵上进行的。土俵不仅是所有相扑选手最渴望登上的地方，更是日本相扑这一国技的最高象征，因为历年来日本最高级别的相扑比赛，都在这个土俵上进行。土俵的上方，是象征着日本神社的宝殿屋顶。

　　土俵上特别铺上了红地毯。当岩本山端坐在土俵的中央时，全场的灯光熄灭，只有土俵上一束灯光照射。主持人开始讲述岩本山的人生故事，故事幽默却措辞十分真诚，让所有相识和不相识的人重新认识了一回岩木山。

　　参加断发的人多达 260 名，其中有岩木山的恩师，有一直支援他的企业家和政治家，有儿时的伙伴，也有自己的父亲和弟兄，更有相扑选手的代表和相扑协会的代表。参加断发仪式的人被一个个请上土俵，拿起精致的剪刀，剪去岩木山的一缕头发。最后登台的，是岩木山的师傅。按照规矩，头上的小结是要由师傅动手剪去的。当师傅将小结狠狠地剪掉的时候，岩木山已经泪流满脸。

　　由于日本相扑禁止女性登上土俵，因此岩木山的妻子和姐妹，最后只能在土俵边上向他献花致谢。

　　相扑运动员退役时，一般都只有三十几岁。带着这么巨大的身体，接下来能做什么工作？一家的生计如何支撑？这是个大问题。

　　岩木山是幸运的，他的师傅已经决定将自己的相扑训练所交给他，并把自己的宗师名号"关之户"让他继承。

日本的相扑训练所（称为部屋）不是谁想开就可以开的，而是必须得到日本相扑协会的认定，同时像过去的诸侯一样，只能世袭继承，很少新开设。主持人说，岩木山人品极佳，让师傅觉得自己后继有人。

其实并不是所有的相扑选手在引退后都有岩木山这般幸运，包括横纲和大关。日本相扑协会去年做了一项调查，获得大小勋位的相扑选手退役后都在干什么？有30%是成了公司职员，有5%继承了师傅的宗业，60%是自己干实业，其中最多的是开饭店。

十多年前，东京的二子山部屋出了两名兄弟横纲，哥哥叫若之花，弟弟叫贵之花。贵之花继承了父亲的家业，而哥哥若之花则没有了出路。于是若之花想到了开饭店。开什么饭店？就让大家品尝相扑选手平时吃的火锅。

若之花经营的相扑火锅（日文叫"ちゃんこ鍋"）在东京最繁华地区之一的六本木登场。这立即引起了日本社会的轰动，不仅因为象征日本国技最高勋位的横纲从来没有做过这种"出格"的生意，同时也让全国众多的相扑迷们终于有机会尝尝选手们长胖的佳肴。

若之花的这一"出格"举动，让日本餐饮业平添一朵奇葩，也让众多的相扑选手找到自己退役后的一条出路。

参加完断发仪式天色已黑，和几位朋友相约一起去吃相扑火锅。出了国技馆才发现，国技馆周边最多的就是相扑火锅店。看了店名，都是"雾岛"、"舞之海"等以日本近几年有名的相扑高手名字命名的店铺，有的整栋8层楼都是一家火锅店。

我走进了"雾岛"，整个饭店其实十分简陋，但是处处能让你看到主人以前的辉煌。对于相扑迷们来说，置身于这样的环境中品味相扑火锅，别有一番滋味在心头。

等相扑火锅端上来，一看才知道，这个火锅其实是一个大杂锅，鱼肉鸡鸭什么材料都有，做法很简单。可以想象，相扑选手从小走进训练所，就是吃这样的大杂烩长大长胖，变得屁股浑圆力气非凡。也许这就叫"吃一行干一行"。

什么时候，也鼓励岩木山到上海南京路上开一家，说不定会有生意。

16. 到富士山探寻日本女性长寿的秘密

陪客人游完富士山，去伊豆半岛夜宿的路上，司机峰桑提议，顺道去看看忍野八海。

我听说过富士山下的这个村落，说是有点中国丽江的感觉。于是，我们踩了油门便往忍野八海跑。

进了村庄，首先听到的是泉水的"哗哗"响。村里人告诉我，这里的水是纯正的富士山雪水，甘洌得很。我伸手到一处喷涌的泉水，皮肤如同针刺一般，不是透心凉，而是透心痛。

村落池塘的水是碧蓝碧蓝的透，鱼儿在那里游，树枝下的倒影如同墨绿金影的画。

自然，鱼是特别鲜美。虽然是河鱼，但因为水质清丽，不仅闻不到半点的鱼腥味，塞进嘴里，连一点的泥土味也没有。

我跟烤鱼的仙子聊天："忍野八海除了这个烤鱼，还有什么最值得品尝？"仙子说："那当然要推草饼了。"

根据她的指点，我来到一户街边人家，据说这是村里做草饼历史最久的人家，可以叫"草饼元祖"。

如其说是店，还不如说是家门小铺。做草饼的和卖草饼的就两个人，一个是婆婆，一个是儿媳妇。

老婆婆坐在屋子里面，将赤豆馅捏进草饼中，揉啊揉，揉出了一个草饼团子。儿媳妇将团子搁到门口的炭火上开始烤。一会儿，带有青草香的焦味扑鼻而来，馋得我的口水到嘴边，又咽回去。

一只草饼100日元（约6.5元人民币），价格比面包便宜。但是看到老太太那么认真地一只一只捏着馅，揉着团子，你会觉得吃的不是价格，而是一份感情。

老太太见我是中国人，特地邀请我到屋子里入座。我说："我就替您卖草饼团子，坐在门口和您聊天吧。"老太太似乎过意不去，抓了一个乒乓球大的赤豆馅放到我的手里说："吃吧，这是我做的。"

馅是热的，好像刚出炉不久。我很少感动，但是捧着这团馅，我心中升起一股暖流。因为老太太告诉我，她94岁了，做草饼团子已经做了70多年。这让我想起了我的姥姥，一直到90岁走前几个月，还在念经点经，每月挣几百元钱。

我告诉老太太，在我的老家浙江，小时候到清明时节，母亲就带着我到郊外山上去采这种青草，回家后洗干净，在滚烫的锅里烫熟晾干，然后蒸上糯米，把青草和糯米拌均匀了，放到一个小石臼里捣上半个小时，于是就做成了青团。揉团子的活，就是我这个小男人干的。

老太太听了，激动地说："原来中国和日本一样，都有草饼啊。莫不是，这草饼团子就是从中国的青团传过来的？"

我没有考证，但是老太太的儿媳妇递给我的那种做草饼的草（我实在叫不出其学名），跟我小时候摘的一模一样，就在她们屋后的富士山坡上。

老太太的身体看上去很硬朗，坐着干活的时候，腰板是挺的，说话很利索。

儿媳妇告诉我，老太太每天早上5点钟起床，然后从家门口开始扫大街，一直扫到停车场。

6点钟开始，老太太把浸泡了一夜的赤豆掏出来，放到锅里煮，煮上两个小时。然后拿出来放在一个捣碎机上，配上一定比例的糖，由儿媳妇负责捣成豆馅儿。10点钟，老太太就开始坐着做青饼团子，因为有客人来了。她中午睡两个小时，下午起来再做草饼团子，一直到6点钟做完最后一个草饼团子才收摊。日复一日，年复一年，就这么一件事，做了70多年。她94岁了，还在做。

一个人一生，如果能够孜孜不倦地坚持做一件事情，我想，她（他）就是伟人。

全世界女性寿命平均最长的是日本。我问老太太长寿的秘密？她说："什么也没有，就是要动，要干活。"

分别时，我和老太太约好，每年都会来吃她做的草饼团子。老太太笑着说："我等着你。"

回到东京的第二天，刚好是周日。NHK电视台中午的《大家唱》节目，上台一位102岁的老太太，底气十足地唱了一首《故乡小调》。主持人问她长寿的秘密？老太太说："我每天都游泳。"

17. 日本 AV 女优们的真实生活

去上海出差，与几位朋友聚会，大家突然聊起了日本性爱女王饭岛爱，说"挺想念饭老师"。我感觉很奇怪，饭岛爱的 AV 片并没有获准在中国发行，大家为何如此熟悉"饭老师"呢？各位抿嘴傻笑。

饭岛爱（原名大久保松惠）已在 2008 年 12 月去世，终年 36 岁。

饭岛爱初中开始成为一个叛逆者，16 岁离家出走成为东京六本木一家夜总会的陪酒小姐。之后又不顾家人反对，投身于三级片的拍摄，虽然一举成名，但是也被父亲赶出家

门。直到饭岛爱结束拍片生活，成为一名娱乐节目嘉宾后，父女的感情才逐渐恢复。据其父亲称，饭岛爱最近一次回家是在去世前 10 个月。没有想到，再次见面时，居然是冰冷的遗体。

我其实与饭岛爱有过一面之交。那是 3 年前一起参加朝日电视台的一个节目的演出，事先已经得知饭岛爱也做这个节目的嘉宾，特地跑到录像店里借了

她的片子看。见面时却并没有感受到她有多么的风骚，反而有一种弱不禁风的感觉。我和她的对话只是简单的问候，她给我留下的印象是说话特快，也很开朗。由于规定不能带相机进演播厅，而换衣间又男女有别，最终没有能够和她合影，也是一个遗憾。

饭岛爱在日本是一个什么样的存在？说她是"性爱教主"一点也不为过。不仅男人们是在她的教导下学会如何讨女人喜欢，而女人们也是在她的教导下学会了如何讨男人喜欢。虽然因为年龄的问题她最终离开了三级片片场，但是饭岛爱并没有消失在人们的视野里，成功转型成为一名艺人，是日本各电视台不可缺少的娱乐节目的嘉宾。

饭岛爱之所以也获得日本女性们的高支持率，其中一大原因是她可以毫无顾忌地就性和性生活问题对女性们做出权威性的指导。哪怕是在电视节目中，她那种脱口而出的"经验"，对于内心激荡表面害羞的日本女性来说，是难能可得的智慧。也正因为如此，饭岛爱成为日本政府有关部门防治艾滋病活动的宣传员与指导员。

日本把拍摄三级片的女性称为 AV 女优。三级片产业在日本始终是红红火火，在普通的录像店里都可以租到各种各样的三级片。只不过日本伦理协会规定，女性身体上的"三点"，两点可以露，最后一点不可露。所以，对此感到不过瘾的男人们便转向购买"毛片"。最近东京警视厅在新宿最大的红灯区——歌舞伎町查获了一家"毛片"销售商，缴获 4 万多张碟片。

AV 女优的演艺生涯都十分短，最出色的一般也只有 1—2 年，拍摄的三级片为 50—100 集左右。男人喜新厌旧的心理导致她们的"青春"很短暂。日本有许多这样的三级片女优经纪公司，这些人一部分是被经纪公司从各种夜总会或街头发现劝诱而来，一部分是自己要求加盟。但是据一家经纪公司的老板说，培养一个 AV 女优也不是很简单，有的身材好，但是面相不好，引不起男人的兴趣。有的面相好，身材也好，但是那方面表现不灵，演技太差。所以最终能够走红的 AV 女优的比例，在 10% 左右。

日本的周刊杂志说，目前日本的 AV 女优大约有 1 万人，但是每年正式发行的碟片是 3 万张，这也就意味着，许多人虽然名为 AV 女优，但是根本就没有拍片的机会。即使拍了，也卖不出去。20 世纪八九十年代，一位走红的 AV

女优拍一部片，收入有80万日元，现在最多只有10万日元。

饭岛爱是在夜总会打工时被当时走红的一名AV女优后藤惠理子发现，介绍给了三级片演员经纪公司。拍第一部片子时，她刚满19岁。根据一位制片商称，饭岛爱的自身条件一般，但是她的全身几乎都是性感带，演技特好。正因为如此，饭岛爱很快走红，先后拍片三年，留下作品近100集，成为一代性爱女王。

应该说，饭岛爱是十分幸运的。她离开三级片片场后，居然投身演艺界而一举获得认可，从一名AV女优转身为堂堂正正的娱乐圈艺人，又是拍电影，出唱碟，还写书。其他的AV女优就没有这么幸运。

AV女优离开片场后，结局往往是比较惨。没有成名的人，就悄悄地嫁了人。反正AV女优用的都是艺名，很少有人知道她的真实姓名。已经成名的，则很难嫁人，因为那张脸大家都已经熟悉，一般的男人都不敢要，怕娶了这么一个女人抬不起头来。而作为成名的AV女优，一般的男人还不愿意嫁。所以，许多稍有名气的AV女优在离开片场后，再回到高级夜总会、酒吧，做当家小姐，或者做妈咪。自然不少人也成为有钱人的情人或二奶。20世纪80年代日本最走红的AV女优小林瞳离开片场后，成为脱衣舞女郎，如今是银座一家高级夜总会"SAPPHIRE"的妈咪。另一位在20世纪90年代与饭岛爱齐名的浅仓舞，在离开片场后只好到一家春楼当小姐，如今音信全无。

当然，比饭岛爱更为华丽转身的日本AV女优是苍井空，跑到中国变成了"苍老师"。日本人看不懂，说"敢情是中国男人没有见过AV女优，三流都可成为宝贝"。

不过，对于许多同行来说，饭岛爱还是一位成功脱皮的幸运儿。但是，她死时如此孤独，且死去一个星期后才被发现，实在是一个不幸的人生结局。

18. 一位 IT 天才的陨落

深圳的快播公司到底有没有罪？网友与法学家、律师与法官正在打架，我们只有看热闹的份。

其实，日本在过去也曾发生过一起类似快播的案件。这一案件发生在 2004 年，比中国版的"快播案件"早了整整 12 年。日本这个官司，从地方法院打到最高法院，前后整整花了 8 年的时间，其判决是多次反复，最终的结果出乎许多人的预料。

2003 年，日本发生了一起重大泄密事件，防卫厅、警察厅等中央重要机关的一些机密文件被抛到社区网站上。日本警方为此专门组织了 IT 警察搜查队调查此案，结果发现，这些机密文件是被黑客从中央机关的电脑上偷走的。于是根据 IP 地址逮捕了几位黑客，其中一位还是 17 岁的高中学生。警察问他们：你们是利用什么手段盗走这些机密文件的？黑客们回答说：很简单，使用"Winny"软件就行，社区网站上都可以免费下载。

警察一听有点慌，赶紧上网去查，果然在社区网站上看到了可以免费下载的 Winny 软件。

那么，这款 Winny 软件是一个什么样的软件呢？其实是一款共享软件，使用这款软件可以实现不同电脑之间的图像资料、文件等的共享。现在看来，这是一款再普通不过的软件，但是在十几年前的 Windows 2003 的时代，它还是属于很先进的东西。

警察厅在发现这款软件之后，就感觉像是抓住了主犯一样，立即将搜查的重点转移到这款软件的开发者身上。

网络上只知道这款软件的开发者有一个绰号，叫"47 氏"，但是这个人是男是女，具体从事什么工作，生活在哪座城市，都无人知晓。

警察毕竟是警察，半年之后，搜查组冲进了赫赫有名的东京大学，在情报基础中心拘捕了一名正在那里担任特别讲师的男子，指控他是操控这一系列黑客事件的主犯。

这名男子名叫金子勇，1970年出生，当时是33岁。金子勇的被捕，轰动了整个日本列岛，人们关心的不是这一软件本身，而是发现，在堂堂的东京大学里居然藏有高级罪犯。

那么，金子勇是一个什么样的人物？

金子勇出身距离东京300多公里的栃木县的一个普通农家，这个人是一位IT天才，他从小学三年级开始学习编写程序，高中时就考取了日本第一种情报处理技术员的国家资格证书。1989年考入茨城大学情报工学科，此后他用了10年的时间在这所大学里完成了IT专业的本科、硕士研究生、博士研究生的学业，成为日本当时少有的几名IT博士之一。

博士毕业后，金子勇作为博士研究员进入日本原子能研究所工作，从事地球模拟器的系统开发，仅仅用了一年多的时间，就成功开发出了3D物理模拟软件。

金子勇的才华被东京大学看中，2002年，也就是在他被捕前2年，东京大学研究生院邀请他担任情报处理工学研究室特别助手，从事战略软件创造人才的培养。也就是在这一年的5月，他把自己业余开发的一款共享软件发到了日本最大的社区网站"2ちゃんねる"，这款免费软件就是导致他最终被捕的Winny。

日本是一个很注重知识产权的国家，任何一款软件几乎都要掏钱买。Winny免费软件在社区网站上公开以后，立即成为日本网络社会的一大话题。许多人不是用这款软件去偷盗政府机关的机密文件，而是用它去收费的视频网站下载电影电视剧和音乐歌曲。金子勇也因此在网络社会里获得了"IT之神"的称号。

在没有发生防卫厅、警察厅机密文件被盗之前，日本警方并没有对这款软件的存在产生兴趣，甚至对于视频网站的举报也是睁一只眼闭一只眼。但是机密文件被盗事件发生后，不仅是警察的态度发生180度的大转变，而且还惊动了首相官邸。当时负责安保工作的内阁官房副长官是当今首相安倍晋三，他当时专门举行了记者会呼吁各机关和企业注意防盗，防止黑客利用Winny软件偷盗机密文件。

金子被捕后，他的案件是如何审判的？

金子是在 2004 年 5 月 10 日被捕的，罪名是"帮助侵害著作权"。20 天后，他在京都地方法院受到起诉。法院对于这起案件的审理也非常谨慎，整整花了两年半的时间，一直拖到 2006 年 12 月 13 日才做出判决。检察院要求法院判处他 1 年有期徒刑，但是，法院只做出了罚款 150 万日元的有罪判决。那么这 150 万日元，按照现在的汇率，大概只有 8 万人民币不到，也就是金子几个月的工资。但是金子不服这一判决，他向大阪高级法院提出了上诉。而检察院也觉得京都地方法院只是罚一点款，处罚得太轻，也向大阪高级法院提出控诉。

这一上诉一拖又是 3 年，直到 2009 年 10 月，大阪高级法院才做出二审判决，判金子无罪。这下检察院不服了，直接告到最高法院。最高法院再审，又审了三年，一直到 2011 年 12 月的圣诞节之前，最高法院做出终审判决，驳回检察院的上诉，判金子无罪。

从 2004 年被捕到 2011 年最终确定无罪，金子度过了苦难的 8 年时间。我们现在无法看到日本最高法院当时的庭审记录，但是根据媒体的报道，这起案件的争论焦点集中在这么一点上：检察院认为，金子明知道自己开发的软件已经被用作拷贝各种影像与音乐作品而没有采取制止的措施，明显地对侵害著作权的行为提供了一种故意的帮助，因此犯下了"帮助罪"。而金子和辩护律师一方认为，Winny 软件的开发并不是以侵害著作权为目的，而是给人们提供一种文件共享的服务，而且是免费提供，是对日本网络发展所做的一种贡献。如果判他有罪，将会极大地损害广大软件开发者们的积极性，导致日本 IT 产业发展的滞后。

在一审判决中，京都地方法院认为，金子没有积极地去阻止这一软件导致的侵权行为的蔓延，因此认定他触犯了"帮助罪"，罚款 150 万日元。但是最高法院最终判金子无罪，是认为他作为一名技术人员开发这一软件的本意，并没有想刻意地帮助人们去侵害著作权。至于有人利用这一软件去拷贝影像和音乐作品，侵害著作权，与金子本人没有直接的关联，因此"帮助罪"无法成立。

金子因为被捕失去了在东京大学当讲师的资格。而在 8 年的诉讼过程中，他靠给几家 IT 个公司当顾问来维持自己的生活，但是再也没有新技术新软件的诞生。最悲惨的是，在最高法院判决他无罪后的第三年，因为突发性心肌梗死，金子离开了人世。2013 年 7 月的一个傍晚，他倒在马路边，终年 44 岁。

一代IT天才的陨落，对于日本的司法机关来说，不是什么特别心疼的事情。但是对于日本的IT界来说，是一个巨大的损失。日本网络开发的元老村井纯教授在金子去世后发表了一份悼词，他称颂金子作为软件开发者是世界IT界极为珍贵的专家，是日本网络开发的英雄。他说："我们向他保证，要继承他的遗志，去战胜阻碍网络社会发展的各种障碍。金子的光辉永远照亮着我们的心。"

我们特别注意到日本最高法院在判决金子无罪的判决书中特别提到了一个单词，叫"技术中立"。网络社会是全世界发展最为迅速，也是最无秩序的社会，网络产业的立法滞后不仅是日本，也是世界许多国家面对侵害著作权问题所遭遇的最为头疼的问题。金子的案例能否适合中国的国情，我们不得而知，但是，把技术开发与使用结果分开考虑，可能是一种比较理性的司法解读。就好像生产菜刀的人不应该对砍人事件负责一样，维护"技术中立"的原则，也许更有利于网络社会的发展。

19. 日本首相被人"造谣"如何还手

　　日本周刊杂志《周刊现代》发表了一篇文章，称安倍首相在 2015 年的中日韩三国首脑峰会上与韩国总统朴槿惠举行首脑会谈时，一时脸色发黑，舌头转不过来，语词不清，闹出了"大失态"。文章继而推论说，安倍首相由于压力过大，疲劳有加，因此溃疡性肠炎这一老毛病出现恶化，不排除他在近期辞职的可能性。

　　文章的标题是：安倍晋三在朴槿惠前大失态。具体内容是这样的：

　　11 月 2 日上午 10 时 5 分，安倍首相终于实现了与朴槿惠总统的首脑会谈。根据韩国方面的希望，这次的首脑会谈分成两个阶段，第一个阶段是小人数会谈，双方各出席 4 人。日本方面除了安倍首相之外，还有外务大臣岸田文雄、国家安保局局长谷内正太郎以及安倍首相的特别助理、内阁官房副长官萩生田光一。而韩国方面出席者，除了朴槿惠总统之外，还有外交部长尹炳世、总统秘书室长李丙琪以及总统外交安保首席秘书官金奎显。8 个人用了 30 分钟时间，集中讨论如何解决慰安妇问题。

　　就在这一极为重要的讨论中，安倍首相的身体发生了"异样"。根据韩国参加会谈的人士介绍，安倍首相在会谈中脸色逐渐变黑，不像一个正常人。他努力地想表达自己的观点，但是舌头显得难以回转，语无伦次，不知道他想说什么。见此情景，坐在边上的岸田大臣和谷内局长出来救驾，替安倍首相接话。特别是与谷内局长关系密切的总统秘书室长李丙琪在会上急忙圆场，避免了安倍首相出现尴尬。结果预定 30 分钟的第一阶段会谈，整整延长到 1 个小时。而第二阶段由众人参加的会谈，原定 1 个小时缩短到了 40 分钟。韩方没有安排记者会，也没有请安倍首相吃中饭，而是直接让他回了酒店。

　　《周刊现代》在文章中说，安倍首相那一刻的状态，让人想起了已故的日本财务大臣中川昭一在欧洲出席会议时因为酩酊大醉而控制不了舌头，说话语无伦次，出尽洋相的往事。而这次，安倍首相显然不是醉酒，很可能是他的老毛病犯了。

文章最后引用安倍首相在2008年2月发表在《文艺春秋》杂志上的文章，称自己第一次当首相时，因为受到溃疡性肠炎的折磨，"注意力无法集中，结果在国会的（施政）演说中，三行字忘了念。（中略）这是我做出辞职决定的最大原因"。文章因此称："安倍首相再次做出决定的时刻，可能已经来临。"

《周刊现代》由日本最大的出版集团的讲谈社出版发行，虽然内容多有八卦，但也常常曝出一些政治家的丑闻，迫使人家不得不认错下台。但是，这次有点不一样，因为它不仅妄议安倍首相，而且也妄议了日韩首脑会谈。这一次会谈，可是安倍第二次上台以来好不容易实现的会谈，他一直在强调会谈取得的成果。

那么，面对《周刊现代》的这篇报道，面对如此负面的新闻，作为一国首相的安倍，尤其是在当今的日本拥有说一不二绝对影响力的领袖，他将采取何种反击与打击措施？结果是，安倍只做了一件事，他写了一封抗议信给讲谈社社长野间省伸，抗议报道毫无根据，"是虚伪的捏造"，要求讲谈社撤回这篇报道，做出订正并公开谢罪。抗议信还说，将视讲谈社的对应的诚实程度，考虑是否要采取法律措施，向讲谈社提出起诉。

安倍没有下令警视厅搜查讲谈社，也没有去抓捕编辑，而且这一封抗议信不是通过首相官邸发出的，而是通过自己的私人办公室发出的。整个反击行动看上去显得软弱无力。

在日本，即使媒体对首相做出负面报道，首相也好，政府也好，不能对媒体采取明显的打压措施。只是要求对方有个道歉，认错便可。如果对方坚持不认错的话，安倍首相可以向法院提出起诉，通过法律途径寻求问题的解决。

抗议，恰恰也是安倍首相唯一能采取的反击行动，因为这篇文章议论的只是安倍首相本人，而不是日本政府。即使"造谣"也是造的是安倍个人的谣。因此，如果安倍首相下令警察或其他政府机构介入调查或封杀，那就是自己给自己下套，因为很容易涉嫌"乱用公权力罪"。假如说，安倍叫首相官邸来转送这份抗议信的话，也有"动用政府机构权力变相施加政治压力"之嫌。这在日本，是一个不可触犯的大忌。

况且，日本的《新闻法》中明确规定，任何国家权力机关不得行使公权力要求媒体公布采访消息来源，以充分保证报道自由。因此，安倍首相即使认为对方造谣，他也无法下令警视厅前去出版社搜查或传唤记者编辑到警署"谈话"。唯一能令媒体在一定隐秘范围内交代消息来源的，只有法院的传唤。因此，安倍首相在抗议信中表示，如果讲谈社的认错态度不真诚、不端正的话，他就有可能向法院提出起诉。也就是说，他最能吓唬出版社的，除了要告法院，别无他法。而对于讲谈社来说，被人起诉已是常事，出版社内强大的律师团就是为了各种官司做准备的，迄今为止也输了好多次。

那么，假如安倍首相起诉讲谈社造谣的话，他也要冒一个风险，那就是得罪讲谈社，会让《周刊现代》杂志今后天天盯着安倍首相说他的坏话。毕竟这是一本知名度极高、民众又十分喜欢看的杂志，其影响力不可小觑。退一步说，安倍首相状告讲谈社，如果告赢的话，那么讲谈社会遭遇何种的结局？根据迄今为止这家出版社所经历过的风雨和日本的司法制度，第一，它会答应安倍首相的要求，公开赔礼道歉。第二，会根据安倍首相的要求，支付一定的赔偿金（一般来说，政治家打名誉官司，都不会提出要赔偿金，因为容易被人误解为想钱想疯了）。而安倍首相也只能到此为止，政府机构更不能对出版社实施吊销营业执照之类的处罚，事实上也没有什么东西可以处罚，因为在日本成立出版社和发行杂志报纸，都不需要政府的审批，自生自灭。记者证也没有全国统一要求，都是各家媒体自己印制，更多的媒体是没有记者证的，只有记者的名片。

所以在日本，即使像安倍这样牛的首相，他对于媒体"造谣"的反击，也只有抗议和起诉，别无其他手段。而读者也大多一笑了之，不行的话，你退下再选一个，没有你，日本也不会沉没。

20. 日本人最期望谁当下届首相

《每日新闻》是日本六大主流报系中反安倍色彩较浓的报纸，它在 2015 年 11 月实施了一次全国舆论调查，结果发现，安倍内阁的支持率已经超过不支持率，达到了 43%，实现了 7 月以来的大逆转，并显示安倍政权即使在反安倍的阵营中，也获得了很高的人气。

安倍当首相还能当到什么时候？谁也无法预计。理论上，他作为自民党总裁，在 2015 年 9 月刚刚获得连任后，至少可以保证自己把首相当到 2018 年。但是，安倍首相本人也许更期望能够在 2020 年的东京奥运会开幕式上以首相的身份主持。这样一算的话，安倍至少还想当 5 年。当然，自己想当和政局是否允许他当，完全是两码事。

虽然安倍首相的支持率出现回升，但是日本的一些八卦媒体也不断曝出"安倍病危"的消息，似乎是期望他早早下台，甚至希望他得什么恶疾。不过，即使平时繁忙的工作都以分钟算，安倍首相看上去还是比较健康，距离下台似乎还有很长一段路要走。

不管安倍首相是不是期望自己长期执政，日本的媒体已经开始为他"安排后事"。日本另一家著名的报纸《朝日新闻》，最近对自民党所属的 500 多名国会议员进行了一次问卷调查：你认为谁最适合当下一届的首相？结果显示，期望安倍继续当首相的比例仅为 7%，而排在他前面的，是他的政治对手石破茂，比例高达 18%，名列第一。

日本人为何希望石破茂来接替安倍当首相呢？其一，石破茂的性格稳重，让大家有安全感。石破茂虽然担任过两届防卫大臣，属于鹰派的政治家，但是无论是在日美安保，还是日中关系，他都坚持不偏不倚的立场与观点，尤其是他说话的语气一直是稳稳当当，因此让许多人相信，石破茂当首相，不会像安倍那样冒进和激昂。其二，石破茂由于说话中肯，观点新颖，因此一直是日本各大电视台的第一嘉宾，虽然眼睛有些斜视，但是仍然获得许多观众的喜爱，

知名度很高。其三，石破茂担任过执政的自民党干事长，并协助安倍首相取得了众议院和参议院大选的胜利，是安倍政权建立的功臣。也就是说，安倍首相有今天，离不开石破茂的努力。但是，安倍首相在解除他的干事长职务后，给了他一个难有建树且吃力不讨好的职位——地方创生大臣，被舆论认为是安倍首相刻意架空石破茂政治影响力的一种做法，因此许多人对他颇有同情。

石破茂已经组建了自己的党内派阀，明确表示将要接安倍的班。即使如此，民众也没有对他赤裸裸的野心表示反感，反而觉得他做人光明磊落。

除石破茂之外，另一位与安倍首相并列第二位的政治家，是一位年近33岁的少壮派人物，名叫小泉进次郎。小泉进次郎是日本前首相小泉纯一郎的儿子，他接替父亲的选区当选众议院议员后，一直以敢说敢言、特立独行的"小泉家风"从事政治活动，在日本国民中人气十足，被称作"自民党王子"。

小泉进次郎担任过自民党青年局长，此后担任过安倍第二次内阁的复兴副大臣。在2016年9月的安倍内阁改造中，安倍首相原计划起用小泉进次郎进内阁担任大臣，但是没有想到，小泉认为自己还太年轻，还不具备当大臣的资格，因此拒绝了安倍首相的邀请。小泉进次郎的这一决定，让日本民众对他刮目相看——这个人心很大，不会计较个人荣誉得失。

在小泉进次郎拒绝出任大臣之后，安倍首相任命他出任自民党的农林水产部部会长。这一职务看起来很小，但却是自民党历代首相大多担任过的一个"出道"职位。而对于安倍政权来说，因为面临日本加盟 TPP 引发的农副产品关税问题在国会的辩论与决断，所以这个职位是自民党目前最为重要的职务之一，部会长担负着与中央各相关机关的协调和平息党内不满势力的重任，是一个很锻炼人的岗位。安倍首相的这一安排，也被认为是他刻意培养自己政治兄长的儿子将来接任首相的一个重要举措。

自然，小泉进次郎由于太年轻，不可能成为安倍首相的接班人。因此，石破茂成为"安倍后"的第一首相候选人，应该是不争的事实。不过石破茂也不能太过于乐观，如果他领导的政治势力与安倍领导的政治势力出现对立的话，一定有人会渔翁得利，这个人就是现任自民党干事长的谷垣祯一。

这位性格沉稳、人生悲情的政治家，在自民党于 2009 年下野无人收拾残局时，临危受命，出任自民党总裁。而在自民党重新夺取政权时，夫人病故，因此好事都没有轮到过他，颇受党内各派人士同情。即使当过党总裁，又屈任党干事长，谷垣祯一毫无怨言，而且对安倍和石破茂都是一碗水端平，被认为是党内最佳的"和事佬"。前几天，他还带领日本执政党代表团访问北京。

21. 在深山老林里守护千年温泉的大学生夫妇

我在大分县九重町的时候，正好是中国的国庆长假，同时也是重阳时节，九重高原的气温在 20 度左右，所以非常凉爽。我在微博里发了一张照片，是九重町空旷的山野，然后我写了一句话，说"空气是甘甜的"。有些网友对此提出质疑，他们认为空气怎么可能是甘甜的呢？但是当我一早起来，在温泉旅馆周边的山林中散步时，真正感觉到了这空气的味道，只能用"甘甜"两字来形容。

在九重町，我有一位好友叫高桥裕次郎，他这几天正忙于竞选町长。高桥先生给我介绍了一位朋友弘藏岳久先生。弘藏先生是九重高原一家温泉酒店的老板，酒店有 50 多个客房，在当地也是一个规模性的酒店。这家酒店的名称叫法华院别馆，我一听这名称，怎么像一个寺院？弘藏先生说，"法华院"确实是一座寺院，而且还是一座古寺。

这座古寺在哪里呢？弘藏先生指着对面的一座高山告诉我："在山的那一头，已经有 1000 多年的历史，建于中国的唐朝时代，他是这座寺院的第 26 代传人。在这个寺院的边上还有一个千年的温泉旅馆，是他们家经营的。

他讲的一个故事引起了我的兴趣，他说那座法华院与中国有着很深的渊源。早在唐朝时期，日本高僧最澄到中国学习佛教，在浙江台州的天台山修行，并带回了《法华经》等100多部经书，后来在日本创立了天台宗。法华院就是在那时秉承最澄大师的教义，在这深山老林里建立的九州地区地理位置最高的寺院，是天台宗的一个重要的修行场所。

听完这个故事，我对他说："我是浙江人，我要去法华院看看。"弘藏先生告诉我："如果真想去看的话，那你就必须要翻过这座高山。这座高山海拔2000米，至少得爬三个半小时。"

第二天一早，我和弘藏先生，还有我们亚洲通讯社西日本分社的记者福田先生一起开始登山。九重连山的植被是相当茂盛，从山脚到半山腰都是高高的树林，一大半都是枫树。弘藏先生说，到了11月上旬，这边的山林都变得五彩缤纷，你现在是在一个绿色的隧道里穿行，但到那个时候，是一片红叶的世界。

登山的路很狭窄，或者说根本就是1000年来登山者们踩出来的路，许多路段需要攀援山石，很不好走。

我问弘藏先生，您的祖先怎么会想到在这么一个深山老林里去建这么一个寺院？他说，佛教讲究的是修行，修行就必须在一个与世隔绝的清净世界里才能完成。同时清苦的生活也锻炼和考验了修行者的意志和信仰。

经过他这么一指点，我也发现，中国古代的寺院大多建在偏僻的地区，讲究隐秘性，因此也显示出它的保守性。但无论是基督教还是伊斯兰教，他们的教堂和清真寺几乎都是建在市中心，便于人们礼拜，显示出这两大宗教的开放性和包容性。

我是一个不太爬山的人，因此，说好爬三个半小时，结果整整爬了四个小时。一直到下午2点钟，才越过高山来到一个山间的盆地，这个盆地大约有3平方公里大，长满了各种野花和茅草。弘藏先生说，等到深秋时节，他们还要举行一次放山火活动，把整个盆地里面的茅草全部烧掉，等到第二年春天，再让这个盆地长出嫩绿的草来。

弘藏先生是这个放山火之行委员会的委员长，组织登山者放山火是他每年最重要的一项工作。他说，这个盆地已经在向联合国教科文组织申请世界自然保护遗产。

弘藏先生说的法华院，就在这个盆地与高山之间的一个山坳里。当我筋疲力尽地赶到法华院的时候，老板娘笑盈盈地出来迎接我。而我做的第一件事，就是脱下所有的衣服立即跑到温泉里去泡澡，这个温泉也有1000年的历史，虽然规模不大，但是温泉水是从地下直接喷出来的，43度刚刚好。

泡完温泉，我开始去寻找这座千年古寺，弘藏先生把我带到一个小山坡上，告诉我这座寺院就在我的脚下。100多年前它遭遇一场大火，烧没了，只剩下这么一个遗址。山坡上有许多的巨石和大树，可以看出当年这座寺院是很有规模的。1000年来，许多人就是冲着这一座深山古寺，翻山越岭来到这里修行。

我问弘藏先生，为何不把这个寺院重新修建起来？他告诉我，这个区域现在是国家公园，要重新建造的话，得获得国家环境部的批准，手续十分麻烦。同时，建造寺院的材料要从山外搬运进来，也是一项很浩大的工程，需要很大一笔资金。我说："如果你肯下决心重建，我帮你一起去中国化缘。"

寺院是没有了，但是在寺院边上的温泉旅馆一侧，弘藏先生建了一个小小的房间，里面供奉了寺院当年流传下来的11面观音木雕像。

温泉旅馆的正式名称叫法华院温泉山庄，主要是给登山者们住宿和休息之用，条件没有专门用于游客们入住的温泉旅馆那么好。老板娘说，旅馆有很多的榻榻米大房间，在春天的时候，学生们春游来到这里，最多时候要接纳三百多人。

10月上旬枫叶还没红，所以刚好是一个旅游的淡季，整个温泉旅馆也就十几个客人。晚上我和弘藏先生、老板娘一起喝酒聊天，从中国佛教的传入说到中日两国文化的比较，最后聊到了他俩的爱情故事。老板娘名叫美代子，是一个很漂亮的女人，尤其是皮肤特别白净细嫩，看上去只有30多岁，一问年龄才知道已经46岁，她开玩笑说全是每天泡温泉的功劳。

我很好奇，这么漂亮的女人为什么会嫁到深山老林里来守护这么一个温泉旅馆呢？美代子笑着说自己年轻的时候是学美术的，是美术大学雕塑系的学生，所以特别喜欢高山的色彩。有一年放春假，到九重连山登山，看到满山坡的杜鹃花，一激动就在法华院里留下来当临时工，因此遇到了弘藏先生。弘藏先生比她大7岁。我问她为什么会喜欢上弘藏先生，她说他身体特别的强壮，而且性格也十分随和，是一个很有男人味的男人。

我问弘藏先生:"你那时是干什么的?"他告诉我,他是日本体育大学毕业的,当时是打橄榄球。美代子在大学毕业的第二天就嫁给了弘藏先生,两人就在这个深山老林里继承了祖辈传下来的这份家业,默默经营这家温泉旅馆已经几十年。

我很难想象,两位大学毕业生怎么愿意忍受寂寞,在这个山坳里守护着这么一份祖传的家业呢?弘藏先生说,他是长子,继承家业是生下来就定下来的事情。作为长子,必须从小要有这个觉悟,而作为妻子一旦嫁入这样的家庭,也就要做好一辈子当老板娘的心理准备,与丈夫一起守护家业。弘藏夫妇生了一个儿子和两个女儿,儿子是研究生毕业,目前在京都的一家大公司工作。他说等他老了,儿子也一定会回来继承这份家业,他的儿子自己也有这个觉悟。

"觉悟"这两个字原本就是一个佛教用语,从弘藏先生的口中说出来,我觉得它的含义非常深,那就是要远离繁华都市,奉献自己的一生来守护祖传的家业。

我晚上躺在这个温泉酒店,感觉特别静,只听到山泉流动的声音。在这样宁静的世界里待上几天,对我来说是一种很美好的精神享受,可以静静地整理一下自己的人生,自己的生活,自己的梦想,然后寻找到新的出发点。

第二天早上起来,我发现这家温泉酒店边上还有一栋单独的房子,我问老板娘这房子是谁的?她告诉我,这房子经常会有一个人来住,就是日本著名的歌手芹洋子。许多人可能都没听说过她的名字,芹洋子是一个什么样的歌手呢?大家一定听过这首日本歌:

春を愛する人は心きよき人すみれの花のような僕の友だち

这首歌的名字叫《四季歌》。1983 年,3000 名日本青年应邀访问中国,在北京第一次演唱这首《四季歌》的,就是芹洋子,而当时与芹洋子一起演唱这首歌的中国歌手,就是中国最著名的歌唱家彭丽媛。2009 年,彭丽媛带领总政歌舞团到日本演出歌舞剧《木兰诗篇》,我担任了这次公演的宣传负责人。彭丽媛和芹洋子相隔 26 年再次一起登台,共同演唱了这首《四季歌》。《四季歌》的歌词也是芹洋子写的。她就在这么一个山坳里,泡着法华院的温泉,写出了许多好听的歌。

早上出去散步,我发现在这个盆地上居然有好多露宿的帐篷。弘藏先生说,这个盆地也是国立公园的一部分,因此政府专门整理出了一片平整的区域供登山者露宿。我还发现,在这个露营地边上有政府建设的公共厕所,还有供登山者做菜烧饭的专用厨房和洗脸洗澡用的自来水。更重要的是,还建有一座用钢筋混凝土建造起来的十分牢固的避难所,一旦山洪暴发或者火山喷发的话,登山者可以躲到这个避难所里面避难。边上还有一个直升机的停机坪。而这些设施的使用,都是免费的。

在古代,登山是为了修行,而在现代,登山已经变成一种健康运动。那么政府和民间需要为登山者提供怎样的服务呢?不仅需要给登山者提供住宿和休息的地方,同时还必须为他们提供露宿和救难、避难的必要设施。我突然感悟到,弘藏先生夫妇几十年来守护的不只是自己的家业,更主要的是,守护着登山运动。

九重连山确实值得一去,尤其是春天的时候,漫山遍野的杜鹃花令人陶醉。我跟弘藏先生夫妇约定,下次我要带我们的读者、听众朋友们一起去爬山,到他的温泉旅馆去听一听千年的故事。他说,如果有中国朋友来的话,他们的法华院会迎来一个千年感恩的机会。

22. 东京都知事小池百合子的旋风

安倍这几天头疼，因为全党全国人民都在看他如何处分新当选的东京都女知事小池百合子。

安倍是日本执政的自民党的总裁，小池是自民党党员。小池的错，是因为她没有听从党的要求，擅自去参加东京都知事选举，结果不仅当选，而且得票数还远远领先自民党推举的候选人100万票。100万票是什么意思？是多了30%的选票。这让自民党中央的脸，不知道该往哪搁！

在选举结果出来的第二天早晨，自民党的总裁特别助理下村博文，就向小池百合子发出警告，指责她违背党的指示擅自参加东京都知事竞选，是一种"反党行为"，表示将会对她做出"开除或强制其自动离党"的处分。

"反党分子"小池百合子是何许人？首先是一个女人，一位资深美女。她的身上有几个很传奇的烙印：第一，像她这样年龄的人（64岁），大学时代都削尖脑袋往美国跑，安倍如此、鸠山也如此，但小池偏偏往中东跑，从埃及开罗大学拿了毕业证书回来。第二，小池回到东京后不久就成了明星，因为她当上了电视台的新闻主播，全国人民都认识了她。第三，1992年，她在主播事业如日中天时，说不干了，想搞政治。于是去竞选国会议员，还真一举当选。因为懂阿拉伯语，所以一下子成了日本国会稀有的中东问题专家。第四，2007年，安倍第一次当首相，没有扛过枪的小池，居然被任命为日本第一位女防卫大臣，乐死了许多军事评论家。

小池在日本政坛还有一个绰号，那就是"政治候鸟"。自1992年从政到现在，她换过的政党已经有好几个，最初是参加日本新党，成为细川护熙首相的亲信。后来小泽一郎组建新进党，她成了小泽的近卫军。小泽组建自由党，小池又成了自由党的要员，并在自由党成为联合执政党的时候，当上了经济企划厅政务次官（副部长）。自由党分裂时，她也与小泽分裂，参加了保守党。2002年，也就是在从政10年后，小池才终于找到好归宿，加入了重新掌权的自民党，并与当时红极一时的首相小泉纯一郎传出了爱情故事。

在小池的履历表上，没有结婚的记录。但是有人证实说，她在开罗读书期间与一名日本留学生结婚，不过两年后离婚。这么一位出色的美女，在日本不可能没有人追，小池好像一个也没有看上，但是后来似乎看上了小泉这头"狮子"。

小泉在年轻时结过婚，生了3个儿子。在第三个儿子还在娘胎里时，他与妻子离了婚，从此也没再婚。小池当时刚满50岁，比小泉小9岁，两人当时还真是惺惺相惜。2003年，她被小泉迎进内阁，担任了环境大臣。

2005年，在小泉的邮政改革遭到党内外强烈抵制的情况下，小泉毅然解散众议院进行大选，小池充当了一名"美女刺客"，空降到没有任何基础的选区与反对邮政改革的"地主"们去竞选，结果，她凭借卓越的口才和"小泉旋风"，把"地主"们赶出国会，替小泉出了口气。

但是，小池最终没能与小泉一起住进首相官邸。小泉离开政坛后，没有人再提起两人的故事。

一般认为，小泉当了五年半首相后突然主动辞职，一是为了扶植小儿子进次郎接班，二是为了扶助安倍当首相。所以，安倍在2006年从小泉手中接过首相宝座后，没有怠慢小池，立即任命她为首相特别助理，负责日本的安全保障。第二年，小池更被安倍任命为日本第一位女防卫大臣。

从那个时刻开始，无论是小池本人还是日本舆论，都开始有了这么一个意识：日本如果要诞生第一位女首相的话，非小池莫属。

当了没几个月的防卫大臣，随着安倍第一次内阁的下台，小池的政治命运也开始走入了昏暗时期。虽然在2010年她还成了自民党第一位女总务会长。

但是，在 2012 年安倍第二次执政后，小池遭到了"雪藏"。除了当一个无关紧要的宣传部部长之外，连入阁的机会也没有拿到。相反地，安倍不断地培植稻田朋美、小渊优子、山谷惠理子等小池的后辈女人们当大臣，给了小池无限的精神刺激。这也是小池此次不顾自民党中央阻止，毅然决然单枪匹马地参加竞选东京都知事的最大原因。

小池出马参加东京都知事竞选，最大的敌人不是竞选伙伴，而是石原家族。

大家知道，石原慎太郎当了整整 13 年的东京都知事，培植了大量的亲信，因此谁当知事，都是笼罩在"石原院政"的阴影下。石原辞去东京都知事后，他的儿子石原伸晃（现任经济再生大臣）兼任了自民党东京都委员会会长（按执政党的概念来说，类似于北京市委书记），自民党在东京都议会中的势力最大，左右着东京都政，因此石原伸晃被称为"影子知事"。

不知什么原因，石原父子特别讨厌小池百合子。小池想跟石原伸晃商量作为自民党的候选人参加东京都知事竞选，石原没吭声。小池跑到自民党中央，找谷垣祯一干事长商量。谷垣犹豫半天，最终也没有答应小池的要求。因为自民党内有一个不成文的规矩，地方行政长官选举，其候选人的推举由当地的自民党委员会提出。而石原父子看中的是前总务大臣增田宽也，而不是小池。

结果，小池就变成了孤家寡人。一个女人在男人政治的重压之下，单枪匹马，不仅要与自己所属的政党斗，而且还要与"东京大地主"斗，更要与 20 名竞选者斗，小池真是有了"杀身成仁"的决心。她在选举时说的一句话，打动了不少选民的心："我做好了跳崖的准备。"

有人说，选举期间石原父子的两句话，帮了小池不少忙。老石原骂小池是"靠化厚妆装嫩的女人"，小石原说小池"绝不是自民党的人"。老石原的话，得罪了一大批女选民。而小石原的话，激起了一大批本来对"石原院政"不满的人的反石原情绪。于是，大批的选票投向了小池，小池成了东京都历史上第一位女知事，而石原父子一败涂地。

在这场持续一个月的乱斗中，作为自民党总裁的安倍，一直没有吭声。理论上来说，自民党推举增田作为党的候选人参加东京都知事竞选，安倍理应去街头帮增田站台拉票，他以前就是这么干的。但是，这一次安倍情愿回家喝酒，也没有替增田站台演说。相反还有一些媒体传出消息说，安倍私底下打电话给一些报社总编，请关心小池。

安倍心中自有一杆秤。首先，他看到了小池的竞选纲领中提出的女性活跃社会、营造主妇安心、老人安心社会，打造安全都市、多元都市、智能都市，重建国际金融中心的"新东京"构想，与自己提倡的安倍经济学和解放女性的主张十分吻合。其次，相比较增田和小池，小池的形象和知名度远在增田之上，精于选举之道的安倍从一开始就能预估到：小池一定能获胜。再次，安倍一直没有机会铲除东京的"石原院政"，正好借小池之手整整石原父子。最后，安倍与小池的私人关系不错，两人没有过节。小池要出马，预先也跟安倍有私下汇报。安倍一直期望自己当首相能一直当到2020年的东京奥运会开幕时。而未来四年，东京奥运会能否筹办成功，很大因素取决于东京都知事的努力。安倍只能与小池结成同盟军，而不能成为敌人。

所以，在小池当选东京都知事，自民党内出现了要"开除小池"呼声后，安倍一直没有表态。而他的内阁大管家菅义伟，却出乎意料地在记者会上说了一句话，"这一次败选，东京都委员会要承担责任"，把斗争的矛头一下子转向了石原父子。这句话的意思很明确：不是开除小池的问题，而是石原伸晃必须引咎辞职的问题。

有评论说，小池当选为东京都知事，严重打击了安倍政权。我觉得，确切

的说法应该是打击了自民党内的保守派，安倍的改革派反而赢得了胜利。

安倍终于下了决心。在自民党中央的最高干部会议上，安倍说了这么一段意味深长的话："这一次的选举结果，对于自民党来说是十分遗憾的事。不过，为了实现四年后东京奥运会的成功，我们不能无视这次民意，必须与东京都民们携手合作。"这表示出要与小池联合的意向。

所以，如何看待这次的东京都知事选举结果，我觉得有这么几点是值得关注的：第一，安倍借小池之手扳掉了"石原院政"。第二，小池虽然是单枪匹马参加竞选，但是当上了也是自民党的一个胜利，她身上始终带着自民党的色彩。第三，安倍在推行女性政策和安倍经济学中，多了一个战友，而不是敌人。第四，安倍今后在筹备东京奥运会、稳固自己的政权方面，多了一个帮手。第五，小池在安倍的暗助下当上东京都知事，实现了自己多年来一直期望成为"一把手"的梦想。东京都的GDP占了日本全国的三分之一，一年的财政收入超过了瑞典，真可谓"富可敌国"。虽然离首相的宝座还有一段距离，但是，东京都知事作为"日本小首相"，今后四年的历练将会为小池最终问鼎首相宝座奠定坚实的基础。

所以，安倍最终没有处分小池。

23. 日本社会的"富二代"为何不张扬

　　如果你问日本人："孙正义的孩子是谁？"1万个人中估计没有1个人能够答出。如果你上网去找柳井正的儿子是谁？估计勉强还能找出两条。这两位轮流坐庄日本首富的企业家，孙正义56岁，是软银创始人，靠IT、移动通讯和精明投资起家，总资产1.87兆日元（约158亿美元）；柳井正65岁，是优衣库创始人，靠卖休闲服登上首富排行榜，总资产1.82兆日元（约153亿美元）。但是，确实很少有人知道他们的孩子在干什么。

　　我上日本雅虎网查了资料，得到的信息是，孙正义有2个女儿，但是找不到一张照片，也查不到名字。有关柳井社长孩子的消息有4条。柳井社长的大儿子柳井一海（39岁）大学毕业后进入高盛公司工作，前几年才进入优衣库，在一家子公司担任社长。小儿子柳井康治（36岁）大学毕业后一直在三菱商事工作，两年前才进入优衣库公司，负责宣传工作。

　　与日本经济杂志《东洋经济》的老编辑森内先生谈起上述现象时，森内先生说：原因很简单，无论是软银还是优衣库，之所以成功，除了孙正义和柳井正个人的经营有方之外，还有银行的援助、股东的奉献、员工的勤奋、客户的支持等其他综合因素。因此，虽然孙正义和柳井正是这两家公司的创业者和经营者，但不是公司成功的唯一功劳者。换言之，公司不是私人之物，而是大家共有。软银和优衣库有今天，是大家共同努力的成果，如果把它私有化，当作我家的公司，那结果就是众叛亲离。所以作为这两家公司的家族成员，是万万不可打着公司或者家族的旗号招摇过市的。

　　另一方面，孙正义虽然个人年收入达到100亿日元（约5.1亿元人民币），每年个人纳税也达近40亿日元，无论是对公司还是对社会，他都是一名功劳者。但是，他的女儿如果张扬的话，那会带来两大问题：第一，女儿的不谨慎行为或者个人绯闻，将会给父亲带来直接的不利影响，损害父亲的形象与声誉，甚至影响公司的经营；第二，有钱人的孩子张扬的话，会成为"社会公敌"，因为其张扬的资本与财富都不是自己创造的，而是躺在父亲的财富之上，从个人品德上来说，属于"最低"的花花公子，或花瓶女郎。

假如要让自己的孩子接班的话，在日本那绝对是要采取苦行僧式的"千锤百炼"。别的不说，就说丰田汽车公司社长丰田章男。

丰田章男是丰田公司创始人丰田喜一郎的第四代长孙。他从日本著名的庆应大学毕业，再到美国巴布森学院读完硕士，在美国联邦投资银行工作了两年，学习美国企业、美国的资本运作模式。1984年，27岁的章男先生进入丰田汽车公司，到最终在52岁接班出任公司社长，这条当家的路走了整整25年。

在这25年中，他在丰田汽车公司里都干了些什么？进入公司前，父亲丰田章一男对他说了一句话："从今之后，你只是公司的一名普通职员，不会对你提供什么特殊的待遇。"所以，丰田章男先生是和其他素不相识的大学毕业生一起，向公司人事部递交就职履历书（当然履历书上刻意隐去了家族背景），然后经过人事部的面试、笔试，最终获得录用，被分配到一个小城市只有5个职员的丰田车专卖店做了3年的卖车业务。店长都不知道他的真实身份，只是看到他一直保持汽车销售业绩第一的纪录。

3年的卖车工作，让丰田章男知道了顾客需要什么样的车，丰田车有哪些地方不合消费者胃口。卖完车后，他被调到位于静冈县的一家汽车工厂去当了一名小小的系长（班长），学习汽车的组装生产。结果在第三年出了差错，被免除系长职务，降为一般职员。但是丰田章男很努力，最后当上了车间副主任。他此后被调往美国当汽车销售经理，学习如何将汽车卖给美国人，打开美国市场。一直干到美国销售公司的社长位子后，他才被调到丰田汽车公司总部，参与生产本部管理，随后又负责整个公司的汽车销售。他担任丰田汽车公司董事是在

2000年,进入公司之后第16年,担任公司副社长是在2005年,已经摸爬滚打了近20年。正式接班出任社长是在2009年,那时他已经52岁。

出任社长第一年,丰田章男就遭遇了丰田汽车的"刹车门"事件,遭到美国运输部和美国法院、美国舆论的集体敲打。丰田章男第一次感觉到自己身上的强大重压,好在他采取了极端谦恭和认真的应对态度,最终避免了丰田汽车在美国的大触礁。

丰田章男很低调,偶尔请记者吃饭,也是去一些普通餐馆,一杯啤酒,几串烤鸡肉串,"普通"白领的生活作派,绝不张扬,唯一的嗜好是开赛车。

最近,日本产能大学根据企业家的投票,选出了"2014年最优秀经营者",第一名是孙正义、第二名是丰田章男、第三名是柳井正。

24. 日本皇室御用的乡村旅馆是什么样

　　陪中国来的客人去日本岐阜县白川乡游览，白川乡是世界文化遗产地，因合掌式建筑群而闻名。

　　因为是临时决定陪客人去，因此没能订上客人们同住的酒店。于是我打电话给白川乡的观光协会，希望他们能够给我介绍一家合适的小旅馆。观光协会很认真地给我回电，说有一家村内的旅馆虽然简陋些，但还挺不错的，它的名字叫"ふるさと"（故乡）。

　　从高山古镇抵达白川乡已经是黄昏时分，把客人送到酒店，我再开车到村内寻找这家小旅馆，愣是没有找到。最后只能给旅馆打电话，接电话的老板娘说："你再往前走，上一个小陡坡，第一栋房子就是。"

　　按照这一指示，好不容易在一栋很旧式的合掌式建筑的边上，看到了这家"故乡"小旅馆。

　　从一条小路上进去，拉开移门，没有人出来迎接。门口挂着一只鼓，边上贴了一张纸：有事敲鼓。拿起鼓槌敲了两响，果然传来女人的声音："嗨嗨，欢迎光临。"

　　出来的是一名50多岁的女性，见了面就说："您是徐先生吧？一路辛苦了。"我知道，这位应该是老板娘。

　　这个小旅馆实在太旧，后来知道，这个建筑已经有250年的历史，这意味着我今天得睡在清朝乾隆二十九年（1764）的时代，那一年，文学大师曹雪芹去世。

　　这话说得有些遥远。当女主人把我领进房间时，我发现，这房间确实太古旧。

　　房间位于一楼的中间，应该属于整个合掌建筑的正房。房间里挂了许多匾，这些墨宝估计都是名人之作，有些已经很有历史。门橱的拉手磨出了光泽，可以看出旧时的痕迹。只是榻榻米散发出特有的草香，让人感到一份温馨。

　　喝上一杯茶，发现小旅馆好静好静，听不到一丝的声音。我开始怀疑，是不是就我一位住客？过了半小时，女主人来招呼吃饭。吃饭的房间就在进门的边上，掀开门帘是一个日式的火炉，火炉边放着一张小桌，桌上放了好多的菜，我知道，这就是我的晚餐。

晚餐还算丰盛，感知到女主人是尽了力做出好吃的，因为还有著名的飞弹牛肉和女主人自家做的酱菜。

边吃边和女主人聊天，女主人说，这家旅馆是她的祖辈创业的，到她这里已经是第 11 代，算是白川乡最早的旅馆。房间也只有 3 间，平时客人很少，今夜果然只有我一个客人。她说，我住的那一间是整个旅馆中最好的客房，建筑虽然有些旧但是还很牢固，强地震都没有倒过。

吃完饭出来，才发现走廊里挂了好多的照片，细细欣赏，才发现居然有日本皇太子和他的弟弟秋筱宫亲王年轻时候的照片，难道皇太子也在这里住过？

马上把女主人叫出来，女主人说："是的，皇太子就在这里住过，那时他还是一名高中生。"她回忆说，当时她还小，是妈妈当女老板。有一天，村长陪同一名宫内厅的官员来到我们旅馆，说皇太子要来参观白川乡的合掌建筑，需要在我们的旅馆住一个晚上。她妈妈吓得不轻："这么简陋的旅馆怎么可以接待皇太子殿下呢。"她妈妈接连拒绝了 3 次，但是村长说，会尽全村之力来协助他们做好接待工作。她妈妈最后不得不答应下来。

宫内厅提前一个月来这里检查建筑的安全度，还要灭虫。同时提出一个要求：根据宫内厅的要求，重新做一套皇太子专用的叠被和盖被。材料是由宫内厅提供的，村里许多的女人们都来帮忙做，对于大家来说，这是一件十分荣耀的事。晚餐和早餐也得准备，宫内厅称她们家做的菜合格，可以供皇太子食用。

女主人叫木村，皇太子来旅馆时，她也是高中女生，一边帮妈妈准备，一边期待能够与皇太子相遇，结果心是怦怦乱跳。最兴奋的是，她给皇太子端了菜，皇太子向她说了声"谢谢"。

木村太太回忆说，皇太子同行的是 4 人，与他睡同一个房间的那个人年纪略大，应该不是同学。他的两名同学则睡在边上的一个房间。但是整个晚上，房子的四周都是警察，走廊里也蹲着警察，她和妈妈只好躲到厨房里不敢出声，生怕吵醒皇太子。

第二天早上起来，皇太子向大家问好，早饭还喝了酱汤，吃了烤鱼。离开的时候，皇太子还向她们鞠躬致谢。"他是一位很谦逊很知书达理的人"，木

村太太说。

自从皇太子下榻这个小旅馆后,这里就成了皇室专用的旅馆。此后,天皇的小儿子——皇太子的弟弟秋筱宫亲王在大学生时代来参观白川乡时,也下榻在这家旅馆。

旅馆走廊里悬挂着一张秋筱宫亲王在旅馆前与一名同龄女性的合影照片。我问木村太太:"这是不是他当时的女朋友?这位女性是现在的纪子妃吗?"木村太太笑着说:"这就任你想象了。"

"那皇太子兄弟俩住的房间是哪一间?"我问木村太太。她回答说:"就是你今夜住的房间。"

当我重新回到房间,这一间陋室突然让人有一种神秘感。这里有过皇太子的气息,或许还有秋筱宫亲王爱的欢愉。躺在榻榻米上望着天花板,我期望能做一个梦,梦见些什么。结果一直到早上醒来,脑袋瓜里什么都没有留下,更无浪漫回味。

离开小旅馆时,木村太太前来送行。我说我一定还会再来,有机会再住一住那间房。木村太太满面笑容,一个劲地点头。

出门看到,在院子里还立着一块碑,上面写着"浩宫德仁亲王殿下御宿纪念"。

25. 夜泊日本最美丽神奇渔村

新春的第一场讲演，是在京都进行的，讲演的主题是《中国经济是否扛得住大萧条》。讲演结束后，主办方没有安排我去祇园看艺伎，而是带我去了一个偏远的渔村。

从京都市内开车两个多小时，沿着日本海海岸一直往北走，穿过一排排低矮的海边小街，便来到了一个名叫"伊根"的渔村。

下了车，看到的是一个蔚蓝的海湾。陪同我的田村先生告诉我，这个海湾叫"伊根湾"，江户时代之前是日本皇室的海贝养殖场。

海湾的海水清澈见底，一群群海鸥或在海中嬉闹，或在船边休憩，好一番悠然自得。一只灰鹤也飞来海边觅食，并不时地仰视着我们，也许相信我们不会举枪相击，竟然在离我5米处的码头上自由漫步。好一个世外桃源。

其实，伊根村美丽的不仅仅是这片海湾，还有海湾边上的人家。

伊根村的房子都是沿海而建，一楼建在海中，晚归的渔船可直接驶入一楼停泊，好似一栋别墅的车库。二楼以上则是渔家的客厅卧室。当地人有"一楼大门朝海开，二楼大门向妻开"的说法。

这种建筑，有一个很好听的名字，叫"舟屋"。

伊根村的舟屋连绵数公里，总共有230多栋之多，远远看去，就像一串黑珍珠环绕在海湾。

田村先生说，日本全国有众多的渔村，像伊根村这种建筑，也只有这里才有。因此，伊根村被日本政府指定为"重要传统建筑群保存地区"。

时间还早，当地的观光协会安排我坐游览船去海湾兜一圈。刚踏上船，没想到天又下起了雪。游船在雪中出航，倒别有一番景致。

也许海鸥已经习惯了人们的喂食，从游船离开码头的那一刻起，群鸥便追着游船不停地欢叫。虽然天气寒冷，但是这些海鸥似乎毫不在意这纷飞雪花，始终飞翔着，追逐着。我实在不忍心它们的这份执着，包里刚好有一包饼干，拿出来洒向空中，结果可想而知，海鸥全打了起来。

回到岸边后，田村先生一定要带我去看村里的一家酒庄，说这家酒庄虽然规模不大，但却有相当值得骄傲的东西。

这个渔村里还有酿酒厂，这让我感到有些意外。我随田村先生来到村中小街，看到了这家很小的路边酒庄，名叫"向井酒造"。

与其说是酒庄，还不如称其小酒坊更为合适。我见到了这家酒庄的主人——严格讲来，是主人的丈夫。因为这家酒庄的酿酒师和老板，是他的妻子。这是一家祖传下来的酒庄，就因为只生了个女儿。

店铺真的很小，也就20多平方米，但是门口布置得很雅致。走进店内，抬头一看，居然看到了一张旧报纸，是日本天皇和皇后于10年前路过这里时，特意停车走进酒店买了日本清酒的报道，报纸边上还贴了"宫内厅"的发票，货真价实。

天皇与皇后驾临，这在日本是一件特大的事，当然也是这家酒庄的荣耀。我问主人："天皇当年选了什么酒？"主人拿出一瓶清酒说："就是这个酒，叫'伊根满开'。"

我接过来一看，这哪里是清酒，分明是葡萄酒。主人说："清酒做成葡萄酒颜色，也只有我们这里才有。"

据说，皇后对于这清酒爱不释手，连买了两瓶。此后，宫内厅传来话说，皇后新年招待内宾时，就用上了这种清酒。如今，宫内厅每年都向这家酒庄订购这种葡萄红的清酒。

也许是受了母亲的影响，日本皇太子也几次订购了这家酒庄的清酒。皇室如此珍爱这酒，绝非等闲之辈，我也动心起来，毫不犹豫地买下了3瓶。可是太多了，实在拎不动。

田村先生要安排我回温泉旅馆吃饭，但是，我看上了路边的一家小饭馆，无论如何要尝尝当地渔民的手艺。

小饭馆的名称叫"吉村屋"，推门进去，居然没人。说了两声"对不起"，才从楼上跑下一个男人说："我太太不在，要不将就一点？"他这么一说，我反而来劲："你有什么，我们就吃什么。"

男人跑回厨房开始张罗，一会儿端出一盘生鱼片说："这是我今天上午出

海打来的，纯正的野生鱼，不是养殖的。"原来主人是一位地道的渔民，递过名片来才知道他叫吉村。

吉村先生一边做菜一边大声地告诉我们，这家小饭店是他父亲手中传下来的，在这一带，算是元老了。

"以前这里只是一个很小的渔村。江户时代后，不知是哪家先造了舟屋，大家觉得船与家在一起特别安心和便利，于是就开始仿造，整个村就变成了舟屋村。"吉村说。

吉村家还保留着祖辈传下来的舟屋。吃完饭后，吉村告诉我："我家的舟屋在马路的拐角处，没有锁，推门就可以进去，你有兴趣的话，可以自己去看看。"我连忙拎了相机去看他的舟屋，果然没有上锁，也许在这个村里，太平得已经不用担心有贼敲门了。

温泉酒店就在离村不远的海岸高坡处。露天温泉的岩石边上都已经积上了雪。我脱光，泡下，当热腾腾的泉水漫过脖颈，那一份惬意，真叫"天上人间"。

26. 日本人的爱乡之情是如何培养出来的

青森县的佐藤洵一社长邀请我去他的家乡参加一年一度的"ねぶた祭"。"ねぶた祭"是日本三大民间节庆活动之一,前去观看的游客每次都超过 360 万人。

我一直在寻找"ねぶた"的汉字怎么写?结果佐藤先生也不知道。查了词典,估计应该写作"佞武多"。

"ねぶた祭"类似于中国的花灯展,当然规模和实力要远远超过花灯。加上大鼓助阵,民间歌舞相伴,一路游行过来,确实是热闹非凡。

日本的民间节庆活动,无论是烟火大会,还是神社民俗歌舞表演,一般都集中在夏日炎炎的 8 月举行。为什么会选择这个大热天?原因是 8 月中旬有一个御盆假期,明确一点讲,就是佛教中的盂兰盆节,相当于中国的清明节。

这个习俗,是早年从中国传到日本的。因为中国清朝时祭奠死去的亲人,就有"春秋两祭"。而中国人选择了"春祭",日本人最后选择了"秋祭"。因此在 8 月中旬,日本全国一般都放假一周,让人们回故乡去扫墓祭祖。于是,平时背井离乡的儿子,外嫁他乡的闺女,都回到了老家,不仅家族大团圆,而且同窗好友、旧情新欢都相聚重逢,齐心协力一起举办祭祀活动和文化节,因此,对于许多日本人来说,"御盆"假期是一年中最为重要的一个节日。

佐藤先生是日本最大的自动门制造企业"丸佐佐藤制作所"的社长,同时也是"ねぶた保存会"的会长。10 多年前,佐藤社长在中国江苏省泰兴市投资了一家制造不锈钢门窗和金属制品的"丸佐金属制品有限公司"。他有一个愿望,希望有一天,能够把"ねぶた"搬到江苏去,去做一次表演。

问到这么大规模的"ねぶた祭"由谁组织承办?他回答说:"大伙。"这个"大伙"的意思是:不是官方,而是民间。

"ねぶた祭"实行委员会委员是由青森县各主要企业的社长以及各市"ねぶた祭"委员会的负责人担任。也就是说,提供大额赞助的企业老板,大多可以成为委员。而各市的"ねぶた祭"委员会的负责人,其实是充当了整整一周

欢庆活动的地方联络员。整个"ねぶた祭"如何举办？各市代表团出场顺序如何编排？活动资金如何募集？都由这个实行委员会研究决定，政府只有协助和保障的份。而且面对360万名观众的秩序维持与安保，也由实行委员会与县警察本部协调落实。

所以，每年一度的"ねぶた祭"，没有行政命令，也没有警察抬扛，上上下下齐心协力，目标只有一个：活动成功！

在整个庆典和大游行开始之前，我去参观了众多花车。这些花车的题材，均为历史人物和历史故事，没有"建设成果"题材。其中最突出的是中国的《三国演义》故事，曹操、关羽、张飞等性格人物被夸张地表现出来，因此还吓哭了一群前来参观的幼儿园小朋友。

花车是由各大企业和各个行业协会自己筹资制作的，政府不需要掏市民的税金来支持这一活动。因此，这个活动是全民参与，青森县知事连开幕致辞的机会都没有。

花车大游行只是整个"ねぶた祭"中的一项内容，大游行还必须有大鼓队沿途助阵。同时，由各市市民自己组织的民间舞蹈表演队，则跟随花车一路歌舞，成为游行最为欢乐的元素。

佐藤先生从孩提时代就开始参加"ねぶた祭"，至今已经半个多世纪。因此每年的这一时节，他几乎把自己的全部时间投入到了活动的组织参与中，因为他热爱这个活动，并感觉已是自己人生的重要组成部分。

佐藤先生介绍我认识了一起参加"ねぶた祭"的池田夫妇。池田先生是敲

大鼓的，池田夫人是跟在大鼓后跳舞的。两人在31年前，就是在这个"ねぶた祭"活动中认识的。当时池田先生敲鼓，池田夫人跳舞，就因为拿了一罐啤酒给池田先生，两人擦出火花，结成夫妻。

池田先生说，"ねぶた祭"是青森县年轻人寻找恋人的好时机。他家刚结婚的儿子，也是在两年前的"ねぶた祭"中，迷上了跳舞的理乃，一路穷追猛打，终于抱得美人归。

一个文化节庆活动，诞生了许许多多像池田家那样的恋人夫妻，也一定留下了不少失恋分手的痛苦。因此，"ねぶた祭"已经成为青森人感情与人生的一部分，父母在这里相识相爱，生下孩子带着再来参加活动。代代延续的节庆活动，演绎了青森人独有的爱情故事。

池田先生在东京的一家公司里当部长，每年的"ねぶた祭"，他都要把年休假早早地积攒起来，以便能够赶回老家参加花车大游行。几十年来，他始终担纲的是敲大鼓的重任，而夫人也始终跟在丈夫的大鼓后跳舞。没人报销车旅费，也没有补贴甚至没有饭钱，但是几十年来人们一如既往。问及动力源自何处？无论是佐藤社长还是池田先生，回答的几乎一模一样："故乡永远属于自己，这里有太多的眷恋，太多的回忆，也有守护这份文化的责任。"我把他们的这份感情，理解为"爱乡之情"。

日本社会，无论是学校还是机关企业，都没有"爱国主义教育"。不仅没有，而且是禁止。原因在于第二次世界大战期间，日本实施的"爱国主义教育"最后演变为"军国主义教育"，让大批的年轻人走上战场侵略别国，最后命丧他乡。所以在现今的日本社会，"爱国主义＝军国主义"的概念已经根深蒂固。

那么，没有爱国主义教育，日本人为何还如此爱着自己的国家？原因自然众多，但是其中一个最大的原因是每个日本人深爱着自己的家乡，由爱乡上升到爱国。这种情感，不是在课本里，不是从课堂上可以浇灌出来的，而是通过"ねぶた祭"这样传统的节庆和文化，连结、熏陶并潜移默化形成的。

参加这次"ねぶた祭"，我得到了这样的感悟：爱国其实不需要教育，只需要平等参与社会活动的权利。

27. 日本人为什么不愿仇恨美国人

去福冈讲演归来的途中,我访问了广岛。

广岛位于日本的本州地区,1945年8月6日,世界上第一颗原子弹被美军的轰炸机扔在这里,30万人的一座城市,死了14万人。这座城市也因此带着血肉、带着苦痛与悲惨,在一片废墟上出了名。

我从广岛新干线车站坐上古老的有轨列车,来到"原爆ドーム前駅",中文翻译得比较恐怖,叫"原子弹爆炸遗址前"车站。这场悲剧已经过去了68年,广岛市只有这一座被原子弹撕裂得体无完肤的圆顶建筑,还屹立在河边,向世人倾诉曾经的那场不堪回首的灾难。

陪同我的义务讲解员松田先生告诉我一段亲身经历的故事。

那一年的那一天,他还小,只有7岁。一早天气特别好,还没有风。天空中先飞过来一架美国的飞机,抛下几顶降落伞。8时15分,又有美国飞机飞过,向市中心扔下一个大炸弹,顿时地动山摇,高高的蘑菇云腾空而起。松田先生的家在距离原子弹爆炸中心5公里的地方,家里的房子被一阵热浪推倒,他也被掀翻在地,塌下来的瓦片全堆到了他的身上。这些瓦片救了他,他因此没有遭到原子弹的强辐射。但是他的姐姐因为一早被学校组织去拆房子,原子弹爆炸后,母亲赶去寻找,最后在马路边找到了浑身烧伤、奄奄一息的姐姐。没有药,用了家里仅有的一点菜油抹在她烧焦的皮肤上,当晚姐姐就走了,才12岁。

松田先生说得很平静,但是,我的心感到一种痛楚。

在圆顶建筑物的河对面,是和平公园。公园里树立着一尊少女的像,当然,这尊像不是松田的姐姐,而是和松田姐姐同龄的一位遭遇原子弹袭击存活下来的少女。但是她因此得了白血病,经过十几年的抗争,终于在病魔的折磨中停止了呼吸。"被爆少女"成了那年在原子弹袭击中近万名遇难的青春少女的象征。

我走进"广岛和平纪念资料馆",才知道当年美军为何要选择广岛作为第一颗原子弹轰炸地的原因。原来从甲午战争开始,广岛就是日本侵华战争的最前哨阵地，所有运往中国的日军和物质，大多从广岛出发。因此在第二次世界大战时，广岛成了日本最重要的军工基地。但是，美军当时在几个候选城市中选择第一个扔原子弹的城市时，首选广岛的原因实在简单："因为广岛没有盟军的俘虏营。"

在资料馆里，有两个模型，一个是原子弹爆炸前的广岛市中心城区，另一个是原子弹袭击后广岛市中心的废墟。方圆1.5公里的房子全毁，方圆4公里的房子也大半毁坏。

强烈的热辐射导致玻璃瓶扭曲，砖瓦烧成疙瘩，圆顶建筑内上班的300多人，全部死亡。最惨烈的是众多被组织参加"坚壁清野"行动的中小学生们，在拆除房子的室外劳作，几乎全部遭受强烈辐射，衣服被烧烂，体无完肤。

在美军的这次原子弹袭击中，广岛当时有一半市民，整整14万人一瞬间成了屈死的冤魂。

这14万名遇难者的名册，都保存在和平公园的这座棺木式的建筑中，从这里望去，越过熊熊燃烧的"生命之火"，可以看到圆顶建筑。

我不得不佩服设计大师巧妙的构思。但是我很困惑，美国人在这个城市里做了如此惨绝人寰的事情，为什么广岛人以及全国的日本人并没有仇恨美国？

"我父母这一代，还是仇恨美国人，因为他们夺走了我姐姐的生命。但是，我们这一代人，包括战后出生的那一代，因为接受了美国大兵的巧克力和奶油饼干，并不讨厌这个国家，同时在日本战后重建时，对于美国文化有一种狂热。"松田先生说，"虽然美国在广岛和长崎扔下了两颗原子弹，夺走了许多人的生命，但是也促使战争结束。如果战火烧到日本本土的话，那么，我们蒙受的苦难可能会更多。"

松田先生的观点，我难以全部接受。中午在与广岛几位经济界朋友聚餐时，我又问起这句话："日本人为何不仇恨美国人？"

他们的观点归纳起来有以下几点：

第一，美国人虽然用原子弹袭击了我们，但是他们在占领日本后，并没有蹂躏我们。相反地，在日本战后物资最为匮乏的时候，美国向日本提供了大量的食品和生活物资，孩子在家里吃不饱，在学校里却能够吃到美国提供的牛奶面包。所以当美国兵占领日本后，日本人发现他们并没有以前宣传的那么狰狞，而是友善的。这让日本年轻的一代改变了对美国的看法。

第二，日本战败（投降）后，美军并没有杀死天皇，最终还保留了天皇的地位，这使得不少日本人对美国充满感激。

第三，日本战后是一片废墟，但是不久后美军为首的联合国军参与朝鲜战争，日本成为美军最大的物资供应地和伤病员、军人的休养地。也正因为如此，日本经济开始复苏，汽车等制造业开始蓬勃发展，以此奠定了现代日本制造业的基础，也促使日本逐步成为世界经济大国。

第四，美军占领日本后，随后与日本签署了安保协定，同时在日本建立了多处基地，有些人也认为，这导致美军迄今为止仍占领着日本。但是也不得不说，正因为有日美军事同盟关系，日本在过去半个多世纪里，不需要花大钱发展军事力量，而是可以把大部分财政用于发展民生，完善社会保障制度，使得日本尽快成为了亚洲最富裕的国家。

第五，记仇是一种痛苦的精神折磨，放下包袱向前走，超越对手，才是正道。因此，日本人会不断地翻历史旧账，但是不会去挖掘历史的仇恨，记住这个仇恨，又会怎样呢？我们的生活会因此变得美好？结论是"不会"，所以还是不记为好。

我努力去理解这些日本人的奇特的观点和想法，但是，最终还是理解不了：日本人不仇恨美国人，到底是因为美国人不值得仇恨，还是日本人太容易忘记伤痛？也许日本人在太多的悲情中选择了无奈和屈从。

想起一首歌，叫《广岛之恋》。里面有两句歌词，也许代表了不少日本人内心的那种真切的心情："不够时间好好来恨你，终于明白恨人不容易。"

28. 日本人过成人节有何讲究

日本有一条奇怪的法律：允许女孩子 16 岁结婚，但是规定成人年龄必须是 20 周岁。

日本民法是在距今 137 年的"明治维新"时期制定的，1876 年公布的民法第 731 条规定：女 16 岁，男 18 岁，准予结婚。民法第 4 条则规定：满 20 岁，为成人。

16 岁女孩既然未成年，为什么又允许其结婚，允许其过性生活生儿育女呢？民法没有解释。日本社会学家的解读是，可能是受了中国古代"二八剖瓜"一说的影响。也有一种说法，是因为日本人在"明治维新"时期，平均寿命只有五十几岁，因此期望女孩早点结婚生育孩子。不过，现在的日本女孩 16 岁想结婚，需要父母等监护人的签字同意，不然得不到法律承认。

有趣的还在于，女孩 16 岁，男孩 18 岁结婚后，虽然还没有到 20 周岁的年龄，但是在法律上，承认其属于"成人"，理由是因为其可能已经是为人之父母，必须承担起养育后代、教育后代的责任。

那么，日本为什么要将成人的年龄规定在 20 周岁，而不是 18 周岁？民法上也没有解释具体理由。日本政府迄今为止的解释是："20 周岁时，身体和精神趋于成熟。"目前规定"20 岁成年"的国家，除了日本，世界上还有泰国、新西兰、突尼斯、摩洛哥、巴拉圭和中国台湾地区。虽然前几年曾经有过将成人年龄降为世界一般的 18 岁的议论，但结果是不了了之。反对者说：我的爷爷奶奶是 20 岁成人，我的父母也是 20 岁参加成人节，我变成 18 岁，怎么都感觉怪怪的。看来，"日本文化"还真是顽固。

虽然早在"明治维新"时期，已经规定了成人的年龄。但是举办"成人节"确是战后的事情。查了资料，日本的"成人节"是在战败后不久的 1948 年，由日本政府发文做出规定，这一天全国放假。

2000 年之前，"成人节"定在 1 月 15 日的小正月这一天。但是由于 1 月

15日有时难以与周末相连,许多父母无法请假陪孩子过节。因此在2000年开始,日本政府调整时间,规定将1月份的第二个星期一作为"成人节",事实上实行了"三连休"。

成人仪式是由各地政府主办,由市长、町长或村长亲自主持。仪式主要分为四个内容:一是市长发表勉励讲话;二是新成人代表发表励志誓言;三是来宾祝词;四是市政府等向新成人赠送纪念品。

新成人代表在成人仪式上做何种发言?兵库县加西市的成人仪式上,小伙子代表的发言主要内容有以下这些:

"自从我们出生在这个城市,无论是家人还是地方政府和家乡父老,给予我们极大的厚爱与支持,因为你们的关怀,经过20周年的岁月,我们今天终于顺利迎来了成人式。谢谢爸妈,谢谢乡亲!

"今天,我们十分感谢市长温馨的祝词,感谢来宾的祝福。同时,我们作为在平成年代出生的年轻人,深感自己必须要用双手去构筑自己的时代,为此我们需要自觉地磨炼自己的意志。

"今天,我们迎来了成人节,人生也将翻开新的一页。到现在,作为尚未成熟的我们,还什么都不会。但是,我们拥有创造新时代的时间与机会。虽然会面临失败,但是如果不付诸行动,不仅宝贵的时间会失去,而且我们也将失去未来。我们必须要用自己的双手去开创崭新的时代。请各位先辈给予我们鼓励,给予我们力量,给予我们鞭策,我们会努力成人,为家乡,为日本,为这个世界贡献力量。"

各地政府的成人仪式,大多在市民礼堂举行。但是也有别出心裁的政府,譬如东京迪斯尼乐园所在的千叶县舞浜市,最近十几年,都在迪斯尼乐园为该市的年轻人举行成人仪式。而成田国际机场所在的成田市,今年则把成人仪式搬到了成田机场的出发大厅,为机场做宣传。更有不少新成人到神社、寺院参加成人仪式。

参加成人仪式的年轻人的服装是有特别讲究的,女孩子必须穿和服,而且是成人专用的那种艳丽和服,同时配小包和白毛围巾。男孩子大多也穿黑色男式和服,或者西服。为了满足这一习俗,母亲必须早早地为孩子准备和服,当然有钱人花费100多万日元买一套也是在所不惜,没钱人家,可以去租一套。

当然也有穿母亲穿过的，代代相传的"传家和服"。

对于许多女孩子来说，成人节是第一次正儿八经穿上里三层外三层的全套和服（不是简单的浴衣），因此自己一个人是绝对穿不上的，这个任务就由妈妈来完成，甚至请专门的和服公司的女职员帮忙穿戴。

这里有一个不是笑话的笑话，每年成人节的夜晚，情人旅馆总是生意最火爆。但是，女孩子要离开情人旅馆时，如何把和服重新穿戴好，是最犯难的事情。于是催生了一项"上门服务"，情人旅馆里专门聘请了临时的穿戴专家帮女孩子穿和服，当然穿戴一次得支付5000日元（约300元人民币），这个钱到底是女孩子掏，还是男孩子付，我还真的不知道。

29. 日本人的假面夫妻都有哪些特征

一大早接到一个电话，是我的一个忘年交横井先生打来的，他说昨天跟他太太办理了离婚手续。横井先生是日本一家跨国商社的部长，2016年3月份刚刚退休。做了一辈子的企业战士，做到了部长的位子，也算是功德圆满。退休时，一下子拿了3200万日元（约200万元人民币）的退休金。按理说有了这么一笔巨款，加上有了许多可以自由支配的时间，夫妻俩可以快乐生活，为什么要离婚呢？横井先生在电话里告诉我离婚的原因。

横井先生毕业于一桥大学，这是日本最有名的一所商科大学。毕业后，他就直接进入一家国际商社工作。他的夫人是她的后辈小妹，两人在办公室是左右邻居，眉来眼去，就爱上了。在日本，同事结婚有一个专用名词，叫职场结婚。

两人结婚后，生了一个儿子和一个女儿，在邻居的眼里，这是一个十分幸福和平的家庭。横井先生因为忙，每天早上7点钟离家上班，晚上一般都是九十点钟回到家。也是因为他兢兢业业的努力，做出了不小的业绩，后来当上了公司的部长，也算是一个举足轻重的干部。横井先生除了每个月乖乖地把薪水袋交给太太之外，很少过问家里的事情。每年的暑假或者元旦新年带着全家人去海外度假，这是他给家里的最大的贡献。其实像这种企业战士的家庭生活，在日本是十分普遍而正常的家庭生活。所以，几十年来，横井家太平无事，两个孩子相继大学毕业，都已经独立成家。

问题就出在他退休以后。上了将近四十年的班，突然退休回家，变成了无事可干的大闲人，横井先生心里十分失落。他按照自己原来办公室的样子，把家里的书房进行了改造，然后特地订了两份报纸，每天早上6点钟起床以后出去兜一圈，然后从8点钟开始，就在书房里看报办公。时不时地呼叫夫人给他上茶。过了9点，他开始不停给人家打电话。对于他来说，要一下子改变几十年来形成的一个生活习惯，太难。

而横井太太呢，早上起来给丈夫和孩子们做饭，送走老公后再送孩子去上学，白天一个人在家洗洗衣服、看看电视、喝喝茶、睡个午觉，与邻居的太太们一起聊聊天，到了傍晚去接孩子回来，顺便去超市买一点菜回家，然后给孩子准备晚饭，再等老公回来。这样平静而有规律的生活，她已经持续了将近四十年。但是，从2016年4月开始，她长期以来的生活规律被一个男人的突然出现彻底打乱。由于横井先生的退休，夫人感觉到白天家里总有一个人在晃悠，还不时地吆喝。一早起床要给老公做饭，中午还得做午饭，时时刻刻要看老公的反应，连自己睡午觉的习惯都被剥夺，丈夫简直就成了家里搬不走的"粗大垃圾"。仅仅过了几个月，横井太太的精神濒临崩溃，于是争吵声开始从横井家传出。

横井先生认为，我在外辛辛苦苦工作了一辈子养活了全家，也让你过上了贵妇人的生活，如今我退休回家，你还不好好伺候我。横井太太认为，我在家里做了四十年的家庭主妇，养大了两个孩子，付出了我的青春我的全部，到老了，你还想使唤我，绝对不能容忍。趁自己还有点活力，先解放自己，去做一点自己喜欢做的事情。于是，经过几个月的冷战和热战，两人决定离婚。

我本来今天接到横井先生的电话后打算赶过去劝劝，顺便蹭一顿横井太太做的美食。但是横井先生告诉我，他已经从家里搬了出来，自己在外面租房子住。他说谢谢徐先生的好意，我们还是过几天举行一次忘年会吧。

横井夫妇的离婚，是我在2016年遇到的一件伤感的事情。据说，两个孩子跑回家劝说父母，也没有用。

日本社会对于退休以后老年夫妻的离婚有一个特殊的名词，叫熟年离婚。熟年离婚是日本的一种特殊的社会现象，没有这么多专业主妇的话，也就不可能出现这么一个奇葩的现象。

我很担心横井先生晚年的生活，他却很乐观。说自己去找一份工作，重新回归企业战士的时代，不是为了钱，而是为了让自己的晚年生活不再寂寞。

日本人的离婚率到底有多高？日本厚生劳动省的人口统计调查称，2015年，日本结婚575743对，离婚206205对。按照这个比例计算，日本夫妻中，三对中就有一对离婚。在全世界各国的排名中，日本的离婚率排在第36位。

这一统计还显示，离婚率最高的不是中老年夫妻，而是30岁出头的年轻夫妻，因为日本女性的平均初婚年龄是在29岁。在20万对离婚人群中，30—34岁的女性的离婚率最高，达到了30283件。而在结婚5年内离婚的夫妻，占到了离婚总数的32%。这也就意味着，"七年之痒"已经太久，"三年之痒"正在变成常态。

日本人离婚的原因，有各种各样的调查。东京生活网站所做的调查显示：离婚的第一个原因是两个人的性格不合；第二个原因是婚外恋，婚外恋不仅指的是男性，现在日本女性参加工作的越来越多，所以，妻子婚外恋问题近年来有较大幅度增加；第三个原因是家庭内暴力，包括冷暴力；第四个原因是不关爱孩子；第五个原因是与公公婆婆岳父岳父七大姨八大姑的关系处理不好；第六个原因是丈夫不肯给太太生活费；第七个原因是乱花钱；第八个原因是不愿意跟父母亲同住。

最近日本的一些婚姻研究组织还指出，说上下班时间超过45分钟的话，离婚的概率可能会上升40%。原因在哪里呢？原因是因为上下班路上时间过长，容易导致精神疲惫，回到家后就没什么好气，夫妻之间看不到笑脸，就容易闹矛盾。因此，为了婚姻圆满，一定想办法要住在公司边上。

还有一个导致夫妻关系紧张的新因素，是智能手机的LINE，也就是日本版的微信。以前，日本男人回家喜欢打游戏机，现在开始埋头于LINE，跟别人搞得热火朝天，跟自己的丈夫妻子变得无话可说。

七年之痒也好，三年之痒也罢，因为种种原因，日本的许多夫妻变成了假面夫妻。那么，日本的假面夫妻有哪些特征哪？婚姻专家铃木美代子说：第一个特征是对对方毫不关心，你在家也好不在家也好，你什么时候回家还是不回家，都没有任何的关系；对方一旦外出，反而感到一种轻松快乐。第二个特征是夫妻两人除了吃饭，平时无话可说。第三个特征是分房间睡，一年也没有几次夫妻性生活。第四个特征是在家里找不到爱情，开始从家庭外找感觉。

而许多人之所以不愿意离婚、维持假面夫妻的状态，是因为考虑到孩子的生活与心情，还有各种经济问题。一些公司社长或者学校的老师、公务员、医生、律师等有一定社会地位的家庭，怕离婚后带来负面影响，所以还在忍耐坚持。

假面夫妻中，还有一种目前在中老年夫妻中很流行的风尚，叫"卒婚"，翻译成中文的话，就是"婚姻毕业"。在这种"婚姻毕业"的风尚中，扮演积极角色的，大多数是女性。

许多中老年女性觉得自己做了一辈子的家庭主妇，辛辛苦苦把孩子养大了，已经完成了作为家庭主妇的角色，希望从婚姻中解放出来，去做自己喜欢的事情。但是，因为种种原因，夫妻俩不愿意办理离婚手续，过上了各管各的生活。

东京有一个女性生活辅导组织，叫女性生活教室，主管这个组织的人是我的朋友山本和美。她跟我说，最近有关"婚姻毕业"的讲座，前来参加的人群中，五六十岁的中老年女性出现大幅增加。这些女性为了一个男人、为了一个家，忙碌了一生，接下去再要求她养孙子，照顾退休的老公，照顾年迈的公公婆婆，有1万个不愿意。因此想快快乐乐地好好度过自己未来的岁月。

64岁的美容专家美代子，一直到丈夫退休为止，都是一个家庭主妇。老公属于"昭和时代的男人"，这种男人除了外出工作，在家什么都不干。如果自己动手去泡一杯茶，都觉得丢了男人的尊严。4年前，美代子觉得这样

的生活无法继续下去，所以等丈夫退休以后，她提出去开一家美容店。刚开始的时候，丈夫不同意，后来拗不过她，丈夫让她去开了美容店。时间长了，有时候美容店里忙，美代子就懒得回家，就在美容店附近租了一间房休息。后来发现，一个人生活原来是那么自由快乐，于是干脆就不回家，夫妻分居。目前美代子是一个月回家一次，与老公一起吃一顿饭。处于一种标准的"结婚毕业"状态。

我问她，如果以后你和丈夫两个人有一个人生病的话，还会不会走在一起继续生活？没想到美代子回答的很干脆："不可能，对于自己的健康，应该自己承担起责任，自己照顾好自己，如果需要别人帮助的话，要不请阿姨，要不去老人院。不能因为自己生病了，就要求对方来照顾，这很自私。"对于丈夫的态度已经如此，那么万一公公婆婆生病了需要人护理，那怎么办？"美代子回答说："我可从来没有想过要去照顾公公婆婆的晚年生活。"

虽然与丈夫的婚姻生活已经毕业，但是法律上依然是一对夫妻。万一丈夫找了别的女人，那该怎么办？美代子很大方，那再好不过了，只要别把我们的共同财产给别的女人就行。

最近，美代子在找律师办理与丈夫的共同财产的公证。不知是因为开了美容店的原因，还是因为经常与年轻男人一起聚会的原因，美代子比我几年前见到的时候显得年轻和充满活力。

东京生活网站的调查还告诉我们一个结果，婚礼办得越豪华的夫妻，离婚率越高。因为为了面子，背负了太多的经济压力。反而是那种简朴的婚礼，甚至没举行婚礼的夫妻，婚姻关系更加牢固，因为大家生活得比较实在，不会举债办婚礼，愿意把办婚礼的钱存起来，作为家庭的生活费。

中国有一句老话，叫"愿天下有情人终成眷属"。但是事实上，成了眷属的不一定都是有情人。日本也是一样，因此才会闹出各种五花八门的事情来。所以，这一句话应该改成为：愿天下有情人终身相爱。

世相

1. 日本人现在都买什么车

我到日本的九州地区出差,特别留意在高速公路的休息区停放的汽车都是些什么车。结果在熊本县和福冈县的几处停车场我看到,50% 以上是黄牌照的车。

在日本,黄牌照的车意味着什么?意味着是排气量在 660cc 以下的 QQ 型车,日本称为"轻型车"。

2016 年 9 月,日本汽车销售协会和全国轻型汽车协会联合公布了 2015 年上半年的全国汽车销售报告。报告称,销售量排名前 10 位的车型中,轻型车占了 7 席。其中卖得最好的是丰田汽车公司的混合动力小型车 AQUA,全车高级标配,1.5L 发动机,省油率为全球领先,每升汽油能跑 37 公里。由于是混合动力,时速在 50 公里以下时使用的是车载电力,不耗汽油,这也就意味着在市区里行驶,基本上不花油钱。这款汽车的标准售价为 204 万日元(含消费税),政府对环保型车补贴 33 万日元,个人实际支出为 171 万日元(约 11 万元人民币)。

日本汽车销售协会公布的数据称,2015 年上半年普通轿车的销售量为 1404193 辆,而轻型汽车的销售量也达到 847560 辆。调查还显示,到 2014 年 12 月底,日本全国 100 户家庭中平均拥有轻型汽车 54 辆。而佐贺县、鸟取县、长野县的 100 户家庭的轻型汽车拥有量都达到了 90%。

为什么日本人现在买车不买豪华车,大多倾向于买轻型车呢?

首先,我们看到,"城里人不买车,只有乡下人才买车"的现象在日本已经持续了 20 多年。像东京、大阪等大都市,轻轨、地铁、巴士等公共交通极为发达,上下班都可以报销交通月票,加上停车费奇贵,使得城里人是"望车却步",

甚至认为拥有私家车是个累赘，是毫无必要的生活用品。

但是到了日本的地方城市和农村，由于公共交通不发达，人们出去工作或去超市购物，必须要有汽车代步。因此在地方城市和农村，"人人有车"已经不是什么神话。一个四口之家，如果孩子都开始工作的话，除了4辆车之外，一定还会有一辆全家人可以一起出游的房车。

因此，这种售价低、省油、使用灵巧、养路费低廉的轻型车，便成了生活在地方城市和农村的人们最爱购买的车型，一年交纳的税金（养路费）才1.8万日元（约1200元人民币）。

其次，日本的轻型汽车除了车身短一些之外，各种配置和车内装饰，几乎和普通型的轿车没有多大区别，换言之——并不寒碜。

最后，还是日本人对于汽车的观念。日本自从1970年前后开始进入汽车时代后，也经历过年轻人驾车带女友到处兜风的疯狂时代。但是经过这么多年的沉淀，日本人对于汽车的看法已经发生了很大的变化。日本经济新闻社所做的一项调查显示，现在的日本年轻人在参加工作之后，第一渴望拥有的东西是智能手机，第二是笔记本电脑，第三是自行车，第四是小型音箱，第五才是汽车，而房子被排在了第八位。而在30多年前，汽车是排在第一位的。

所以，现在的日本人把汽车只是看作跟电冰箱一样的"家电"，而非财富和身份的象征，因此没有人在买车问题上相互攀比。尤其是在大都市里生活，没有车不会被人瞧不起，有车反而会被人视为怪异——你每月的停车费得花多少钱啊？因为在东京的市中心，一个车位的每月停车费跟房租差不多。自然，中国人结婚时一定要买一辆车作为嫁妆的传统，在日本社会会被当成新闻。

作为世界最大的汽车制造国，日本社会到底在发生什么？这是很值得我们关注的问题。

日本有一个很大的经济团体，叫"经济团体联合会"。这个会的成员都是主板上市公司，每家公司都是世界行业的巨头，因此也被称为日本的"经济内阁"。

经济团体联合会在每年的1月上旬，都要举行一次新年会，这次新年会也是我们媒体人直接可以与日本经济界领袖们对话的机会。

在2016年元月举行的新年会上，我遇到了丰田汽车公司社长丰田章男先生。我对他说，2015年丰田击败德国大众，再度成为世界最大汽车制造商，而且纯利润也超过 2.3 万亿日元，真是很了不起。丰田社长却说，前景不容乐观，在日本国内我们的销售量在逐年减少，年轻人对自行车的兴趣要远远超过对汽车的兴趣，说不定哪一天，汽车会卖不出去。

丰田社长的话并非是谦虚的客套，而是日本社会的现实。2015 年，日本全国汽车的销售量是 504 万辆，比 2014 年减少了 9%。而 2015 年中国的汽车销售量是多少呢？2500 万辆，是日本的 5 倍，而且保持了 7% 的增幅。

日本汽车销售量出现大幅下滑的最大原因，是因为年轻人远离汽车。一年一度的东京汽车展，来观展的大多是中老年男人，很少看到年轻人的身影。

日本的年轻人为什么不买车？并不是他们没钱买车。日本的汽车比中国的汽车要便宜 30% 左右。像一辆丰田最高配置的卡罗拉，在日本只卖到 230 万日元（约 15 万人民币）。15 万人民币在日本是一个什么概念？就是一位百货公司年轻售货员不到一年的工资。

日本社会还有一个怪现象——凡是开奔驰车的，往往会是两种人：黑社会成员或暴发户。我去国会采访时，常常会注意停车场，看看那些国会议员们开的都是什么车。结果我发现他们都是清一色的开黑色皇冠或雷克萨斯，看不到一辆外国名牌车。这背后除了议员们想向社会表达爱国情愫之外，还有一种隐晦的东西，那就是怕出格遭人非议而与人生隙。

所以，不管是日本大富豪，还是有钱的政治家，都没有开奔驰、开法拉利、开悍马去上班的。我接触到的日本首富、优衣库公司社长柳井正，他的座驾是丰田的雷克萨斯，售价 800 万日元（约 53 万元人民币）。前首相鸠山由纪夫的座驾，是丰田的皇冠，售价 480 万日元（约 32 万元人民币）。而前首相村山富市则只有一辆破旧的自行车，估价 5000 日元（约 330 元人民币）。

没有人因为他们没开超级豪华车而瞧不起他们，相反的，他们更能得到人们的尊敬。生活简朴低调的人，在日本更能得到人们的尊重，这就是日本社会的"怪"，或曰"成熟"，或曰"中庸"。我想，再过若干年，中国也会迎来这么一个沉稳而理性的汽车时代。

2. 日本年轻人的生存压力到底有多大

我们常常听中国朋友说，哎呀，日本人的压力好大呀，你看上班走路都跟跑步似的。但是从中国回来的日本人却对我说，你们中国人活得好累，什么车奴、房奴，日本从没听说过的词，在中国都成了流行语。因此，我想到一个问题：活在这个世界上，到底是中国人的压力大，还是日本人的压力大？

人的压力主要来自哪几个方面？我想，根据一个人的成长过程，首先应该是读书的压力，其次是找工作的压力，再次是工作以后的压力，最后应该是恋爱结婚的压力。

我写这篇文章前几天，中国刚刚结束了高考，940万考生挤在一条华山道上，就是为了进一个名校，争一个未来。日本每年也有高考，但是就没有像中国那样竞争激烈。原因在于日本高考可以考两次，一次是"全国统一考试"，还有一次是报考的大学的"学校单独考试"，日本高考还有一个人性化的地方，那就是，你迟到的话，也可以进考场。如果因为下大雪列车停驶，那么众多学生第二天再进行补考。

也许因为日本家庭独生子女少，所以父母并没有把所有的希望寄托在一个孩子身上，因此也没有给孩子更多的学习压力。而且日本从小实行的是兴趣教育，而不是中国式的竞争教育。日本从幼儿园开始，就没有小红花竞争，到中学都不公布班里同学的考试成绩排名。日本每年都有小学生理想调查，这么多年来，小女孩们长大以后的梦想，第一始终是"要做花店的卖花姑娘"，第二也始终是"要做蛋糕店里的售货员"。所以，日本的中学特别重视学生的动手能力的培养，家政、缝纫、空手道、棒球、绘画等各种兴趣班全部开设，这样一来的话，学生们的兴趣十分广泛，在许多的地方城市里，高中女生最喜欢报考的专业是护士，男生最喜欢报考机械专业。大家并不是非得要考上东京大学不可。

从就业的角度来讲，日本的年轻人一般从大二开始就可以去找工作。日本对于大学生找工作，有一个特别的程序，叫"内定"。也就是说，你在大四的时候，公司就已经发通知给你,告诉你毕业之后可以到我们公司上班。虽然日本和中国一样,就业是大学生们最大的压力,但是因为就业活动的时间长,所以机会也多。

从日本政府公布的统计数据来看,2015年大学毕业生的就业率已经高达96%,也就是说大学生毕业以后,基本上都找到了工作。那么,还有4%的人干吗去了呢?其中有2%考研,2%在家待着。

日本还有一个有趣的现象,那就是重视你毕业于什么学校,却不怎么在乎你的学历。如果你告诉他"我是东京大学毕业的",那日本人会说"你真了不起"。如果你告诉他"我是博士毕业",那日本人会说:"是吗,你真努力"。所以,日本社会大量使用的是大学毕业生,而不是研究生。在政府机关里,根本就找不到博士生公务员,因为在日本人的观念中,博士毕业是去搞研究和去大学里当教授的,不是用于在政府机关里当事务员的,因此在日本找不到"博士市长",因为学历跟你工作能力没有直接的关系。日本公司的宣传册上也没有"本公司拥有多少名硕士以上学历的科技人才"的表述,对于许多大公司来说,除了研究所需要一些高学历的研究人员之外,更多的是需要能干活的技术工人,所以在日本,高学历的人反而很难找到工作,如此一来,考研读研的人自然就少了。

许多人把日本人称作是"工作虫",你在东京,可以看到许多人赶地铁或者去公司,都是一路小跑,为的是上班不迟到。日本有一个规矩,如果你是8点钟上班,至少要提前15分钟到公司。为什么要提前15分钟?因为你要换衣服,擦桌子,启动电脑,做开始工作时的各种准备,也就是说,8点钟是你开始工作的时间,不是你跨进公司打卡的时间。

日本人在工作时的压力确实挺大。日本的工厂很少实行计件制，但是，你得不停地工作，除了偶尔上一次洗手间之外，不可以抽烟，不可以交头接耳，不可以带手机，就是要埋头苦干。下班之后，日本人大多会再加班半个小时到1个小时。干什么呢？整理内务。譬如说，工厂里要擦洗机器，要扫地。如果是白领的话，那要把一天的邮件回复整理好，把今天的工作写好总结，明天要干的事也一一记下，最后还不能忘一件事：把自己的办公桌整理好，把垃圾倒掉。所以一天工作下来，体力和精神都很紧张。但是有一点好，下了班之后，就是你的自由，爱干什么就干什么。就算是市长下班后去泡酒吧，也没人管。

那么，日本年轻人的结婚压力到底有多大？我觉得，要比中国年轻人的压力小。

无论是在中国也好日本也好，其实做父母的，都希望孩子能够早一点成家立业，过上安定幸福的生活。但总体来讲，日本父母对子女的关爱，并没有像中国父母那样早早地给子女做出一个人生规划，从考大学到找工作到找对象到养孩子，一路相随。天下父母像中国那样爱孩子的，比较少，这是中国家庭的美德。但是也因为太爱孩子，或者对孩子寄予太多的期望，自然也会给孩子太多的压力。包括找对象和找对象的条件设定。

中国有一个说法，说中国的房地产都是丈母娘炒起来的。因为男方准备一套新房，几乎是中国最基本的结婚条件。没车没房，即使是博士毕业，也会成为"结婚难民"。而日本的丈母娘，对女婿是不会提出"有房有车"的要求的，对女婿最基本的一项结婚条件，就是必须要有一份稳定的工作，这样可以保证女儿成家后不会受苦。

东京大学生生活协会做过这样一个调查，东京年轻人结婚，有多少人是租房子结婚？结果显示，有85%是租房子结婚，还有14%是与父母同住，或者住在公司的宿舍里，自己买房的只有1%。这说明，在日本租房子结婚是很正常的，买房子结婚才是不正常的。因为除了拿父母的钱给自己享受之外，你没有资格在年轻的时候，可以拥有一切。

现在日本年轻人办婚礼是越来越趋于简单化，在东京委托五星级酒店办一场婚礼，一般也只花费10万元人民币。许多年轻人更多地选择"简婚"，这种简单的婚礼，就是花费大约1万元人民币，穿上很漂亮的结婚礼服，到五星级酒店的婚礼大厅举行一个教会式的结婚仪式。结婚仪式之后，亲朋好友们就到外面的餐厅一起吃个饭，不收红包，实行 AA 制。

所以总体来讲，中国年轻人的最大压力来自生活的压力，结婚、买房子还贷款，买车还要名牌的，有了孩子开始为能够上名校，考出全班第一名牺牲脑细胞。而日本的年轻人，最大的压力来自于工作，必须认真干，而且还要干得比别人好。但是生活上的压力比较小，不是非得结婚不可，不是非得有房有车，而且同事之间、朋友之间没有攀比。

人活着都不容易，要活得比别人好，更不容易。所以，人的心态很重要，生活除了物质财富之外，还有一样东西，叫"精神财富"。要减少自己的压力，就要控制自己的欲望，平衡自己的心态，不要看着别人的脸色活着，要为自己的快乐过好每一天。

3. 日本人为什么不喜欢网购

孙正义领导的日本软银集团出售阿里巴巴股权，一时成了中国社会的一大话题。有几位网友向我提了两个问题：一是为什么日本人不热衷于网购？二是日本为什么没有阿里巴巴这样的超级企业？

在回答这两个问题之前，我们首先来关注两个数据：第一，阿里巴巴的年销售额占到了中国零售总额的16%，这么高的比例，在任何国家里面都不可能有。也就是说，阿里巴巴一家企业，它不仅是中国网购的领头企业，也是垄断性企业。

还有一个数据，是日本政府公布的。在2015年，日本家庭中有过网购经历的比例只有27%。也就是说，有三分之二以上的日本人，这一年当中没有一次网购的记录。

中国人为什么喜欢网购？几位网友把理由归纳成五点：第一，网上的东西便宜，有的比实体店要便宜一半。第二，网上的商品丰富，要啥有啥。第三，便利，电脑手机上直接下单，不用去商店，东西就会直接送到家。第四，网购有一种游戏的感觉，容易让人上瘾。光棍节那天，你不上网去抢购点东西，总感觉到自己很落伍。第五，中国西部和农村地区，商业不发达，商品稀缺，这些群体成了最大的网购人群。

根据网友们的这一说法，这五个原因促使中国网购产业的迅猛发展。我想想这也有道理，我去年在华文出版社出版的名为《静观日本》的书，新华书店的售价是39.8元，淘宝上最便宜的居然是28元，这么巨大的差价，一定会让许多人毫不犹豫地选择网购。

网购解决了一大批人购物的需求，成为中国近10年来发展最迅速的产业。但是，网购也给中国传统的商业企业带来了冲击。一些百货公司、超市、购物中心、电器商店的销售额急剧下降，一些小商店也不得不关门。网购同时也改变了中国人的购物习惯，据说上海人现在从来不去南京路，一般跟朋友吃饭才上街，平时就窝在家里，或者开车去郊外，要买东西的话，就盯着电脑下单。这一说法，是不是真实？有待考证。

那么我们现在回过头来看日本，日本人为何不热衷于网购？他们买东西都去哪里？

我们首先来看一个现象，当北京的百货公司苦苦挣扎时，东京百货公司的日子却很好过，每月的营业额都在增加，而且靠的还不是店铺出租。当你走进百货公司，会发现店里是人山人海。

日本百货店精细化和人性化的购物环境，是吸引日本人爱逛百货公司的一大原因。如果大家到过东京银座的话，一定会对银座的商业环境印象深刻。无论是三越百货公司，还是松坂百货公司，当你走进这些有二三百年历史的老店，会发现从服务员的态度到商品的摆设，从灯光的设计到通道宽度的设定，都非常人性化；各个楼层还有供顾客休息的沙发，即使有许多人，也没有大声说话的噪音，它不会让你烦躁不安，而是可以享受一种购物的快乐。

良好的购物环境是许多日本人不爱网购、喜欢逛街的一大原因。其次是日本商店的体验式服务，譬如电器商店，像东京的必酷、淀桥电气，它们的规模都与中国的苏宁、国美相当。你走进这些电器店，贵重的商品都可以摸，可以随便试用，比如摄像机、照相机、电脑等，你想怎么试用都行。

有朋友问我，徐先生，你感觉到压力很大的时候或者自己情绪不好的时候，喜欢去哪里疏解？我说，我喜欢去逛电器商店。日本每个月推出的最新的电器产品在那里都有，供人试用。同时，电器商店里还有最高级的影院音响系统，可以坐在那里静静地享受美妙的音乐，当然还有十几把高级的按摩椅，你可以躺在上面，免费享受30分钟的按摩。

我看到过一条网络消息，说中国的消费者也逛电器商店，但大多数人是看实物看价格，然后再跑回家去网购。因为网店的价格要比实体店的价格便宜。这样一来，就变成了苏宁替阿里巴巴打工，苏宁成了阿里巴巴的商品展示中心。

但是在日本，绝大多数的商品，网上的价格和实体店的价格是一样的，网购除了便利，没有价格的优势。这也是导致日本人很少网购的一大原因。

那为什么网店的价格不能比实体店便宜呢？因为日本的《商业法》中，有一条公平竞争的原则，而公平竞争的核心就是价格竞争。如果你在同一款商品中通过低价来大量倾销，那就会被同行指责为"不正当竞争"，就会被告上法庭，而且弄不好还会被开除出行业协会，在商业圈子里没法混了。

也有朋友说，日本网购不发达，主要原因是物流业不发达。这是一个很大的错误观念，日本的物流业应该是全世界最发达的。深更半夜，我在网上订购一本书，一般情况下第二天就可以送到。同时，日本的物流，几乎所有的东西都可以寄送。譬如过端午节，远在农村的老妈妈记挂在北京工作的儿子，于是包了粽子，烧好老母鸡，再炖上几条鱼，可以叫送货公司冷藏保鲜送到北京，一般一天时间就可以送到。像在北海道，如果要送一只帝王蟹到冲绳，2500公里相当于从吉林到海南的距离，最多两天就可以送到，运费也就100元人民币。所以，物流不是影响日本人网购的因素。

我觉得，真正影响日本人不爱网购的原因，除了上述几个之外，还有很重要的两点，那就是居民区商业配套设施的完备，还有日本人对于物质欲望的不强烈。

东京是一个国际大都市，有严格的城市发展规划。也就是说，商业区、商务区和生活区是严格区分的。譬如东京在东西南北有四大商业区：银座、新宿、涉谷和池袋。商业区里集中了日本著名的百货公司，也集中了世界所有的名牌商品的专卖店，当然还集中了所有天下美食店，大到各国料理，小到拉面店。如果你告诉朋友，你住在银座，估计有90%的人会认为你的神经一定出现了问题，因为商业区没有生活的环境。

那么对于一个人来说，他的生活环境需要哪些要素呢？第一需要有超市，第二需要有理发店美容院，第三需要有从托儿所到中学的教育设施，还需要有各类医院、洗衣店、花店、面包房，还有亲戚朋友聚会的居酒屋。而这么完善的生活要素，在银座这样的商业区里是无法拥有的。你在生活区里，可以买到绝大多数生活的必需品。所以，老太太靠开一家卖香烟的店，也能活下去。

同样，东京还有一个商务区，譬如像皇宫周边地区、大手町、日本桥等，集中了所有世界上赫赫有名的企业总部，这个商务区除了有众多的餐饮店和宾馆酒店、医院相配套之外，其他的生活要素就显得多余。

所以，我们能够看到，每天有600万人一早从东京的郊区坐轻轨、地铁到市中心来上班，下班时候再坐地铁、轻轨回家，避免了市中心的拥挤。但是我们也发现，许多公司白领在回家之前，都会在商业区里逗留一下，逛街或者与朋友们吃饭。为什么他们会在商业区里逗留？因为东京的所有商业区都是轻轨和地铁的交通枢纽。而大多数百货公司都建在地铁车站的顶上，甚至与车站合为一体。车站既是交通中心，也是商业中心，甚至还是娱乐中心。

所以，东京的百货公司、电器店从来不愁没有顾客，而对于许多人来说，下班途中逛一下百货公司或电器店，买东西既便利，又可查验自己喜欢的商品是否货真价实。有这样的商业环境，谁还愿意上网去购买只能看到照片的商品呢？

至于日本的农村，每个小城市都有大型的购物中心，由于家家都有汽车，开车去购物中心买东西也已经成为日本农村人的生活习惯。

最后我们来关心一个问题，日本在去年有27%的人有过网购经历，那么这些人在网上买得最多的商品有哪些呢？根据日本内阁府的调查，第一是机票，第二是书，第三是各地的土特产。

每个国家的商业环境是根据不同的国情和国民的消费习惯来决定的，日本也有一家类似于阿里巴巴的网店，叫"乐天"，但是这么多年，它就发展不到阿里巴巴这样的规模。同样，阿里巴巴在过去10年中曾经努力开拓日本市场，最后也以失败告终。我想，当中国的商业环境发展到日本这样水准的时候，网购的规模一定会缩小，实体店还会有翻身的机会。

4. 日本学生如何报考名牌大学

我跟几位日本朋友一起吃饭，大家谈起了日本的大学考试问题，说现在的东京大学都是有钱人的子女才能进的学校，穷人的孩子只能在校门外徘徊。我问他们为什么这么说？他们的回答是：因为日本社会目前贫富差距越来越大，贫困家庭付不起昂贵的教育费。

大家知道，东京大学就像中国的北大和清华，是日本最好的国立大学，而且在亚洲各大学的排名中，它远远领先于其他大学，是亚洲第一名校。

东京大学在日本被简称为"东大"，创立于1877年，比我们的北京大学早了21年，是亚洲资格最老的大学。东大是一所综合性大学，有三个校区，文科自然是最牛的专业，医学也是日本第一，天皇动手术都去东大的附属医院。其次是农学院，包括兽医专业都是日本最牛。那么，在世界各个大学中，东大哪些专业排名世界前列呢？据说物理学是世界第一，化学和生物学都是世界前五位。

但是在许多日本人的印象中，东大是一所培养政治家和官僚的大学。日本历届首相中，三分之二是从东大的校园里出来的。而日本外务省和财务省的官员，几乎都是东大法学部的毕业生，其他学校的毕业生基本很难挤进这两个中央机关的大门。

所以，能够考上东京大学，是许多日本人的梦。

那么怎样才能考上东京大学呢？考东京大学要考两次，第一次在12月参加全国的统一高考，第二次在第二年的2月，参加东大自己组织的考试。也就是说，你的全国统考的成绩过了东大的录取分数线后，还要参加东大的第二次录取考试。那么，报考和录取的倍率是多少呢？文科是3.5倍，理科是4倍，这是今年春季东大本科生的录取率。

日本的大学没有一本、二本、三本之分，更没有像中国985和211之类的划分，它只分国立、公立、私立三大类。国立大学比较少，私立大学相对更多，像早稻田、庆应、明治等名校都是老牌的私立大学。

虽然东京大学是国立第一号大学，但是它的招生没有地区的名额分配，譬如北海道招 10 名，京都招 30 名，这样的配额是没有的。它是完全实施全国公平的招生，不管你是来自东京这样的大都市，还是来自冲绳这样的偏远小岛，只要有本事就可以报考，一年 3000 个新生名额，冲绳考生如果有水平的话，考取 1000 名都没有问题，不受任何限制。

话是这么说，但是想考东大，并不是你在学校里拼命努力就可以考取的。日本的教育有一个很重要的特征，那就是，无论是公立中小学还是私立中小学，它对于每一位学生实行的都是公平的教育，也就是说，一个学校中绝不允许设立重点班或者重点培养学生，它必须让每位学生享受到同等公平的教育。说白了，老师给个别学业优秀的学生开小灶，都是违反教育规则的。

那么，这样一来，聪明好学的孩子总会有一种吃不饱的感觉。该怎么办？老师会告诉你：很简单，去校外的辅导学校参加补课学习。

日本的课外辅导学校是一种合法的辅助性教育机构，而且已经成为一个全国范围的规模性产业，有好几家上市公司。这些课外辅导学校，大多数是以"学

习塾"的名字出现，而且分工已经很细了。譬如你想报考早稻田大学，那么就有一个全国规模的"早稻田学院"这样的辅导学校，在东京首都圈就有149个学校，一年收取的学费高达200亿日元，相当于12亿元人民币。这个学校，分成小学班、初中班、高中班，还有回炉班，海外归国子女班，也就是说，从小学开始，就帮你锁定考早稻田大学的目标，开始进行专业的辅导。

比早稻田学院更牛的一所课外辅导学校，叫"河合塾"，在全国有530多所学校，在校学生12万人，教职员工2700多人。这所学校就是帮你从小开始辅导报考东京大学，而且是从幼儿园开始。

说到这里，在高中里当老师的读者朋友们一定会想，那当高考辅导老师不是很轻松吗？确实是比较轻松的，因为没有像中国那么大的高考压力，有多少学生考上全国一流大学，不完全取决于高中的教育，更多的是取决于学生在校外的辅导学习。

大家一定会问，学生参加各种校外辅导学习，每个月的学费要多少？小学生一般每个月需要4万日元（约2600元人民币），初中生一个月一般需要6万日元（约3900元人民币），高中生一个月一般需要10万日元（约6600元人民币）。如果你想享受老师一对一辅导的话，那么学费就要翻倍。日本公司职员的平均月收入是38万日元（约24000元人民币），而且没有隐形收入。作为日本普通的家庭，这笔钱要养活一家四口。所以，一般的家庭是无法让孩子每月花费这么多的钱去参加校外辅导学校学习的。

所以，从这一点上来说，能够报考东京大学的学生，绝大多数是有钱人家的孩子，他们从小在最好的私立小学、私立中学和最好的校外辅导学校学习，然后报考东京大学。而一般家庭出身的孩子，只能在东京大学门前拍一张照片留念，因为你从小学时代开始，就拼不过人家。

和我一起聊天的一位朋友，是日本一家著名报社的编辑委员，跟我同样的年纪，他是东京大学文学部毕业的。他不是东京城里人，老家在日本东北的岩手县，岩手县被称为是"日本的西藏"，而且他的父母是农民。他说，在20世纪80年代考上东京大学的时候，一个班的同学有70%来自农村和地方小城市，因为那个时候日本的贫富差距不像现在这么大，同时日本也没有这么多的课外辅导学校，大家基本上都是通过在学校的拼命努力考上东大的。

日本在经济泡沫破裂之后，尤其是在最近 10 年，贫富差距不断拉大，安倍经济学折腾了近 4 年，也没有让国民的实际收入增加，反而出现减少。所以社会收入的不公平，也将导致教育的不公平，最终也会导致就业的不公平。

　　看了以上的内容，大家是否担心自己到日本留学，报考东京大学会很难？我觉得，这是相对的，东京大学对于外国留学生有另外一套考试试卷，难度自然比日本学生低，而且部分科目允许用英语回答。所以，如果你在中国读书时英语基础很好，那么考东京大学就会占很大的优势。同样，报考东京大学的研究生院，也比一般的日本学生容易。从这个意义上来说，中国留学生在日本报考东大，不管你的家庭有钱还是没钱，起跑线是一样的，或许贫寒家庭出身的留学生，更有一种顽强的学习与拼搏精神。

5. 日本社会为何有一个"5月病"

中国一名出色的艺人乔任梁，因为抑郁症而自杀，这件事引起了中国社会对于抑郁症问题的广泛关注。在竞争激烈的社会里，抑郁症是一种最容易导致人心灰意冷的病症。在日本，抑郁症问题也十分严重，每年都会有不少人因此自杀自残，甚至在自杀时把孩子们都带走。抑郁症正在成为人类社会的一种共同的现代疾病。

那么，日本社会的抑郁症问题到底是如何形成的？它使用什么样的治疗方法？

在日本，抑郁症被称为"郁病"。厚生劳动省的一份调查报告称，日本抑郁症患者在1996年的人数为43.3万人，然而在2008年却激增到104.1万人，增长了2.4倍。这个数字只是一个就诊数字，日本流行疫学研究所的调查研究称，由于大多数抑郁症患者不愿意去医院诊治，因此，实际的抑郁症患者人数已达到300万。

厚生劳动省的分析称，日本人抑郁症的发病率为6.5%，15人中就会有1人有一次发作的可能。而且患抑郁症的女性明显多于男性，在2014年10月的比例约为1.7:1。其中四十几岁人最容易得抑郁症。

日本每年都有3万多人自杀，其中很大一部分是抑郁症患者。那么日本人的抑郁症是如何形成的呢？

首先与日本人的性格有关。日本人的个性相对比较内敛，就算有了抑郁症状，也不愿意向亲朋好友述说，而是自己一个人闷在心里。大多数人不愿意去医院诊治，结果导致病情加重。善于忍耐是日本人的一大优点，但是过多的忍耐只会增加心理与精神的负担，久而久之，这种积累下来的不满会形成抑郁，而这种抑郁有时候会突然爆发出来，变成狂躁型抑郁症，导致一些人选择自残或者杀人、伤人的极端行为。

日本社会有一种病，叫"5月病"，这是指每年的5月，日本的抑郁症患者会突然增多，而且以年轻人居多。日本社会为什么会闹"5月病"，因为日本大学生是在每年的3月份毕业，4月1日起踏入社会进入公司或机关工作。由于许多人不适应新的工作环境，加上公司对于员工的要求严格，先辈职员对于新人职员也多有苛刻要求与指导，因此，一些大学毕业生适应不了这种环境，形成很大的精神压力，甚至表现出一种惶恐。于是，工作一个月之后，他们就出现了抑郁症状，形成了"5月病"。

日本人性格的另一面，是争强好胜，凡事都不愿意落后于别人。因此自觉超时加班，为了超越别人而不断地利用业余时间去学习进修，甚至为了争取好的经营业绩，不惜自掏腰包请客户吃饭。因此在工作生活中，会产生一种极度的强迫，导致精神忧郁恍惚，形成抑郁症。

虽然美国式的雇佣机制在日本社会也备受关注，但是日本大多数企业依然奉行终身雇佣制，一般不会轻易解雇员工。虽然不担心会被开除，但是公司是重用你，还是让你坐在窗边每天看着窗外树上唯一的树叶，作为员工的心情是完全不一样的。一旦成为"窗边族"，自己在公司中的存在感和价值就会被大打折扣，因为日本的社会文化是强烈崇尚强者，弱者很难获得社会同情。一个拿不出像样成绩的人，在日本社会是根本没有立足之地的，甚至连同事也不愿与其交往，他会明显地感到冷落和孤独。因此，拼命工作，做出高于别人的业绩，成了许多公司员工的奋斗目标。一旦这种业绩做不出来，这些员工就会产生莫名其妙的精神错乱，形成抑郁症。

另一个原因，是由于日本社会人情淡薄，子女工作之后往往离开家庭，一年只回家一次看父母，平常心里有了什么疙瘩，无处诉说。如果生活和工作中突发变故，容易导致"急性忧郁"。同时，日本人生性怕打扰人，所以即使心中有万般的痛苦，也不会深更半夜跟自己的闺蜜好友聊天，倾诉自己的郁闷，既怕打扰好友的休息，也怕影响好友的心情。

2014年8月5日，日本一位世界顶级的再生医学权威笹井芳树，因为卷入他手下的新型万能细胞的造假丑闻，在神户市的理化学研究所大楼内自缢身亡。对于笹井的自杀，学术界和社会舆论普遍感到惋惜，理化学研究所的相关人员事后才承认，自杀前十几天，笹井就心神不宁，神情恍惚。现在后悔对他没有采取必要的保护措施，但这已经是马后炮了。笹井芳树很可能是陷于"急性忧郁"的精神状态，难以自拔而自杀的。

日本皇太子妃雅子得抑郁症已经十几年。这位出色的女外交官在嫁入皇室后，她不能继续从事外交工作，宫内厅只要求她尽快生子，并隔绝她与以前的同事、朋友的交往，以避免发生戴安娜式的婚姻危机，因此导致雅子妃患上严重的抑郁症。虽然宫内厅动用了最好的医生为她诊治，但她一直到现在还没有痊愈。

除了日本人的个性以及人与人之间关系的冷淡之外，经济问题也是导致抑郁症患者增加的一大原因。20世纪90年代，日本经济泡沫破裂后，陷入了"失去的二十年"之中。经济直线下滑，人们的收入也是每况愈下。

据厚生劳动省统计显示，1996年日本上班族的平均年收入为498万日元，而在2010年则减少到405万日元，减少了近百万。虽然收入下跌，但是物价却在飞涨。

日本内阁府的数据显示，1984年与2007年相比，居住支出增加了2.3%，通信费用增加了1.8%，交通费也增长了1.7%。日本的消费税也从以前的3%增长到8%，这平白无故给家庭增加了一大笔支出。所以，家庭收入的减少，也是导致夫妻吵架增多，生活艰难，最终导致抑郁症发作的一个原因。

在日本社会，许多人为了表现自己没有什么压力，往往还得强颜欢笑，装作若无其事。他们脸上硬挤出的笑容使人一看就觉得不自然。还有的人则索性一言不发，每天在公司里埋头工作，只是上班和下班时与门卫打一个招呼，因为他们无法承受通过语言交流受到的压力。

为了避免过度忍气吞声而导致抑郁症，日本有各种让人"出气"的商品。比如一种壶，对着它大喊大叫，声音还不会漏出来，所以可以尽情发泄。前几年，日本流行过"摔盘子屋"，下了班的年轻人跑到"摔盘子屋"去摔盘子，发泄心中的郁闷。

日本的卡拉OK为什么会如此流行，这也与日本社会过于压抑有关。所以，许多人希望通过唱卡拉OK舒缓自己的情绪。

最近，日本还流行登山望远。到了休息日，无论是年轻人还是老年人，都会组成各种登山队去爬山。通过疲劳运动和融入大自然的怀抱来陶冶自己的心情。

那么，得了抑郁症后怎么办？

日本医师协会有一个建议：当你发现自己有焦虑不安、心情低落、提不起劲、对周围事物失去兴趣，晚上睡不着觉的症状时，请直接去医院向医生咨询。抑郁症在发病初期，最需要医生的良好指导，适当的吃药和医生对你的心理治疗，是防止抑郁症严重的最有效的办法。

在发现自己患有抑郁症后，在自己的精神世界里，千万不要把它看作是一种疾病，而最好把它看作是一种压力导致的精神紧张。所以日本的抑郁症的治疗方法，是鼓励患者暂时离开原来的环境，譬如公司、家庭，去接受短期的疗养性治疗。如果不愿意住院，那么多听一听音乐，多外出散步，多与知心好友交流，同时，有意识地去参加一些体育活动。

日本有一位艺人名叫冈村隆史，他得过严重的抑郁症，经过2年的治疗，如今已经痊愈。后来他写了一本书，谈自己如何治疗抑郁症。他说最有效的办法有四条：

第一，每天早上在太阳出来时出去散步，沐浴阳光。

第二，每天给自己写成功心得，譬如今天自己做了饭，自己洗了衣服，自己上网买了什么东西，不断地给自己以肯定和鼓舞，提升自信心。

第三，买自己喜欢的新床和新被套，让自己有一个可以熟睡的新床，提升睡眠的质量。

第四，要吃一些补脑的营养品，因为抑郁症不仅仅是心理的疾病，也与人脑中缺少某些营养元素有关。

其实，得了抑郁症不必紧张，自己仔细地分析一下原因，哪些因素导致了自己精神压力的增加，然后把这些因素排解掉。适当地吃些药，多接触社会，多接触大自然。记住一句话：天塌下来，还有一个地，世上没有跨不过去的坎。人生有一时的低谷，但是绝对不会永远是低谷。人生一时没有钱，但是绝对不会一辈子没有钱。要相信自己是优秀的，相信自己的人生一定是美好的。

6. 日本人为何热衷于收集信息情报

有一种说法："在日本，全国人民都是情报员。"我觉得这个说法有一定的道理，收集各种信息情报确实是日本人的一种嗜好。但是，日本人收集各种信息情报，并非都是为了去从事间谍工作，大多数人是为了更好地做好自己的本职工作，为了掌握行业信息，为了提高自己的知识内涵。

日本这个社会具有两重性，一方面需要兢兢业业的匠人们两耳不闻窗外事，去默默地精雕细刻各类产品；另一方面需要大量的市场营销人员，去企划和推销这些产品。因此，信息情报的收集成为日本社会特殊群体，尤其是经营战略制定者和市场营销人员每日必做的功课。在一个竞争激烈的社会里，谁率先获得信息，谁就可能取胜。因此，日本人对于各种信息情报的收集，有一种本能的嗜好，你必须懂得比人家多，掌握的信息比别人全面，你才能立足于这个社会，才能在你所在的群体中拔得头筹。

所以，普通的日本人无论是在日本国内旅游，还是去海外旅游，他最喜欢做的一件事情是拍照和记笔记，然后回家后整理成游记，印发给亲朋好友看，或者在自己所在的群体（学会、协会、兴趣俱乐部等）发表。

在日本，组建任何的团体组织，原则上是不需要政府批准的。所以日本人最喜欢组建各种学习会、兴趣俱乐部或者同好会，定期聚会交流各种信息。因此，对于中国政治和经济、文化的学习和研究，不只是日本研究机构和政府公职人员的事，也是许多日本普通的企业员工感兴趣的事。所以，日本人在下班后去参加各种讲演会、学习会，成为生活的一部分。

那么，日本人研究中国深入到什么程度呢？东京有一个日本各中央机关干部和大学教授们参加的中国研究会，已经有 30 多年的历史。这个研究会每月举行一次学习会，每人发表自己感兴趣的中国问题，细到什么程度？譬如中国领导人的领带为什么从大红变为深蓝？

说到日本人对于中国各种信息情报的搜集分析，我们不得不提到大庆油田的例子。20世纪60年代，当大庆油田还处于国家绝对保密的情况下，日本人通过公开信息，准确地了解到大庆油田的位置、规模和加工能力。这个例子一直被视为国际社会经济情报分析成功的经典案例。

1959年9月，在东北松辽地区勘探的第一口油井开始喷油，标志着大庆油田的诞生。由于保密，绝大多数中国人也不知道大庆油田到底在什么地方，而日本因为战略上的需要，极为重视中国石油的发展。当听说中国正开发大庆油田时，日本人始终不明底细，于是就把摸清大庆油田的详细情况作为情报工作的重中之重。

首先获得突破的是日本三菱重工集团的信息专家。1964年4月19日，中央人民广播电台播出《大庆精神大庆人》的报道。第二天，《人民日报》又专门撰文报道。三菱重工的专家们据此判断，中国的大庆油田确有其事，但他们还不清楚大庆的具体位置。在1966年7月的一期《中国画报》上，他们看到一张照片：大庆油田的"铁人"王进喜头戴大狗皮帽，身穿厚棉袄，顶着鹅毛大雪，手握钻机刹把，眺望远方，在他的背影远处错落地矗立着星星点点的高大井架。唯有中国东北的北部寒冷地区，采油工人才需要戴这种大狗皮帽和穿厚棉袄，专家们由此断定："大庆油田是在冬季为零下30度的北满地区，大致在哈尔滨与齐齐哈尔之间"，但具体位置仍然没有确定。

同年10月，《人民中国》杂志第76页刊登了石油工人王进喜的事迹。事迹中说，以王进喜为代表的中国工人阶级，为粉碎国外反动势力对中国的经济封锁和石油禁运，在极端困难的条件下，发扬"一不怕苦，二不怕死"的精神，抢时间、争速度，不等马拉车拖，硬是用肩膀将几百吨重的采油设备扛到了工地。

根据这一描述，日本人分析认为，最早的钻井是在安达东北的北安附近，而且从钻井运输情况看，离火车站不会太远。在报道中还有这样一句话："王进喜一到马家窑，看到大片荒野时说：'好大的油海，把石油工业落后的帽子丢到太平洋去。'"于是日本人从伪满洲旧地图上看到：马家窑是位于黑龙江海伦县东南的一个小村，在北安铁路上一个小车站东边十多公里的地方。就这样，日本人就彻底搞清楚了大庆油田的确切位置：马家窑是大庆油田的北端，大庆油田可能是北起海伦的庆安，西南穿过哈尔滨市与齐齐哈尔市铁路的安达附近，南北达400公里的范围。那么大庆油田的炼油规模又有多少呢？1966年7月，在《中国画报》上刊登了一张炼油厂反应塔的照片。根据反应塔上的扶手栏杆的粗细与反应塔的直径对比，得知反应塔的内径长为5米。加上《人民日报》刊登的国务院政府工作报告，他们进一步推算出大庆的炼油能力和规模、年产油量等内容。

在对所获信息进行分析之后，根据中国当时的技术水准、能力以及中国对石油的需求，三菱重工断定中国必定要大量引进采油以及炼油设备。三菱重工立即集中相关专家和技术人员，全面设计出了适合中国大庆油田的设备，做好充分的夺标准备。不久，中国政府向国际市场寻求石油开采设备，三菱重工以最快的速度和最符合中国所要求的设计、设备，一举中标，获得巨大的商业利益，令西方石油工业大国惊诧不已。

日本人发现大庆油田的秘密，应该说不是一种间谍工作，而只是一种对经济信息的精准分析。但是这种精准分析的背后，是日本社会长期以来形成的一种信息情报的收集分析文化在起作用。

那么日本的情报文化是如何形成的呢？

日本情报文化的形成，源于日本古代特殊的历史与文化。远的不说，就在江户时代，德川将军为了防止各地诸侯谋反，他对诸侯们说，我在江户城（现东京）里批一块地给你，让你们在城里建一个家，把你们的妻子和孩子接到江户城内来住。各地诸侯明明知道德川将军的目的，但是无法违抗他的命令，只好将家人送往江户城内。事实上，这些家人就成了被德川将军扣押的人质。同时，德川政府又设立了诸多关卡，防止各地诸侯轻易进入江户城。大家如果去过箱根的话，一定去看过湖边的一个关所，这个关所按照现在的概念，就是一个边境口岸。从京都、大阪乃至九州地区前往江户城的人，必须在这里接受检查，如果没有合法的证件，绝对是过不了关的。所以，探听江户动静，了解德川政权的信息，掌控自己家人的近况，成为各地诸侯最主要的情报收集工作。这种长期以来形成的情报侦察与收集分析习惯，逐渐成为一种文化，江户时代出现了专业的"情报屋"，许多人以贩卖各种信息情报为生，从而形成了一种特殊的"情报经济"。

日本人的这种情报文化，后来在中日甲午战争、日俄战争和侵华战争、太平洋战争中发挥了重要的作用。

现今的日本社会，在日常的生活中并没有对孩子从小进行信息情报收集教育。除了在一些大学里有相关的专业之外，应该说，收集各种信息情报，是日本人一种与生俱来的爱好甚至本能。

那么，日本人一般是通过什么渠道去搜集信息呢？

最大的渠道是报纸。日本人喜欢读报，几乎每户家庭都订阅有自己喜欢的报纸，即使在互联网十分发达的今天，日本报纸的订阅量也没有大幅减少。日本的早报规定是必须在早晨6时前送达每户人家，因此早上起来，喝一杯茶，读一份早报，是许多日本人长年以来形成的习惯，报纸也成为日本人主要的信息来源。因为日本的媒体大多是报忧不报喜，对于政府和国家领导人的报道也是一样。所以，日本人大多十分相信媒体的公信力，认为电视台和纸媒的报道，基本上是公正中立的，他们的信息是可信的。

然后是参加各种讲演会和学习会。日本的讲演会和学习会是五花八门的，从如何美容做菜如何找对象到美国新总统会是谁，2023年之后的中国领导人会是谁，就如东京汇聚了全世界所有的菜系佳肴一样，你在东京可以获得全世界的各种信息，光是非洲问题研究会一周就会有好几个。

另一个就是实地考察。尤其是日本的企业人士，无论是去美国欧洲，还是来中国，他们对于商场购物和旅游景点很少有兴趣，只专注与自己的企业和行业相关的内容。譬如爱逛中国的超市，了解中国人在卖什么，买什么？日本的哪些产品符合中国人的胃口？他们爱看中国工厂，看中国企业与日本企业之间的差距。所以，日本各个行业协会组织的海外考察活动，往往是日本各旅行社每年最主要的一项业务。

所以从某种意义上说，"日本全民都是情报员"的说法有一定的道理，他们每时每刻都在关心世界的变化，关心本行业的动态，而且这种信息情报的收集是立体的。但是，日本人喜欢收集各种信息情报，并非都是为了去从事间谍工作，大多数人是为了更好地做好自己的工作、为了掌握行业信息、为了提高自己的能力。因为在日文中，"情报"两个汉字没有强烈的"秘密"的概念，翻译成中文的话，就是"信息"两字。所以，日本人经常会说"你们要注意收集情报"，其实是在说"要注意收集信息"，而不是指使别人去搞中国人概念中的"情报工作"。

日本是一个信息情报十分公开的社会，也是一个信息情报十分多元化的社会。你可以公开地抖搂国家领导人和政治家的隐私与丑闻，日本的一些周刊杂志就是以暴露政治家丑闻为生；你可以自由地参观军事基地，譬如日本海上自卫队司令部所在的横须贺港，也是美军第七舰队的母港；你可以扛着照相机在军港里到处拍摄，军舰、码头，军港里还有旅游船带着你近距离观察美军航母和自卫队护卫舰，没有人会阻拦你，也没有人会把你当成间谍。

日本陆上自卫队每年的实战军事演习，都不是秘密进行的，而是邀请市民们自由观看，每次都有几十万日本人和外国人去观看自卫队最新式武器的实战演练。同时，日本海上自卫队的各个基地，每年也都有一两次开放日，邀请市民（包括外国人）自由地登上军舰参观，你爱怎么拍照就怎么拍照，没人会阻拦你。

有一位朋友曾经问过我一个问题，说日本汽车上的电子导航地图与中国的有什么区别？我对他说，这个差别就好比桑塔纳与奔驰的区别。日本汽车上的电子导航地区已经是立体化，精准到每栋楼的外形和名称，在中国被列为"军事机密"的军事基地、重要的政府机关、领导人的住处等，都标记得一清二楚，甚至天皇家的航拍图，都印刷在皇宫介绍手册中。

从以上的介绍中我们可以看出，中日两国的保密法规与保密标准是不一样的，因此在对待信息情报收集问题上的处罚也是不一样的。我常常对前往中国旅游的日本人说，你到中国后，别拿着相机对着中国的军舰或者海警船、边防艇拍照，在日本没人管你，在中国就可能触犯法律。

7. 日本首相一年收入有多少

日本的政治管理者，也就是人们平时所说的"官员"，由两部分人组成：一部分是通过国家公务员考试进入中央机关的俊才，一部分是通过选举当选为国会议员继而成为内阁大臣的政治家。前者大多为名牌大学毕业，几乎是终身制的官僚。后者的出身参差不齐，只要选民支持，小学毕业也可以当选。这些政治家能上能下，命运全靠个人努力。

以上这两种人，掌控着日本的国家机器。虽然政治家，包括首相和大臣们如同流水的兵，但即使是几个月一换，也不会动摇日本的政治与社会基础，最关键的原因是有一支极其稳定而优秀的官僚队伍作为支撑与保障。这也是日本很少发生暗杀政治家事件的一大原因。

一般来说，官僚是每个月领取固定的公务员工资。国家制定的廉政法律是严格禁止公务员接受企业与个人的礼物宴请，更别说收钱。我有一位私交甚好的日本某中央机关的审议官（副部长级），每年过年的时候，我会礼节性地通过送货公司给他送上一瓶绍兴的塔牌花雕。他收到后，一定会回赠一份超过花雕价值的高级点心等礼物，而且是通过送货公司送来，扯平并且查有证据。

但是，作为国会议员的政治家们，他们领取的不是工资，而是政治活动资金。虽然一个月加起来，政治活动资金也有将近200万日元（约13万元人民币），但这笔钱不仅要养家，还要养几位秘书，还要支付选区里选民的各种婚丧喜事的支出，可以说是入不敷出。按照常规，当政治家是发不了财的，而且几乎是人人举债。

那么，既然当政治家发不了财，为何还有这么多人要参加竞选当政治家呢？这里有两个原因，一是个人具有忧国忧民的政治抱负，希望通过参与国家政治来实现自己的政治理想与目标。二是当政治家时间长了，会有企业和个人有求于你，于是政治献金就会哗哗而来。

日本国会政治资金管理审查委员会近日公布了2014年的《全体国会议员

政治资金收支报告》，近800名众议院议员和参议院议员（统称"国会议员"）中，通过接受企业与个人的政治献金以及举行募捐酒会等方式，一年的政治资金收入超过1亿日元（约650万元人民币）的国会议员，有51人之多，其中44人属于自民党的议员。

政治资金为什么会集中流向自民党议员的手中呢？原因很简单，因为自民党是执政党，这些议员大多担任大臣或者是自民党中央的核心干部，或者是国会专业委员会委员长。也就是说，他们掌握着国家的权力，掌握着制订或修改法律的权力，这些权力即使没有决定权，但是也有提议权。

比如，某些企业或行业协会为了修改相关的法律以便解除对企业或行业发展的束缚，就要游说这些掌握实权的政治家们在国会提议修改相关法律，为他们开绿灯，而游说的最好办法就是塞钱。

那么，我们来看看安倍首相一年的收入是多少？安倍首相一年的薪水收入，是2902万日元（约170万元人民币），月薪为241.9万日元（约14万元人民币）。另外，一年的首相奖金为1162万日元（约69万元人民币）。两者合起来，固定的年收入是4065万日元（约240万元人民币）。

但是除了固定的工资与奖金收入之外，安倍首相还有政治资金收入。2014年政治资金报告书称，安倍首相的政治资金收入在全体国会议员中排名第5位，高达1.8003亿日元（约1066万元人民币）。其中个人的捐赠资金高达3258万日元（约193万元人民币），在全体国会议员中排名第4位。企业和团体的政治献金为4261万日元（约252万元人民币），其中家具制造销售公司Nitori捐款最多，达到480万日元（约28万元人民币）。同时，安倍首相通过举行3次早餐会，募集了6196万日元（约365万元人民币）的政治资金。

根据日本的法律规定，个人（作为首相）的工资、奖金收入是可以入个人的银行账户并自由支配。但是政治资金只能纳入自己管理的政治团体的银行账号，并且只能用于政治活动，不得用于家庭生活支出，更不得作为个人和家庭的存款保存。

虽然贵为一国首相，但是安倍还不是敛财最多的一位。在全体国会议员中，政治资金收入最多的是自民党选举对策委员长茂木敏充，他单单通过举行6次政治资金募集酒会，就募集到了1.945亿日元（约1152万元人民币）。为什么能募集到这么多钱？其实原因很简单，因为选举对策委员长掌握着自民党所属议员和未来议员候选人的命运。比如给你多少选举资金，是否让你继续作为党公认的候选人参加新一届国会的竞选，是否可以培养你作为下一届议员候选人，都是这个委员长说了算。所以，大大小小的议员和想成为议员的人，都会去拍他的马屁。

苦的是一些新当选的议员，上要孝敬先辈实权政治家，下要支付各种开支。因为在党内和国会内尚无职无权，因此即使举行募捐酒会，除了亲戚朋友老同学前来捧场，不会有大企业往你身上砸钱，因为你还没有能力替他们办事。

为了防止企业和个人向政治家高额行贿，日本也制定了一部《政治资金规正法》，规定企业一年的政治献金最高不得超过500万日元（约30万元人民币），而个人最多不得超过150万日元（约9万元人民币）。同时还规定，所有的政治献金都必须一一列出，实名实额上报国会的政治资金管理审查委员会。如有隐瞒，一旦被发现，就会面临国会和舆论的追责，因为所有的人都有权查看每位国会议员的政治资金申报书以及具体的发票。而被发现隐瞒不报或做假账的议员，轻则辞职，重则坐牢，处罚可谓严厉，这也使得日本政治家的敛财有规可循，且不敢轻易越雷池半步。

8. 北海道女人为何爱吃"成吉思汗"

北海道人最近好像中了我的毒似的。刚刚从那里讲演回来没几天，我又被拉了回去。11月份已经是第三次在北海道讲演，从枫叶初艳讲到了下雪时节。

这次讲演是在札幌最漂亮的市会议中心举行，面对130多家札幌市的企业，我是冷饭重炒，讲的主题还是"中国市场与日本企业的机遇"。大家听得津津有味，还有一位社长居然是从东京坐飞机赶到北海道来听我讲演的。我有点无地自容，总觉得自己的胡说八道很对不起大家。

讲演结束后，我突然发现北海道人很"另类"。日本列岛最南边的冲绳县，如今正摩拳擦掌，听说还要增兵6000，把过往的中国舰船狠狠盯死。日本列岛最北端的北海道，却到处呈现出"要与中国做生意"的渴望。南北相差如此悬殊，想想也实在好笑。

札幌的桥本晃一社长一定要请我吃晚饭，他同时把公司里的部长们全部叫来陪吃，说是再听徐先生说说中国的故事，单独授课，机会难得。桥本社长这么一说，使我的虚荣心得到了极大的满足，有点儿飘飘然找不到自己。

北海道最有名的是螃蟹，桥本社长居然没有请我吃螃蟹，而是带我到了麒麟啤酒公司经营的一家大餐厅吃"成吉思汗"。

成吉思汗是中国元朝的皇帝，怎么与北海道搭了界？又怎么变成了北海道的一道大餐？从走进这个大餐厅的那一刻起，我是一头雾水。

餐厅特大，我怀疑以前是一个音乐厅，因为还有舞台和二楼的座椅。桥本社长说，以前这里是舞厅，后来改成专吃"成吉思汗"。

于是，我们就落座在舞池里。桌上的摆设如同烤肉店，中间有一个火盆。坐下后，每人必须脱掉外套，椅子上有防水的衣服套。每人系上一条塑料围兜，然后开吃。

服务生端上来的是一大盆肉。桥本社长二话没说，拿起大块的肥肉往火盆上搁。嗞嗞的冒油声中飘出浓浓的肉味，我终于闻出来——那是羊肉。

桥本社长说：对了，烤羊肉就是"成吉思汗"。

我知道，日本人是不爱吃羊肉的，在东京的超市里，从来没有看到过有羊肉出售。据说是日本人怕羊膻味。没有想到，同样是日本人的北海道人却热衷于吃羊肉。

桥本社长一本正经地说，成吉思汗是蒙古族的英雄，蒙古族人有吃烤羊肉的传统。北海道人的祖先，有许多是从蒙古渡海移民过来的，所以带来了这一饮食传统。为了纪念自己的祖先，北海道人就把烤羊肉取了一个名字，叫"成吉思汗"。

不知这一说法是真是假，我不是人类学家，也无法考证。但是，我对于北海道人敢拿名人做菜名的勇气大为赞赏，因为北京人从来不敢把烤鸭叫"乾隆"。

北海道的羊肉不像北京的"东来顺"，薄如宣纸，它块块厚实。喝着札幌啤酒，没吃几块，我就开始担心小肚子变孕妇。舞台上的厨师吆喝着卖烤螃蟹，诱惑实在太大，一问价钱，一条帝王蟹的腿要1500日元（约100元人民币）。我咽了口水忍一忍，决定下次去小吃店解馋。

桥本社长见我环顾左右，以为我要上洗手间。其实我在看，到底谁在吃这"成吉思汗"？不看不知道，一看确实吓一跳，因为绝大多数的食客，居然是女的。

我想起日本流行的一个词，叫"肉食女"，就是那一种常常欺负"食草男"的强悍女人。但是，再看看周边的这些女人们，几乎个个都是柔弱美女，说话轻声细气，竖起耳朵听不到半句声音，一点也不见母老虎般的彪悍。

桥本社长好像看出了我的困惑，解释道：到了冬天，北海道很冷，零下二三十度，所以需要增加人体的脂肪含量以抵抗寒冷。羊肉是热性食物，女人们往往有体冷症，所以多吃羊肉可以提高抗寒能力。

这么一说，我发现北海道女人们还挺会养生。但是，这其中是否也有那么一点渴望"成吉思汗"般英雄男子的味道？

吃完"成吉思汗"，桥本社长带我去搞"二次会"。这第二次去的是美女成群的酒吧。桥本社长显然是这里的常客，放在店里的酒就有好几种。坐在我对面的美女看着像泰国王妃，而坐在我身边的美女，居然鼻子高高，怎么看都有点俄罗斯血统。桥本社长说："苏联十月革命后，有一批沙俄贵族逃到远东，躲到了北海道。"莫非身边的这位小姐是沙皇的后裔？这么一想，让我的心怦怦乱跳。

"北海道美女多，都是因为吃了'成吉思汗'。""沙皇的小后裔"这样蒙我。

9. 日本公共厕所为何要免费提供卫生纸

我从杭州东站坐动车去上海，上车前去了一趟厕所。厕所里全是蹲坑，没有坐便器。我四处找纸，里面没有，外面也没有，再找自动售纸机，也没有。无奈去问厕所管理员，他用手往上指了指，说："楼上有卖。"我走出厕所，往楼上瞧，目测从楼下绕到楼上，再找到店铺，估计需要 250 米。不内急问题不大，可对于一个内急的人来说，提着裤子楼上楼下来回跑一圈，估计是憋不住的。

我想到一个问题：杭州马上就要举办 20 国集团峰会，大批的外国媒体和政府官员将抵达这座美丽的城市。作为杭州的一大窗口与门面，大家少不了会使用杭州东站的公共厕所，如果还是往楼上指：你自个儿找纸去。这一举动，与 G20 举办城市的国际化形象是不相符的，甚至会被当做峰会的一大花边新闻而报道出去。于是，我在杭州东站发了一条新浪微博，写了这么一句话："G20 要召开了，杭州连一个免费卫生纸都不愿意提供，外面再打扮得漂亮，也会让人失望。细节决定成败。"

这条微博引起了不少网友的热议，阅读量一下子超过了 137 万，评论也有 800 多条。

我仔细阅读了网友们的评论，用一句流行语来比喻，真的是"有点醉了"。至少有 70% 以上的网友，不是在批评杭州东站没有提供卫生纸这一最基本的服务，而是批评博主为何不自带卫生纸？还有一部分网友为车站不提供卫生纸辩护：大妈们会把卫生纸卷走。

概括起来就一句话：不是车站的错，而是乘客的错。

中国确实有一些贪小便宜者，包括把公共厕所里的卫生纸卷走一些。但是，就因为有个别人卷走一些卫生纸而拒绝向更多的乘客提供卫生纸服务，那么，就好比有人买菜刀砍了人，于是禁止出售菜刀一样荒唐。当然，原本就不愿意提供卫生纸的人，一下子找到了可以不提供的理由并为此偷乐，那另当别论。

一个社会公共利益的维护，一个社会的文明与进步，是需要全体公民一起努力的。在一个公民社会，许多的社会公平公正不是管理者主动给予的，是需要公民通过诉求来争取的。车站里的卫生纸，本是乘客应该获得的服务，而且是自己已经掏钱购买的服务，我们不仅没有维权，反而主动放弃这种权利，而且还为车站的管理者叫屈，对提出这一服务要求的人们进行挖苦讽刺，只能说，我们还没有跨进"公民社会"最低的门槛。

东京车站是东京的中央火车站，连接全国各地的新干线列车都是从这里始发，还有十几条轻轨列车、城际快车、地铁在这里交汇，每天进出车站的乘客人数达到42万。那么，这么大的一个车站，里面设置了多少个厕所呢？我采访了东京车站的宣传部，他们告诉我：总共有12个。12个厕所中，一般的配置是每一个厕所中男厕所的坐便器是6个，蹲坑是3个。女厕所中，坐便器是7个，蹲坑是2个。

为什么厕所中坐便器的个数要超过蹲坑的个数呢？原因在于，日本人的家庭普遍使用坐便器，同时，老年人、残疾人乘客由于身体的原因需要使用坐便器，而且蹲坑容易导致急性脑血管疾病的发生。

我问到卫生纸的问题，宣传部负责人回答我说，厕所内必须提供卫生纸以方便乘客，这是我们铁路公司的一条企业规则。不仅是东京车站，JR东日本铁路公司管辖的1665个火车站的所有厕所，也都向乘客提供卫生纸。

那么，东京车站一年用于购买卫生纸的费用是多少呢？是500万日元左右，相当于30万元人民币。东京车站的理念是：这是必须开支的服务成本。

我检索了日本各地火车站厕所的资料，发现在10多年前，日本围绕车站内的厕所该不该放卫生纸，也引发过一场争论。有一些车站以有人点火烧了厕所内的卫生纸引发火灾为理由，收回了卫生纸，只是在厕所内设置了自动销售机。这自然给乘客们带来了许多的不便，于是乘客们提出了抗议，认为车站向乘客提供卫生纸是必须履行的一项服务内容。这场争论的结果，是所有车站的厕所都开始向乘客提供卫生纸，同时也促使公园内的厕所、商业大楼内的厕所，通通向使用者提供同样的服务。

最近，东京地铁车站为了吸引更多的乘客，对所有地铁车站的厕所进行翻新改造：女厕所的色彩一改灰白色的冰冷，采用粉红色，并设置了简易的化妆

台供女性乘客使用。男厕所大多采用蓝色调。同时把蹲坑改为坐便器,部分坐便器还改为带有冲洗功能的高级坐便器。当然,卫生纸是绝对保证的。

大家如果去过东京的话,也许去过位于银座附近的一家大型电器商店,叫 PC-kamera,这家电器店上下7层,每层都设置了卫生间,而且卫生间里都放了两台空气净化器。有一次我问店员,为什么要设置这么多的卫生间?他回答的理由很简单:一些原来不准备进店的人,因为想借用厕所,会走进我们的商店,那么他在上完厕所后可能就会在店里逛一逛,会因此买一些东西。

这也是日本企业营销的一项技巧:通过提供厕所服务,来换取顾客的进店消费。

日本人有一种观念,越是脏的地方,就越是要把它弄干净。譬如住宅楼里的垃圾堆放场,一定是打扫得干干净净,而且各种垃圾废品是分门别类,摆放得整整齐齐,不会有臭味。日本社会还有一种说法,看一位家庭主妇勤快不勤快,就看她家里的卫生间干净不干净。所以,日本人如果家里要来客人,第一个打扫的地方就是卫生间。而每一个中小学校里,学校的卫生间都是学生们自己轮流打扫的，并且要求必须用手来清洗坐便器和小便池，从小养成清洗厕所的习惯。

去年曾经想和安倍首相竞选自民党总裁的日本前邮政大臣野田圣子，她年轻时在一家酒店里做清洁工，就曾经喝过坐便器里的水。有一次我向她求证这件事，她说，当时就是为了给酒店里来的新职工证明自己打扫的厕所有多干净，确实喝了坐便器里的水。从这些事例中我们可以看到，日本社会对于厕所干净度和舒适度的要求，已经到了有些苛刻的程度。所以，一位小女孩看到奶奶每天擦洗厕所，感动得写了一首歌，叫"厕所之神"，这首歌还成了日本的流行歌曲。

一个厕所的干净程度，代表了一个国家、一个社会、一个民族的文明程度。

10. 在日本租房子的规矩

在日本怎么租房？首先，我们要了解一下日本的租房制度。

日本的住宅有三种，一种是用于自己居住的，一种是用于出售的，另外一种是用于出租的。也就是说，日本有不少的公寓楼，在建造之初就设计成是专门用于出租的，因此它的每一套房子，即使很小，也是五脏俱全，厕所、洗浴间、小厨房、卧室等一应俱全。

我们在这里还需要了解一个专业知识，日本人是如何来规定房间大小的。譬如，在中国称为"一居室"的，在日本称为"1DK"。"DK"就代表一个房间。如果是3个房间的话，那就是"3DK"。日本人把客厅用英文的"リピング"来称呼，房地产公司都选用"リピング"的第一个字母"L"来表示。这样的话，在中国概念中的"二室一厅"，日本就称之为"2LDK"，"三室一厅"的话，就是"3LDK"。

留学生一个人单住的话，一般都会租用单身公寓，也就是"1DK"，面积大概28平方米，当然里面的配备十分齐全。这里要特别提醒大家的是，在日本租房时看到的房间面积，全部是实用面积，而不是中国式的建筑面积。那怎样计算实用面积与建筑面积的差异呢？一般来说，你在日本的实用面积上加上30%，就相当于中国人概念中的建筑面积。也就是说，日本的28平方米，相当于中国的40平方米。

那么，在日本租房子需要哪些费用？基本上包括四种：第一是房租，第二是保证金，第三是房产中介公司的中介费，第四是礼金。

房租一般是先交一个月，保证金是交1—2个月，房产中介公司的中介费，一般是一个月的房租，以上的这些费用，应该来说，与中国租房的情况差不多。最不能理解的是"礼金"。"礼金"，就如字面的意思，等于是赠送给房东的1—2个月房租。越高级的公寓，礼金可能就越高。这项费用的目的一是鼓励租房者长期租赁，防止频繁地租房退房，二是通过这种筛选，保持住户人群的质量。

这样一来的话，譬如说租用一居室的"1DK"房子，租金是一个月8万日元（约4700元人民币）。加上保证金、中介费和礼金，一次性至少需要支付5个月的租金，也就是40万日元（约27000元人民币）。

除此之外，还有几笔费用也是需要支付的。绝大多数情况下，外国人租房子都是要有保证公司进行担保的，而保证公司收取的费用一般为半个月至1个月的房租。如果是留学生的话，可以先了解学校是否能给学生做保证人，以便能省去这部分的开销。

第二笔费用是火灾保险费。在日本，租房的时候必须购买火灾保险，而大多数情况下这个保险公司是由房东指定的。每年要交的火灾保险费用，通常为1—2万日元（约600—1200元人民币）不等。

第三笔费用是管理费。一般租用公寓楼，都要求每月支付管理费，主要用于雇人清扫、电梯维持运营和夜间照明等开支。一般在每月2000—3000日元，也就是120—180元人民币。很多的房产中介公司把这笔管理费计算在房租当中。譬如房租是8万日元，但是你每个月必须支付82000日元。所以你去中介公司租房的时候，最好要装穷，装得越穷越好。对方会觉得留学生不容易，寻找价格最适中的房子给你，你还可以在房租、保证金、礼金等问题上与对方讨价还价，千万不要摆出一副"我家不缺钱"的架势，这样的话，中介公司会把最贵的房子租给你，你就亏大了。

在日本租房时一定要慎重选择地点和房子。经常搬家重新租房的成本真的不是一般的高！日本人有一种说法叫"搬家是越搬越穷"。所以在日本，最好不要轻易地搬家。

我们在中国租房，最担心的一点是，刚住进去没两年，房东通知你要退房，因为他要把房子卖了。在日本刚好相反，房东最怕你搬家，因为你搬走后，这房子什么时候才能租出去就不知道了。所以，房东更希望你是长住，最好一直住到老为止。

虽然房东希望你长住，但是也很担心你把房子弄坏，或者交不出房租逃跑。因此，在日本租房还需要保证人，房东会要求有人替你担保。担保有两种方式：一种是担保人，另一种是保证公司。一般的日本学生通常让父亲出具收入证明和公司信息等，以家人为担保人。但外国人除了一部分学校给留学生免费担保以外，通常很难找到愿意为自己做担保的个人，因为要出示其收入证明等个人隐私材料，所以许多人是不愿意做保证人的。在这样的情况下，只能出钱请保证公司为自己担保。

不少有过找房子经历的留学生都知道，可能因为自己外国人的身份，而被房东拒绝租房。尤其是在2011年的东日本大地震发生后，很多中国人不声不响突然搬走并拖欠房租，在日本社会带来了不良影响，因此之后中国人在日本租房会受到更为严苛的审查。房东审查越严格，等于是交给保证公司的保证费会越高，当然再高也不会超过一个月的房租。

由于中间需经历保证公司的审查，与管理公司、房东等各个关卡的交涉，加上汇去头金到对方核实之间的时间差，还有钥匙和相关文件从管理公司到中介等待的过程，三四天找完房子在日本几乎是不可能的事情，一般需要一个星期才能拿到钥匙。所以初到日本的留学生，如果你是准备租房子的话，就必须做好一个星期住酒店或者在同学朋友家暂住的思想准备，同时一定要通过亲戚朋友，先找到愿意为你租房做保证人的日本人或者在日本的中国人。如果是中国人的话，他一定要有固定的收入，最好是大公司职员或者企业老板。同为留学生的朋友，是无法做保证人的。

在新学期和新生活开始之前的1—3月份，日本的房源比较紧张，看好的房子不马上付一笔定金，立刻就会被人订走。可以说从看房子那一刻开始，一直到搬家入住，每一个步骤都是鏖战。提前准备好大量的时间和金钱，以及提前准备好可能需要的各类文件，才能更快更顺利地打赢这场租房战。

那么有朋友一定会问一个问题：如果选中介的话，到底是日本人中介靠谱，还是中国人中介靠谱？

大多数人都会认为日本人中介比较靠谱，反而不太相信中国人，认为在海外的中国人骗子多，没有日本人那样讲诚信。其实不然，有许多中国人经营的房产中介公司，还是做得不错的。当然，他们的房源可能没有日本人经营的中介公司那么多，但是有一个好处，沟通起来比较方便。也有的日本中介公司专做中国留学生生意，因此也会雇佣一些中国人接待中国留学生，帮你办理各种手续。关键还是要看对方是否有诚意做生意。

那么，到哪里去找房产中介公司呢？如果你人在中国国内，可以先上网去

查找一些日本专做外国人生意的中介公司，然后与对方邮件联系，一般情况下，你用中文联系也没有问题，大多数公司都有中国职员。如果你已经抵达日本，那么可以在学校附近或者火车站、地铁车站附近寻找，车站附近的房产中介公司最多，门口往往贴了许多房子的信息，你可以把自己的要求告诉中介公司，或者在他们的房产资料中找自己中意的房子。

在这里，我要特别提醒大家三点：第一，租房时一定要叫中介公司陪你去看一看。房子结构如何？周围环境如何？离车站有多远？周边有没有超市和药妆店？第二，搬进去住之前，一定要当着中介公司职员的面，检查一下房屋内的所有设施，如果发现哪有地方破损，就要给中介公司指出来，并用手机拍照留存。不然的话，房东会认为是你损坏的，以后搬家时，会从你的保证金中扣钱。第三，房产中介公司交给你的原配钥匙，你最好不要使用，自己另外去换成新锁。因为原配钥匙如果丢了的话，房东会要求你赔偿，一般都要2万日元（约1200元人民币）。

接下来还有一个大问题：房子应该租在哪里？

日本的大学校舍，要不在市中心，要不在郊区。所以租房的原则，并不一定要租在学校附近，因为学校附近的房源少，而且价格比一般的贵。租房子要租在交通便利的地方，基本原则是轻轨电车、地铁能到的地方。最好是去学校一趟列车能到、中途不用换车的地方，这样可以省去中途换站换车的麻烦。

一般来说，作为留学生，有两个地方的房子最好不要租，一是学校附近，一般的月租都要比其他地方贵2—3万日元（1000—2000元人民币），第二是城市的市中心，市中心的房子也要比郊区的房子贵2—3万日元。当然父母有钱的话，另当别论。

如果你是在东京留学的话，租哪里的房子比较合适呢？如果一定要居住在东京都内的话，江户川区、中野区、荒川区、大田区、北区等地方，轻轨地铁交通很便捷，而且房租相对比较便宜。如果不在东京都内居住的话，像千叶县、埼玉县和神奈川县这三个属于东京首都圈的郊县，就像是东京的卫星城，城市化程度都很高，到东京市中心的坐车时间一般也只有30分钟到1个小时，房租可以比东京市中心每月便宜2—3万日元。由于留学生可以享受特别的6折票价优惠，所以住在远离市中心的卫星城市，交通费没有特别多的负担。相反，因为物价便宜，生活总体成本比较低。也许有朋友会认为，上学路上要坐车半个多小时太远，其实在东京，一般的公司职员上班路上花费1个小时，都是属于很近的了，半个多小时并不远。

如果你是女孩子，家里经济条件还不错，最好去租用有管理员或者大门口有自动门锁安保系统的公寓楼，这样相对来说更为安全一些，当然房租也会稍贵一些。如果多花几块钱能够买一份安心安全，其实也是合算的。

一位朋友对我说，日本啥都好，就是地震太多，孩子是独生子女，最担心去日本留学遭遇地震之不测，这份担心是很有道理的。日本是一个多地震的国家，三天两头要晃一晃。我刚开始在日本居住的时候，心里总是很担心，但是时间长了，即使发生4级地震，日本人该干啥就干啥，不会夺门而逃，因为大家已经习惯了地震。当然，日本人如此淡定，最关键的是因为日本的房子的抗震能力很强，如果不遭遇大地震大海啸，一般倒不了。

话是这么说，我们在租房子时，还是需要了解两个建筑标准。在1981年以后建的房子，抗震能力都会比1981年之前的好很多。因为日本在1981年实施了新的建筑设计法，将抗震的要求提高到了7级。然后在1995年阪神大地震后，又将抗震能力的设计要求提高到了8级。因此在选房子的时候，一定要留意它是什么时候建造的。新房子的抗震能力一定比旧房子强，钢筋混凝土结构的房子一定比木结构的老房子结实。

我们讲了一大堆租房的事，如果学校有宿舍，也就是有"寮"的话，我建议大家一定要优先选择住"寮"。尤其是进入语言学校读书的朋友们，初到日本，人生地不熟。外面租房价格很高，学校的"寮"虽然小一些，而且规定不能留宿别人，可能不方便谈恋爱，但是房租往往只有外面租房的一半，甚至是三分之一，而且不要保证金和礼金，十分的合算。等一年或者两年之后，你对日本的生活已经熟悉了，而且也有能力外出租房的时候，再考虑搬出去租房也来得及。

　　日本的房子租下来，里面是空的，什么家具都没有。不要轻易地跑到电器商店去买一大堆新家电，那是很费钱的。日本有许多二手家电商店和家具店，他们也都有网店，价格很便宜，东西也不错，可以去那里选择一些二手家电家具，店里都会负责送货。如果学长学姐愿意免费赠送家电家具，千万不要拒绝，笑嘻嘻地接纳就行，留学生生活艰苦一点不难为情。我就是这么一路走过来的。

　　最后我要特别提醒一句：日本租房子时，它就规定了你是一个人住，还是两个人住。如果你当初说的是一个人住，为了省房租，悄悄地拉上一个同学一起合租，这样的事如果被房东发现的话，那就会被解除租赁合同，保证金等费用也难以归还。所以千万不要贪小便宜，损害了自己的信誉。

11. 日本如何处理交通事故

有了汽车，就会有交通事故。交通事故在哪个国家都会发生，不足为奇。但是，每个国家在处理重大交通事故过程中，从政府到受害者家属，从警察到肇事公司，从舆论到民意，大家的应对会略有不同。那么，日本是如何处理重大交通事故的呢？

这几天，日本发生了一起重大的交通事故，40 名滑雪爱好者搭乘的旅游大巴在前往滑雪场途中冲下 6 米深的山崖。事故发生在凌晨两点左右，地点是在长野县著名的避暑胜地轻井泽。事故发生时，当地的气温是零下 2 度，特别的寒冷。接到受伤乘客的报警电话后，当地的消防和警察紧急出动救助，最终有 14 人遇难，而且大多数是大学生。

这起交通事故，是日本近年来发生的最大的交通事故，引起了日本各方的强烈关注。这几天，日本各大电视台像播放电视剧一样连续进行报道，不断跟踪事件的发展。

那么，像这样一起重大交通事故发生以后，政府是如何做出应对的？我们发现，无论是长野县知事，还是轻井泽市长，在事故发生以后都没有到现场去指挥。也许我们会感到很意外，日本这些当官的怎么这么没有责任心？但是当地政府的说法是，现场有消防和警察等专业人士在救援，地方首长出现在现场，既不懂救助的专业知识，又想给现场的救援下指示，不仅不能帮忙，反而会添乱，因此地方首长不应该出现在救助现场。

那么，没有领导在现场指挥，现场的救援是否会遇到麻烦？在日本是不会的，或者说大家已经习惯于这种"没有领导"的救援方式，政府的各个部门各司其职，已经形成了一套非常成熟的社会机制。首先，现场救援是由消防署负责的，警察只负责现场秩序和交通疏导。

读者可能会感到奇怪，日本出交通事故，应该是由警察来处理，怎么会由消防署来处理呢？这里我们得说明一点，日本的救护体制和中国有点不一样，日本的救火和救护都是一个电话，叫"119"。为什么救火和救护的电话号码是一样的呢？因为日本的救护业务是由消防厅管辖的，也就是说，消防厅不仅管消防车，也管救护车。救护车不在医院里，也不在红十字会，而是在各地的消防署内。所以当你拨打"119"的时候，接线员问你的第一句话，一定是："是救火，还是救护？"我觉得日本的这种把救护车划归消防厅管理的制度，是十分合理的。一方面，消防是24小时昼夜值班，行动迅速；另一方面，消防的布点多，像东京都的一个区，它的消防队就有7个，也就意味着它有7个救护点，可以在最短的时间里赶到需要救护的人身边。

虽然现场有消防负责救援，但是政府也不是一点事情都不管。日本首相官邸有一个危机管理中心，也是24小时值班。这起交通事故发生后，危机管理中心立即得到消防厅的报告，并迅速通知主管交通安全的国土交通省。国土交通大臣是在事故发生后2小时接到报告的，他立即指示成立对策本部，并于早晨7时召集了第一次对策本部会议。

国土交通省召开对策会议研究什么问题？不是派大臣去现场慰问伤员，而是派出两组人马，一组由交通事故调查官组成，赶往事故现场调查事故发生的原因；另一组由交通事故检察官组成，前往旅游大巴所在的公司检查其有没有违规违法的问题。也就是说，政府主管部门要履行的责任与义务，是要弄清发生事故的原因，防止此类事故再次发生。

那么，遇难者家属的接待和应对由谁来负责？不是政府，而是由造成事故的单位，也就是旅游大巴公司负责。大巴公司不仅要安排遇难者家属的吃住，还要时刻赔罪道歉，小心翼翼地接受遇难者家属的训斥。这叫做"谁做坏事谁承担责任"。当然，这里面有一个很重要的因素，一般日本人遭遇事故遇难后，家属是不会冲击政府机关要求市长出面解决问题，也不会殴打肇事者的，因为即使你是遇难者家属，心里很悲痛，一旦向肇事者挥了拳头，那也会因为暴力罪而遭到逮捕。所以，像这起交通事故，这么多大学生失去生命，做父母的一定是心如刀割，但是这些父母都十分冷静，只是默默地落泪，他们的同学也只是陪着落泪，没有发生一起殴打巴士公司人员事件。这也是一个文明社会的一种文明体现，讲道理，讲法制，不感情用事。

遇难的14人中除两名司机之外，其余12人都是大学生，其中女大学生5人，都是20岁左右的年轻人，有的将在今年3月毕业参加工作。他们分别来自于早稻田大学、东京农工大学、法政大学、东海大学、东京外国语大学和广岛国际大学。

为什么遇难者中有这么多大学生？原来，在事故发生的这几天，日本刚好举行全国大学入学统考，大学的教室都借给学生们考试，因此这些老生们便放假了。正好是冬季滑雪的最好时期，于是许多同学相约前往长野县滑雪场滑雪。而深夜的旅游大巴，是最便宜也是最便捷的交通工具，很受大学生们的欢迎。

事故发生后，媒体在报道中充当了十分重要的角色。媒体都报道什么呢？安倍首相在自己的 facebook 上发了一条"心都炸裂"的短信，但是各电视台都没有报道。各电视台报道最多的是这些遇难者个人的照片，他们的人生故事和梦想，父母对他们的赞美，同学好友的回忆，还有他们的葬礼。同时还报道国土交通省检察官和长野县警察调查巴士公司的情况，邀请专家分析事故原因，提出避免的措施和建议。

我问了国土交通省的一位朋友，像这类交通事故，对于遇难者家属的金钱补偿会是怎样的一种情况？他说，没什么特殊，按照保险公司的理赔规定进行。巴士公司多少要表示一点意思，但是具体金额要看巴士公司的赔偿能力。难道政府不拿出一点钱来表示一下？他说：日本的国家预算中是没有这笔开支的。听上去没什么人情味，但是遇难者的理赔是理性的。这也让我理解了，日本人为什么那么喜欢买保险，因为除了自己管自己，没人管你。

遇难的大学生中有一对情侣，早稻田大学的田端和小室，两个人是同班同学。小室是一位从小随父母在英国生活、英语很棒的漂亮女孩，两人都已经找到了在银行和房地产公司的工作，3月份就要毕业参加工作，开始新的人生。没有想到，所有的梦想在那残酷的一瞬间毁灭。

小室的母亲在接受媒体采访时说，她女儿才活了21岁，是一个做什么事都很努力的孩子，是他们最值得骄傲的女儿。谢谢大家这么多年来对于女儿的关爱。

虽然巴士公司的社长和全体干部跪在地上磕头谢罪，并宣布公司今后绝不经营巴士业务，但是无法挽回这些年轻人宝贵的生命。日本政府已经下令对全国的巴士公司进行一次普遍的安全检查，尤其是对100家有过不良记录的巴士公司进行重点检查，防止类似事件的发生。遇到一起交通事故，对肇事公司的处罚是次要的，防止类似事故的再次发生才是关键，这也是日本政府管理部门处理此次事故的核心所在。

12. 日本的小区为何没有围墙

2016年5月，中国社会最热门的话题是小区的围墙要不要推倒，该不该推倒？推倒以后怎么办？最高法院的意见是："慢慢来，必须考虑保护住民的物业权利益。"看来，一堵围墙真的牵动了不少人的心。

那么日本在小区建设中，是如何处理围墙问题的？

我们知道，日本的传统建筑是传承了中国建筑的艺术与风格。因此在"明治维新"之前，日本的豪宅也大多有围墙，以保持住宅的私密性。同时，一般的老式住宅中也大多有一个小小的庭院，种些花草放点奇石做一些点缀，然后坐在榻榻米上，欣赏小院子一年四季的变化。

日本在"明治维新"之后，开始引入西方的文化与建筑理念，有围墙的院落文化逐渐被抛弃，没有围墙的开放式住宅开始受到日本政府机构和学校的欢迎，也得到一部分居民的支持。

当今日本也有不少像中国这样的小区。日本的小区一般分成两种：一种是房地产公司开发的小区，它的规模相对小一点，一般来说都是两三栋高楼，小的300户人家，大的1000户人家左右。还有一种是政府开发的小区，类似于中国的廉租房，主要提供给低收入家庭使用。日本把这种小区叫做"团地"。团地的规模相对来说比较大，东京最大的一个团地，于日本经济出现高速发展的20世纪70年代开始建设，住户曾经达到2万多人。但是无论是房地产公司开发的小区，还是政府建设的小区，都是没有围墙的。

日本的小区为什么没有围墙？就这个问题，我采访了日本城市规划建设研究所的铃木先生。他给我解释说，日本的城市建设规划法规定任何小区不得建封闭性围墙。一方面是为了节约土地，提高土地的利用率与使用价值，另一方面是为了强化城市的融通性和开放性，让绿树和花草来代替高高的围墙美化街区，提高街区的绿化率。

那么，没有围墙的小区，安全如何保障？日本的做法有两种：一种是小

区主楼里面有一个大厅，大厅里设有一个管理室，所有人要进入这栋大楼和小区，必须经过这个大厅。如果大楼的档次低一点的话，管理人员可能会是一位老大爷。如果是高级小区，里面的管理员可能就是专业的保安人员。一般人没有经过管理人员同意，是进不了大楼的，也就是说进不了小区。另一种是政府开发的廉租房小区，它是没有保安人员和管理人员的。但是新式小区的每栋楼的大门，都装有电子门锁系统，住户要进入自家的楼，必须要有自己的电子锁密码，或者有钥匙，以防止闲人混入。

大家可能会问，没有保安的话，万一送货公司送东西来，没有人帮忙接收商品怎么办？这样的小区，一般在大楼的门外侧会有一个电子储物柜，也就是说，送货公司人员可以在楼外打开电子储物柜，然后把要送的东西放在储物柜里面，再给你的信箱里发一张通知单，告诉你，你的东西放在第几号柜子里面，然后你下班或者外出归来时去取，十分方便。

小区没有围墙，可以最大程度地节约和利用土地资源。小区有一个围墙，小区内的公园、绿化地和游乐设施当然就成了居民独自享用的资源。但是，日本在推倒小区围墙后，公园和绿化地、游乐设施就变成了政府经营的公共事业，也就是说，原先由个别小区居民才可以使用的公园资源，变成了一个大家可以共同使用的街区资源，不仅可以消除墙内墙外的居民之间的某种差别，而且可以最大限度地加强街区居民之间的交流与沟通，提高街区的活跃度。

其实，给小区建围墙是我们中国传统建筑文化中"深宅大院"这一理念的体现。中国式"深宅大院"的建筑文化，不仅能够确保住宅的私密性和安全性，同时也满足有钱人家的虚荣心。台湾和香港从20世纪60年代开始，就流行这种小区围墙文化。在20世纪90年代，这种文化开始传入中国大陆，而且越是高档小区，围墙越高。而欧洲的传统建筑大多是城堡式的，它没有围墙，虽然建筑的外围是开放式的，但城堡的内部是十分隐秘和安全牢固的。中国现在要学的就是欧洲城堡式的建筑文化，让建筑牢固，让小区开放。

在城市土地越来越紧缺的背景下，推倒围墙确实是顺应中国现实国情和城市发展的好举措。但是，如何强化小区的安保，强化街区的治安，是政府需要为广大小区居民认真考虑的问题。同时，对于开放后的小区绿化地等各种设施，涉及小区内每户人家的物业权和经济利益问题，政府必须制定相关的法律来予以保障和解决。只有这样，才能让推倒围墙的行动既顺应国情，又顺应民心。

13. 日本为何没有"滴滴打车"

日本是一个交通十分发达的国家，我们到东京、大阪等大城市旅游出差，发现满街都是出租车，而且大部分还打着"空车"的提示牌。在街头，手一招就过来几辆车，完全遭遇不到在北京街头冻上半小时还打不到车的痛苦。

但是，这其实是一个错觉。如果你在日本的家里或者在公司，想叫一辆出租车的话，那就不是这么回事。你必须给出租车公司打电话预约，如果你想去东京成田机场或者去东京羽田机场，想租用他们的定额制的出租车，对不起，那得提前一个小时预约，否则没戏。

我们在中国的一些大中城市，如果想打车的话，利用叫车软件，动动手指就能很快约到车，想什么时候走就什么时候走，十分便捷。日本也知道"滴滴打车"这个软件，想利用这类软件赚钱的人也不少，但是日本为什么就发展不起来，形成不了像中国这样一个叫车服务系统呢？这是因为"滴滴打车"在日本遇到了一个很大的法律障碍。

6年前，美国的打车公司Uber进入日本市场，首先在福冈市开展了这项服务，Uber的整个操作系统跟中国差不多，也就是说，打车系统给出租车公司提供一个招徕乘客的IT系统服务。然而，出租车公司必须通过加盟这一系统来实现增加乘客和增加营业利润的目的。美国在日本的这家打车公司不是像中国那样狂砸十几个亿，用补贴出租车司机甚至减免乘客的出租车费的方式来扩大业务，而是要求出租车公司交纳加盟费来获取打车的系统叫车服务。也就是说，日本的这家打车公司它的最大盈利点，是通过增加加盟者来获取利润（加盟费）。

但是，这家公司运营了3年，不仅拿不到日本国土交通部的营业许可证，同时也无法在福冈之外的城市拓展业务。最后，它不得不宣布关门，放弃日本市场。

为什么日本政府不批准打车软件？为了揭开这个谜，我前几天专门采访了日本最大的出租车公司"日本交通"的运营管理部负责人山崎先生。他告诉我打车软件在日本无法生存的三大原因。

山崎先生说，日本之所以无法接纳"滴滴打车"系统，最大的原因是因为它破坏了市场的公平竞争原则。日本的出租车公司多如牛毛，然而它没有国营和民营公司之分，只有企业和个人。也就是说，日本的出租车分成两种，一种是公司经营的出租车，还有一种是个人出租车。日本公司经营的出租车不是像中国那样实行完全承包制，出租车司机是拿工资加奖金的，奖金是根据你每个月的业绩来计算，因此日本的出租车是没有份子钱的。

日本的个人出租车，完全是自负盈亏，只是要获得个人出租车的经营许可证，难度是很大的，难的不是资金，而是你的资历，必须是开过10年以上的出租车司机，而且在最近5年内没有违章记录。也就是说，只有出租车行业里的老师傅们，才有资格去开个人出租车。这样一来，无论是公司经营的出租车，还是个人的出租车，其地位是一样的。

因此，"滴滴打车"一出来，在福冈就遇到了这么一个问题：交了加盟费的出租车公司生意很火，但是没有加盟的公司，生意就变得惨谈。不愿意交加盟费的个人出租车，日子很难过。这样一来，"滴滴打车"就很明显地违反了日本《商业法》规定的"市场公平竞争原则"。这是第一大原因。

第二大原因，是一些没有出租车营业许可证的黑车，也开始通过加盟"滴滴打车"来赚钱。日本社会把这种无证经营的出租车，不叫"黑车"，而是叫"白车"。那么这些白车满街跑，不仅抢了出租车公司的生意，同时因为是无证营业，也违反了日本《道路交通法》和《道路营业法》。

第三大原因，许多的乘客在不知情的情况下，利用滴滴打车系统坐上了无证经营的出租车，那么万一遇到交通事故，乘客是难以获得正规渠道的赔偿，因此对乘客来说，存在很大的安全与利益隐患。

出于三个原因，日本政府认为，美国的打车公司在日本开展业务，将严重破坏出租车行业的公平竞争的原则，同时还将助长"白车"的横行，是属于有违法律原则的行为，因此不同意给他们颁发营业许可证。

我有一次在上海坐出租车，跟司机聊起打车软件，他们也恨得咬牙切齿，说打车软件都打滥了，他们的生意都被抢走许多。我说，那你们为什么不向政府提意见呢？他们说，我们说了没用，公司老板都不吭声。

反观日本，当美国 Uber 公司挑战日本市场时，最先出来抵制的是谁呢？是出租车行业协会。他们认为"滴滴打车"这种做法将扰乱日本的出租车市场，因此向日本国土交通部提出了反对意见，最后致使"滴滴打车"被扼杀在摇篮里。

那么，"滴滴打车"为什么会在中国得到很好的发展呢？严格说来，在政府对出租车营业执照实施严格控制的背景下，"滴滴打车"是打了一个法律的"擦边球"，他们强调的是互联网＋的服务，而不是经营出租车，因此不需要出租车的经营许可证。但事实上呢，许多类似"滴滴打车"的公司变相地成立自己的车队开展出租服务。同时，许多中国乘客只在乎自己的用车便利，并不在乎出租车本身是否合法。中国虽然也有很完备的法律体系，但是许多时候，人们还是觉得，只要能够推动经济发展，有利于市场繁荣，事情与法律有些抵触，也可以睁一只眼闭一只眼，以后慢慢修改完善就行。中国的这种相对灵活的做法，确实有利于新生事物的成长，有利于新产业的发展，也有利于缓解城市打车难、行车难问题，同时也为中国的出租车市场引进一种竞争态势。但是，"滴滴打车"的出现确实也导致了一些无证车辆的横行，冲击了出租车市场。在"要市场，还是要法律"的选择上，中国多数人显然是选择"要市场"。

日本人脑筋要刻板得多，他们在"要市场，还是要法律"的选择上，往往会选择"要法律"，因为在他们的眼里，法律是神圣的。"法律规定不行就是不行，必须按规定规矩来做。"这是许多日本人在对一个事物做出判断时，出于本能遵循的一个原则。而这种原则的坚持，在某种程度上，也会扼杀新生事物的诞生，让社会趋于更加的保守。

所以，一个打车软件，可以折射出中日两国不同的社会心态和国民在利益与法律关系上的不同诉求。很难说谁对谁错，只能说国情不同。但是，真心希望日本也能发展出一套既合法又符合市场规范的"滴滴打车"，以方便大家打车。

14. 日本靠什么扳倒贪腐大臣

日本经济财政大臣甘利明最近宣布引咎辞职，原因是他拿了一家建设公司1200万日元（约71万元人民币）的贿赂一事被曝光。

甘利明是安倍首相的左膀右臂，在当今的日本政坛上是一个举足轻重的人物。大家一定关注到日本加入环太平洋经济合作协定，也就是TPP的问题，从头到尾代表日本政府与美国政府和其他加盟国谈判的，就是这位甘利明先生。他个子不高，但是说话十分坚定。在多个回合的谈判中，甘利明不仅守护住了日本的国家利益，也最终照顾到了美国的利益，使得日本顺利成为TPP中最重要的一个成员国。

安倍当首相三年来，大臣先后换了三拨，甘利明始终是岿然不动，安倍经济学的制定与实施，在很大程度上是依靠了这位甘利明先生。这么一位有影响力的大臣，最近摊上了大事，他被发现收取了一家建设公司1200万日元的贿赂。

这几天，甘利明的日子是十分难过的，他从家门口出来就遭到记者的围堵，然后在国会上又受到日本在野党的轮番攻击。连安倍首相的施政演说也因为在野党的抗议而不得不推迟。而首相的施政演说被推迟，这在日本战后的政治史上是从来没有过的。

日本在野党对甘利明受贿案要求很明确：你必须把受贿的来龙去脉说清楚，然后必须辞职。安倍首相也必须承担任命他为大臣的政治责任。同时，日本的各大媒体和社会舆论也是一起炮轰。一位TPP谈判的英雄，一下子变成了人人喊打的"狗熊"。

1200万日元，相当于71万人民币。对甘利明来说不是大钱，只是他一年收入的1/3。那么，这位从政已经30多年的政治家，为什么会栽在这笔钱上？又是谁检举了他的受贿案？这是我们最感兴趣的内容。

日本执政的自民党内，没有像中国共产党那样有一个中央纪律检查委员会，日本的政府当中也没有一个反贪局或者廉政公署。可以说，日本绝大多数政治家和官员的违法犯罪案都不是执政党或者反贪机构去发现抓住的，而是由媒体抖搂的，媒体的监督力度在日本的反腐中占据了90%以上的力量。这次也是一样，甘利明接受1200万日元的贿赂，是由日本的一本叫做《周刊文春》的杂志揭露的。《周刊文春》在2015年1月21日出版的最新一期杂志上，使用了大量的证据报道甘利明大臣接受千叶县一家建设公司1200万日元的贿赂。其实在这期杂志出版之前，甘利明就已经得知消息，但是他无法摆平这家杂志社，而这家杂志社也不会让他搞定。

报道发表后，无疑是在日本政坛扔了一颗原子弹，所有的传统媒体和新媒体一起跟进，"甘利明"这三个字迅速成了网络上最热门的一个搜索词。

那么《周刊文春》是从哪里得到这个消息的呢？原来这一消息最初是由千叶县的那家建设公司的财务经理向他们提供的，提供的不仅有照片、发票，还有行贿时的录音，可以说是证据齐全。这家公司为什么要举报甘利明呢？原来他们在申请政府机构的补助款时遇到了一些麻烦，于是找到甘利明和他的秘书，给他俩塞现金希望能够给国家环保部和千叶县政府打招呼。最终结果是钱送了，事情没办成，建设公司老板不高兴了，于是向媒体举报。而媒体是最喜欢这种举报材料的，不仅可以把大臣拉下马，还可以大大提高杂志的销售量。

问题曝光以后，甘利明面对在野党的追究和舆论的关注，也不敢否认，只是在国会的答辩中，说这个事情已经过去好几年，自己的记忆有些模糊，需要进行调查核实。他采取的是一种拖延战术，但是媒体咬住不放，在野党在国会也是连番质询。

甘利明后来承认，自己在大臣办公室确实会见过这家建设公司的社长，但是当场接受50万日元现金的事情已经想不起来了。同时他也表示，他的秘书接受这家建设公司巨额现金和各种高级的接待，是他所不知道的事情。其实，把责任推给秘书，是许多日本政治家闹出金钱丑闻后惯用的手法。你看我当大臣这么忙，我会去管这些细小的事情吗？全是秘书们瞒着我偷偷干的。结果政治家保住了自己的位子，而秘书成了替罪羊，蹲监狱喝菜汤。

甘利明今年66岁，他出生在一个政治世家，其先祖在日本战国时期是一位诸侯的重臣。他的父亲当过神奈川县议会的议长，也担任过国会议员。甘利明从庆应大学法学部毕业以后，曾经在索尼公司工作了两年，不久后辞职给他的父亲当秘书。1983年，他的父亲把自己的选区禅让给他，甘利明在一群选民的支持下，当选为国会议员。到现在为止，他已经当选了11届，是名副其实的"政坛不倒翁"。甘利明跟安倍首相的关系很密切，2006年安倍第一次当首相时，甘利明就是经济产业大臣。2012年安倍竞选自民党总裁，甘利明担任安倍竞选班子的总指挥，并且在安倍再次当选首相后被任命为经济财政大臣，主管安倍内阁经济政策的制定和实施。所以在许多人的眼里，他一直是安倍首相的一个亲兄弟。如今，这位"亲兄弟"闹出了金钱丑闻，作为首相的安倍会不会因此站在公正的立场上开除甘利明？安倍首相显然不会这么做，他没有动用自民党的干部去调查甘利明的受贿问题，反而采取了保护的措施，为甘利明开脱责任，认为这家建设公司的做法和意图有问题，是挖陷阱让人跳的故意陷害。

安倍为什么要保甘利明？不只是出于兄弟情谊，更重要的是牵涉到自己的首相位子。因为在安倍第一次当首相的时候，就出现过多名内阁大臣由于金钱问题被迫辞职和被逮捕的丑闻，结果在参议院大选中，自民党遭遇失败，安倍也因此不得不下台。那么在今年的7月份，日本又将举行参议院大选。2007年的悲剧是否会在日本重演，甘利明受贿案成了一个关键。但是，安倍真的想保住甘利明，不是一件容易的事，因为追究甘利明的法律责任，不是安倍说了算，而是司法机构说了算。因为在日本，司法权是完全独立的。

日本有一个让政治家和官员最心惊肉跳的机构，是东京地方检察院特别搜查本部。当年，这个搜查本部就逮捕过日本前首相田中角荣。

这个特别搜查本部相当于日本的反贪局或廉政公署，专查政治家和官员的犯罪案。虽然搜查本部对甘利明的受贿案目前还没有表态，但是已经展开了秘密调查。调查的不仅仅是甘利明本人和他的秘书，还有接受过建设公司购物券的环境部4名局长。

日本著名律师白井康夫说，甘利明其实是一个不聪明的人，作为政治家接受企业的政治捐款是合法的。如果一笔一笔清清楚楚地写在自己的政治资金报告书上向国会报告，那就没有任何问题。但是你收了钱隐瞒不报，那就触犯了《政治资金规正法》；收了钱后替建设公司跑腿，又违反了斡旋获利规定。这样问题就严重了。

我在"喜马拉雅FM"音频电台的"静说日本"节目中，谈到甘利明问题时说过：

"甘利明估计是躲得过初一躲不过十五"。没过几天，甘利明终于举行记者会，宣布引咎辞职。他在记者会见中承认自己拿了这笔钱，但他同时也表示，这笔钱并不完全是他本人拿的，而是他的秘书拿的。甘利明说："即使我本人并不知道这些事，但是这个责任是无法转嫁的。这是我作为政治家的美学，这与我的人生哲学不相符。所以，我决定辞去大臣的职务。"

但是，辞职并不能让甘利明过关，由于他承认自己确实收取了这笔贿赂，也意味着他已经承认违反了《政治资金规正法》。那么，东京地方检察院特别搜查本部是否会逮捕他？对于安倍政权到底会带来多大的冲击？这是未来一段时间里"甘利明受贿案"的最大的看点。

15. 从日本医疗体制看"魏则西事件"

21岁的西安电子科技大学学生魏则西，最近因为癌症去世。年轻人患癌症本来已经是很不幸的事，但是由于百度的竞价排名，又使得他和家人落入了骗子医院的陷阱，最终人财两空，魏则西含恨离世。有不少网友问我："在日本社会，会不会出现像魏则西这样的事件？"我只能说："迄今为止还没有出现过。"为什么还没有出现过？我们有必要对日本的医疗体制进行一次分析，或许从中可以发现一些能供我们参考的东西。

癌症是人类共同的敌人，它不分国籍。即使在日本这样一个医疗技术高度发达的国家，保证癌症患者在治疗后5年内不复发的几率也只有70%，而对于晚期癌症也是一筹莫展。

"魏则西事件"的一大焦点，是因为他付出20多万元，把生的希望寄托在了一家受人信任的武警医院。但是没有想到的是，这家武警医院的治疗中心，却是被莆田人承包的一个"骗子中心"。

那么在日本的军队医院里，有没有可能出现一个被私人承包的诊所？日本人会瞪大眼睛说一句："那是天方夜谭。"

东京有一家日本自卫队的中央医院，规模很大。它以前是个战地医院，专门为自卫队员和家属提供医疗服务。但是这家医院总是入不敷出，500张病床的利用率只有30%。像这样的自卫队医院，日本全国各地共有10家。日本主管全国医疗事务的厚生劳动省有过一个统计数据，说自卫队的这10家医院在2007年时，每年的收入是106亿日元，相当于6亿元人民币，而支出却高达323亿日元，相当于18亿元人民币。这样的赤字经营的体制，给国家财政增加了许多负担，因此要求自卫队医院必须向社会人士开放。于是从2008年开始，自卫队医院开始接受社会人士的就诊，以增加收入，改善医院的经营状况。

自卫队医院作为军队的医院，更作为公立医院，在缺钱的情况下除了向社会开放之外，是不是还有其他可以挣钱的渠道？答案是"没有的"。因为自卫队医院与民间企业和个人展开合作的话，会牵涉到两大问题：一是医院的经营体制问题，二是《医疗法》的问题。第一，作为公立医院，所有的经费都是财政拨款，它不能从事企业化经营，也不能与企业合作谋取额外利益，这是医疗体制所决定的。也就是说，医院不能搞"外快"给员工谋福利，这不是涉嫌非法经营，而是涉嫌违反《公务员法》的贪污条项。第二，医院作为一个法人机构，它从事医疗业务是必须符合《医疗法》的。医院以合作、转包等形式与没有从医资格的企业和个人开展利益合作，就违反了《医疗法》。因为把行医执照租借给了他人使用。违反《医疗法》的后果是，医院被吊销行医资格，院长被逮捕。所以，日本迄今为止还没有发生过哪家医院的哪些科室租给别人经营的荒唐事情，更别说是军队的医院。

我们再来谈一谈搜索引擎问题。百度的竞价排名是百度最大的收益来源，这已经是一个公开的秘密。你只要肯花钱，我就让你上头条。所以就造成了骗子医院上百度头条的事情。

日本最大的搜索引擎，也是最大的门户网站是雅虎。日本雅虎属于日本软银集团，由孙正义先生领导。10年前，雅虎网站也尝试过竞价排名这一经营模式，但是后来发现，他们需要动用许多工作人员对竞价的公司展开背景调查，以防止网站被不良公司拉入陷阱。雅虎在发现这一麻烦问题后，就取消了竞价排名。它目前的主要收益来自于广告和经营商品拍卖的收入。但同时因为日本实施严格的知识产权保护法，因此，雅虎所发表的任何一条新闻，必须要与媒体签署用稿协议，要支付给媒体稿费。

我特地在日本雅虎网站上输入了"癌症治疗"四个字，跳出来的第一条竟然是"癌症不可治愈"。但是，网站上更多的是日本治疗癌症的各大医院的介绍，还有一些新的癌症治疗方法的介绍。

在"魏则西事件"中，特别提到了一个癌症的免疫疗法。在日本也有免疫疗法，雅虎网站上可以检索到许多有关免疫疗法的介绍和相关的医疗机构。但是你会发现一个特点：所有宣传介绍免疫疗法的医疗机构，都不是大医院。而且每一家开展免疫疗法的医疗机构，在网站上所做的宣传，都只是介绍这一疗法的功能和治疗原理，没有一家机构敢宣传这一疗法的疗效，更看不到治愈率80%的这种宣传。

免疫疗法在日本也是一个话题性的治疗手段，但它对于癌症的治疗，只是一个辅助性治疗，而不是治根的治疗方式。为什么日本的医疗机构不敢宣传免疫疗法的疗效？因为这里面牵涉到《医疗法》，尤其是日本的《药事法》，日本的这两部管理医疗和药品的法律都明确规定，医疗机构是不得宣传医疗疗效的，同时也不得对药品的功效进行夸大宣传。

前几天有网友向我反映，说是在东京旅游时，被中国的导游带到一家免税店，导游说"日本的纳豆精可以防癌"，结果大家都买，最多的一个人花了92万日元（约5万元人民币），每瓶的价格高达18000日元（约1000元人民币）。后来这位网友回到酒店，无意间听到我上个月做的一期介绍中国导游和免税店在日本蒙骗中国游客的喜马拉雅FM节目，想想这个纳豆精的价格也实在贵得离谱，于是找导游要求退货，导游当然不愿意将吃进的肉吐出来，于是双方吵了起来。这位网友向我咨询，遇到这种问题怎么办？我说很简单，如果这位导游亲口说过"纳豆精可以防癌"，那么就把他这句话录下来，或者大家共同作证，就可以上警察署去告他，因为他违反了日本的《药事法》。日本的《药事法》规定，健康食品不能当做药品出售。纳豆精只是健康食品，这位导游宣传纳豆精可以防癌，就等于是把纳豆精当作药品进行宣传，他就违反了《药事法》。

2015年，日本发生过一起重大的医疗事故，群马大学附属医院在2010年

至2014年期间，8名肝癌病人因为做了肝脏切除手术，结果导致死亡，而为这8名患者动手术的医生是同一个人。这件事情轰动了日本全国，日本厚生劳动省做出一项严厉的处罚，取消了这所医院的"特定机能医院"资格，也就是说，按照中国的概念，这家三甲医院被取消了"三甲"的资格，许多治疗从此无法再实施。而这名医生不仅被取消医师资格，还被追究医疗事故责任。虽然群马大学附属医院的这一医疗事件与北京市武警医院所发生的事情毫不相干，但是说明一点：癌症治疗过程中导致的一些不该发生的死亡事件，最终也是无法糊弄，也会被追责，而追责的对象主要是医院，而不仅只是个人和一些相关的科室。

中国有句俗话叫"病急乱投医"。当一个人得了可能危及自己生命的疾病的时候，积极寻找良医良药，是一种十分正常的心理和行动。关键是，遇到良医可以把病治好，遇到庸医则可能把自己的性命搭进去。

日本江户时代有一位名医叫"贝原益轩"，他写过一部书叫《养生训》。书中特别写了这么一句话，叫做"学医的人，如果你发现自己没有这方面的天赋和素养，那么你必须在第一时间里放弃学医，不然你会坑害他人"。这句话看起来很平实，但其实它强调了两层含义：一是你没有天赋，就不要学医。二是你不具备成为一个医生的道德素养，你就应该立即放弃，免得坑人。这句话很适合送给北京武警医院和唯利是图的莆田系的医院承包者。

我看了魏则西生前录制的一段视频，他说他是一名独子，放不下自己的父母，还有许多梦想未能实现。我听了很伤感。这位21岁大学生的去世，也许有不可挽回的疾病的原因，但是他最痛苦的是，在自己与死神做斗争的时候，有一双黑手不仅榨干了他的父母四处借来的最后二十几万救命钱，还让他失去了延长生命的机会。而这一双黑手，却又打着军队医院的旗号。

16. 日本企业破产数为何会创新低

一早，微信上接到好几位朋友转过来的一条消息，说根据法国国际广播电台网站1月3日报道，浙江省海运集团子公司五洲船舶提出破产清算，成为中国首家倒闭的国有造船厂。五洲船舶于2001年成立，拥有设施能建造10万吨级以下各类船舶，年产能在30万载重吨左右。

法院官网显示，截至2015年9月底，五洲船舶负债9.11亿元（人民币，下同），主要涉及农民工工资、船舶配件供应商货款、税务等，而资产总计只有5.34亿元，其中尚有4艘船舶未能建造完成，1艘船舶因交付问题正在仲裁，故此确认五洲船舶资不抵债。

这家法国媒体引用业界人士的话称，中国造船业产能过剩，今年会有更多造船企业破产，甚至达到破产高峰。民营造船厂由于难获军工订单，将首当其冲。

看到这条消息，我感兴趣的不是这家船厂倒闭的消息，而是这家船厂负债的9.11亿元中，为何没有欠银行的钱？

我们的"日本新闻网"也发了一条消息，说2015年日本全国破产企业数创下日本泡沫经济崩溃以来的最低纪录，总数不到9000家。

这条消息源自于东京商工调查公司的调查报告。报告显示，2015年1—11月，日本破产企业数量为8113家。12月份的初步统计显示，破产企业数约为600家。这一结果显示，2015年的破产企业数将比2014年的9731家还要大幅减少，最终会在9000家以下。

为什么在全球经济低迷的状态下，日本企业的破产数反而出现减少？是"安倍经济学"起了作用，还是日本企业本身做出了努力？东京商工调查公司做了这样的分析：

之所以出现破产企业大幅减少的趋势，其主要原因首先是日本政府的金融缓和政策导致日元大幅贬值，使大企业出现了大量的汇率利润，业绩得到很好的改善。2015年破产的大企业中负债金额最高的是第一中央汽船公司，这家公司主要是承担矿物运输，因为国际运输市场低迷，新兴国家经济的失速导致矿物运输业务大幅减少，最终不得不宣告破产，这在日本已属于特例。

另一个很重要的原因，是由于日本政府推出的《企业金融圆滑法》，使得大量的中小企业在归还银行贷款的问题上可以实行政府担保，缓期归还，让这些中小企业得以喘息生存。虽然这部临时企业援助法在2013年3月已经结束，但是帮助企业度过了最困难的时期，并且缓过劲来。统计显示，有95%的企业的还贷变更申请得到了批准。

比较中日这两条消息，我开始思考一个问题：中国是否也可以制定一部临时的"企业救济法"，允许企业缓期归还银行贷款，让企业获得喘息生存的机会？

日本的商业银行都是民营的，而中国的商业银行基本上都是国营的，从操作的技术层面上来说，中国比日本更容易。假如银行不釜底抽薪，假如银行允许企业缓期还贷，我想，浙江的那家造船企业或许还不至于立即破产。各级政府大规模投资公共设施建设，可以在短期内维持经济总量不至于下滑太多，但是在这种"依然繁荣"的景象之下，大批的民营中小企业会因为被抽血而慢慢死去，动摇社会民生的根本。金融救济政策应该向民企倾斜！

17. 日本人对待孩子与中国有何不同

学校放暑假，孩子们都回了家。如何教育孩子，成了许多父母关心的问题。

在讨论这个问题之前，我先来谈谈中国人的家庭观和日本人的家庭观有什么根本的区别。简单概括地说，在中国人的家庭观念中，你的，就是我的；而在日本人的家庭观念中，你的，不一定就是我的。

譬如说，我们中国的父母常常会对孩子说这么一句话："爸爸妈妈每天这么辛辛苦苦，不都是为了你吗？"孩子听了这句话，他会产生什么概念？他自然而然地会想到："爸妈的一切都是我的。"于是，我们在中国会看到这么一道独特的风景线：生下孩子后，年轻的父母就开始各种学前教育，要上最好的幼儿园、最好的小学。甚至不惜将北京 CBD 的大房子卖掉，去海淀区买一套破旧的学区房；考大学时，要为孩子操心；大学毕业后，要为孩子找工作；找好工作还要到处张罗找对象，找好对象要给孩子买房；有了第三代，还要替孩子承担起养育孙子的责任。结果我们发现，父母的一生都是为孩子活着，为孩子操心。而孩子们也是理所当然地接受父母的包办，结婚时不给他买一套房子，父母会成为罪人。而孩子们在二十几岁人生最需要努力奋斗的时候，已经有了豪宅、有了豪车，过上了中产阶层的富裕生活。而这一切都不是自己奋斗来的，而是父母辛苦给置办的。

所以，我们中国的年轻一代是世界上最幸福的一代，但也是"迷茫的一代"，因为许多人不知道自己接下来该努力做些什么。

我把中国的这种家庭关系，称作是一种"相互依赖关系"，父母把自己的感情依赖于孩子，而孩子把自己的生活依赖于父母。这一种相互依赖的关系，使得中国的家庭关系变得十分的紧密，但是这种紧密，除了血缘亲情，还包含了一种经济利益。譬如说，孩子结婚时，父母如果不给他准备一套房子，这种关系会因为社会无形的压力而变得脆弱。

从这个意义上来说，我特别欣赏中国的 70 后和 80 后，他们是介于依赖与独立之间，在外地打拼，买房子最多也是父母出一个首付，却还需要自己养育孩子，牵挂远在老家的父母。

那么日本家庭，有没有出现像中国家庭那样的"相互依赖关系"呢？我觉得日本家庭，它是属于一种"相互依存关系"。

日本孩子生下后，就别期望有公公婆婆或者外公外婆帮着养，在日本，养孩子是父母自己的事，不是上一代人的事。所以，许多的公司白领在结婚后，要么推迟生孩子，要么生了孩子立即辞职。日本社会许许多多的职业家庭主妇，就是这么产生的。

日本人也有望子成龙的思想，但是不会刻意地去要求孩子一定要出人头地，也就是说，日本的教育不是竞争教育，幼儿园没有小红花，中小学没有名次榜。在东京等一些大城市中，除了一些明星和富家子弟，很少有人会刻意地把自己的子女送往远离家的私立学校去读书，绝大多数的孩子都是在就近的公立学校上学。日本也有一年一度的全国统一考试，类似于中国的高考，但是你会发现，在高考的日子里警察不需要出动，因为很少有父母在校门外陪考，都是孩子自己坐电车或者骑自行车去参加考试。大学毕业以后找工作，在日本也是孩子们自己的事情，父母找关系都没用。因为日本无论是招公务员还是招企业员工，一旦出现因人设考的问题，那会成为一大社会丑闻。

丰田汽车公司创始人的孙子丰田章男先生，大学毕业后要进入丰田汽车公司工作，也是隐姓埋名和所有的大学毕业生一样去参加考试和面试，最终才进入自己家族经营的公司；而且进去以后就被分配到一个小城市去卖汽车，一卖就是5年。

日本也有许多剩男剩女，孩子们的婚姻问题也是令许多父母操心的问题。但是，日本会有年轻人自己搞的相亲会，或者找婚姻介绍所，没有父母替孩子相亲的人民广场和相亲公园。在日本，孩子结婚是不需要父母准备房子的。东京都大学生生活协会做过这样一个调查，20—30岁年轻人结婚，租房子结婚的比例高达85%，还有10%是在单位宿舍里居住或者与父母同居，只有5%的人是买房结婚。从这个调查数据中我们可以看出，在日本租房子结婚是十分正常的事情，也就是说，孩子结婚时，婚房不是双方父母必须考虑的一大问题。孩子有多少收入，就租什么档次的房子，量力而行。所以，日本的房地产市场火不起来，丈母娘有很大的"罪过"。

当然，日本的税金制度也限制了父母给孩子买房。因为根据日本的税金制度，父母买一套房子送给孩子居住，是属于"赠与"行为，这种行为跟遗产继承一样，需要支付高额的税金，叫"赠与税"。价值超过 1000 万日元，也就是 63 万元人民币的房子的赠与税金是 50%。按照这一个概念，你在上海花了 500 万元人民币给孩子买了一套房子，那么还得去税务局缴纳 250 万元人民币的赠与税，一套房子的总价就变成了 750 万元人民币。

有朋友会说，房子以父母的名义买，买好后让孩子居住，不就行了吗？在日本，那样的话，孩子得给爸妈付房租，不然的话，父母就犯了"偷税罪"，那事情就大了。日本的税务官比警察还精。中国的税务官眼睛只盯企业，日本的税务官，大多数眼睛是盯个人，除了每个人必须交纳的人头税之外，个人财产转移所产生的税金，也是地方政府很大的一笔财政收入来源。所以在日本，企业和个人偷税漏税金额相当于在 60 万元人民币以上，是要被逮捕的。

所以，日本的家庭关系有两个"清清楚楚"。第一个清清楚楚的是钱，第二个清清楚楚的是时间。

父母的钱是父母的，孩子的钱是孩子的。如果孩子想用父母的钱，那得写借条立字据。日本法律规定，只要是用于孩子教育的钱，多少都不征税。但如果孩子成年后，与父母之间产生的大额金钱关系，那就得向税务局说清楚，不然就有麻烦。

时间上的清清楚楚，一个最大的标志，就是父母有自己的生活时刻表，孩子不应该占用父母太多的时间。譬如说你在日本的幼儿园也好，小学门口也好，到放学的时候，很少发现有老人接送孩子，基本上都是妈妈接送。这就是说，日本老人不承担养育第三代的责任。他们可以外出旅游，参加各种老年人登山或者体育活动，等等。子女不能拿第三代"绑架"老人的生活。

日本家庭的这种"清清楚楚"，看起来使得父母与孩子之间的关系变得如同邻居一般客客气气，不像我们中国家庭那样缠绵在一起的亲密。但是，这种"客气"真的让日本父母与孩子的感情变得冷淡了吗？我倒是没有这种感觉。总体来说，孩子在成人之前，日本的父母什么都要管，甚至妈妈都要辞职回家当家庭主妇，专门照顾孩子。但是孩子成人之后，父母会对孩子放手，让孩子一个人出去闯荡。如果成年男子还与父母一起生活的话，反而会被邻居们认为不可思议。

　　成年以后的孩子，如果在外地工作，他一年至少有两个假期可以回家看望父母：一次是新年期间；还有一次是8月中旬的"盂兰盆节"，类似于中国的清明节，有一个星期的假期，可以回老家祭祖，与亲人团圆。日本的公共交通十分发达，一般坐上三四个小时的新干线或者两三个小时飞机，就可以回到家。

　　日本一年还有四个孝敬父母的节日。一个是母亲节，一个是父亲节，还有7月的中元时节，12月的岁末时节。每到这四个节日，孩子们都会送一点礼物孝敬父母，而父母也常常会寄一些孩子喜欢吃的家乡特产给远在外地的子女。日本各种物流十分发达，因此不少在老家生活的母亲，常常会做一些孩子希望吃到的饭菜，委托物流公司保鲜送给在外地读书、工作、生活的孩子们品尝。

　　但是即便如此，我们依然会看到，日本也有一些老人宁愿成为流浪汉，也不会去找自己的子女蹭饭。而一些子女明明知道父亲流浪在外，也不会把父亲找回来，闭着眼睛任凭父亲享受"自由"。虽然这样的流浪汉为数不多，但也是日本社会的一种不可思议的奇葩。

　　我们很难断言，是中国的家庭关系模式好，还是日本的家庭关系模式好。我想每个国家的家庭关系，都是由其社会历史和文化背景，甚至地理环境造成的，都有其存在的合理性。

　　只是对于年轻人，多数日本人有这样一个观点：年轻人不能总躲在父母的大树底下，靠转嫁自己的生活压力来获取幸福。必须自己去奋斗，自己去努力。只有这样你才能知道，一个人的一生不能依靠索取获得所有，必须通过自己的艰苦努力才能拥有一切。

18. 日本孩子为何没人想当老板

我们家的隔壁，有一位很可爱的日本小女孩，名叫"绫子"。绫子今年10岁，每天早上7点半，一定很准时地打开家门，跟妈妈说"**行ってきます**（我走了）"，然后就一个人蹦蹦跳跳地下楼，去学校上课。

我每次从海外出差回来，绫子总会跑到我家，问我一句话："**おじちゃん、なんかおもしろいものがありますか**（伯伯，有什么好玩的东西啊）？"我总是会拿出一些好吃的好玩的小东西给她。有一次我问她："你长大以后想干什么呀？"她想了想，回答我说："**ケーキ屋さんになりたい**（我想开蛋糕店）。"我说，你的梦想也太简单了。她说："**花屋さんも良いよ**（做卖花姑娘也行）。"

绫子的梦想并不远大，但这是一个日本小女孩纯真的梦想。对她来说，每天可以看到吃到这么多的蛋糕，每天生活在鲜花丛中，那才是美丽的人生。

从绫子的身上，我对于日本孩子的梦想产生了极大的兴趣，因为孩子们的梦想，或者说未来的职业选择，反映了一个国家的教育和社会的心态。

我上网去查了日本小学生的梦想资料，发现日本的一家叫"第一生命保险"的保险公司，他们每年都要进行一次小学生的理想调查。这项调查的题目叫作"如果你成了大人，你想做什么？"最新的一次调查结果是在今年1月份公布的，我们来看一下日本的孩子都有什么样的理想。

男孩子的理想当中，第一是想当足球运动员，第二是想当棒球运动员，第三是想当警察，第四是想当地铁轻轨和大巴司机，位列第五的比较意外，是想当木工师傅，第六是想当医生，第七是想当商店营业员，第八是想当学者和博士，第九是想当宇宙飞行员，第十是想当消防员和救护队员。

我们再来看一看日本女孩子的理想。第一是想当蛋糕店的售货员，第二是想当幼儿园的老师，第三是想当护士，第四是想当医生，第五是想当学校的老师，第六是想当歌手、演员之类的明星，第七是想当宠物店的店员，第八是想当服装设计师，第九是想当商店售货员，第十是想当钢琴、小提琴老师。

第一生命保险公司每年都在全国各地实施这一调查，调查对象是小学生，今年从1100人的问卷调查当中，他们汇总了上述这一结果。

从这份调查结果中我们可以看出，日本男孩子最热衷于当的就是运动员。他们为什么想当运动员呢？因为日本的电视台几乎天天都在播棒球、足球比赛，男性的那种健美和拼搏的精神，影响了许多男孩子的身心，让他们觉得长大以后当运动员最有魅力。

为什么日本男孩子选择的第三个理想是当警察呢？因为他们觉得当警察很威武，而且总是主持正义惩治坏人，帮助别人。日本的各大电视台，有关警察破案的电视剧几乎是占据了每天下午的电视频道。

但是让我感到意外的是，男孩子理想中的第五位职业，居然是木工师傅，而且排在医生之前。难道木工师傅比医生还有魅力吗？我想，这可能与日本的建筑环境有关。在许多国家，木工师傅是一个不怎么被人看重的职业。但是在日本，木工师傅却是一个很好的工匠形象，因为日本许多家庭的房子都是一户建的单门独户，就是我们中国说的那种别墅式的房子。这种房子基本上都是木结构的，造房子的时候需要木工师傅很精细地把一根根加工好的木材拼装起来，然后建成一栋房子。所以木工师傅那种专注的神情与精益求精的精神，以及可以用手搭建起一栋房子的神奇，令孩子们敬佩。

同时我也特别注意到，无论是男孩子还是女孩子，在他们的理想当中，有两个职业是没能进入前十名的。这两个职业，一是公司老板，二是军人。

日本的孩子为什么不想当老板？或者说，根本就没想到要当老板呢？针对这个问题，我专门去请教了东京教育大学的吉田教授。吉田教授跟我说，其实这个原因很简单，首先是日本社会没有对企业经营者进行一种英雄主义宣传。在日本的电影电视剧当中，很少有以老板为题材的作品，所以孩子们对老板这个概念是比较模糊的。还有一个很重要的原因，日本社会中很少有炫耀和张扬自己财富的人，即使你家很有钱，你的爸爸妈妈都是老板，孩子一般都不会去张扬，怕成为同学中的"孤儿"，每天上学也是和同学一样穿着校服去上课，不会有豪车到校门口接送。另外一个方面，孩子的父母都知道，当老板不是一件容易的事情，每个月自己领工资和给人家发工资，是完全两个不同的概念。所以日本成年人都知道创业的艰难，当老板的不容易。自然，父母也很少会鼓

励自己的孩子去当老板。我们看到，日本的大学毕业生很少有人毕业后马上去创业，都乐意去当一个公司的白领。原因就是大家知道，老板并不是"有钱人"的代名词，更多的是需要承担一份经营企业的艰苦和责任。

在对父母的一项舆论调查中，有这么一个问题："你希望自己的孩子将来从事什么职业？"父母的第一选择是希望孩子长大之后能够成为公务员；第二选择是希望孩子能够成为大公司的职员，过一种安稳的生活。在前十位中，没有人希望孩子当老板。所以日本的社会环境和社会心态，决定了孩子从小就没有当老板的梦。

在孩子们的理想中，"军人"也没有进入前十位。这里也有几个主要原因，一是因为日本人除了在电视新闻中偶尔看到地震、水灾灾区实施救援的自卫队影子之外，其他时候是很难遇到自卫队队员的。日本也没有以自卫队为题材的影视剧。日本长期以来是一个和平的社会，不宣传打仗之类的事情，再加上日本过去发动过侵略战争，给中韩以及东南亚地区国家带来了苦难。因此，孩子们的心中，从小有一种对于战争的厌恶感，因此也没有人想去参加自卫队当军人。

那我们回过头来看看日本的女孩子，她们的人生理想就像我的小邻居绫子一样，就想当一名蛋糕店的售货员。这个梦想在第一生命保险公司多年的调查中，已经是连续 19 年排名第一。这么多年来，孩子们的这个梦想一直没有改变过，也说明日本的教育与社会环境没有发生巨大的改变。

女孩子们的第二个梦想是当幼儿园的老师。可能孩子们自己大多不是独生子女，都有一两个兄弟姐妹，所以，孩子们在幼儿园的那种开心地游玩，自己兄弟姐妹之间的一种相处，令她们觉得当幼儿园老师是件很美好的事情。

在我们的印象中，日本女孩子都很想成为一个明星，但事实上这个梦想只是排在第六位，比宠物店的店员稍微靠前一点。所以说，当明星并不是孩子们的一个大梦想。相反的，她们觉得当护士也很好，因为可以不断地去帮助人关爱人，所以护士在她们的理想选择中，已经排到了第三位。

一个孩子的梦想，是与他生活的环境和受到的教育有关的。总体来说，日本社会比较平和，所以男孩子们更多地倾向于阳光、富有朝气的职业。而女孩子们大多追寻美丽和可以帮助关爱他人的工作。孩子们的梦想是平凡的，当然这些梦想在他们长大之后会有许多的改变。他们当中也会有人去当老板、去当自卫队队员，只不过这两种人不会成为社会职业的主要候选人。

"金钱并不代表一切，和平的生活才是美好"，这一理念经过 70 余年的反省，已经成为日本社会的根本理念。这种平和的社会心态难以成为社会快速发展的助推力，但是会让他们过上一种祥和安宁的生活。

19. 日本的救护车为何放在消防署里

这些天，我一直在枫叶下静静地思考一个问题：传统媒体如何活，新媒体如何赚钱？枫叶都快掉叶子了，我还没有整理出一个思路来。眼看2015年就要过去，眼看马云又要挣千亿，所以心中的急啊，嘴上已经起了大泡。同志们，媒体老板不好当啊（欲哭无泪）。

浏览新闻，看到一条"客机门"事件，说一位中国的记者乘客在南航客机上得了急病，先是机组与机场就客机打开舱门问题推诿了50分钟。接着是机组与急救车为谁应该抬这位病人下机扯皮了好久，最后还是病人自己忍痛爬下客机，接着，首都机场医院说病情复杂无能为力，把病人推给了999急救中心。"999"骗病人说朝阳和协和都挂不上号，把他强行拉到了清河999急救中心。"999"的主任说"你吸毒"！这位记者病人怕给治死了，要求转院。"999"愣是不给转，折腾了好几个小时，幸亏这位记者病人在昏迷前给两位医生朋友发出了求救信号，最后终于被送进了北京大学人民医院手术室，否则就要肠穿孔。

读完这条新闻，我庆幸这位记者朋友命真大！我也得存几个国内医生朋友的电话号码！

其实，我们除了批判南航机组、机场、救护车、"999"的人性与道德问题之外，更应该反思的是中国的救护体制。

我还是想拿日本说事——虽然有些网友会反感。在日本生活这么多年，我唯一感觉到这个社会最为合理的一项制度，就是急救制度。

日本的急救电话是"119"。大家知道"119"是世界通用的消防电话，怎么会跟救命挂上钩？其实，日本的"救命中心"是跟"救火中心"合二为一的，设在消防署中。也就是说，消防署管"120"，每个消防署内均有红白两车。

日本的消防署（消防队）属于政府机构，消防队属于公务员，因此它是职业消防体制，而不是义务兵役制。

在日本，"政府机构"给人的第一概念，便是它不是"管理机构"，而是

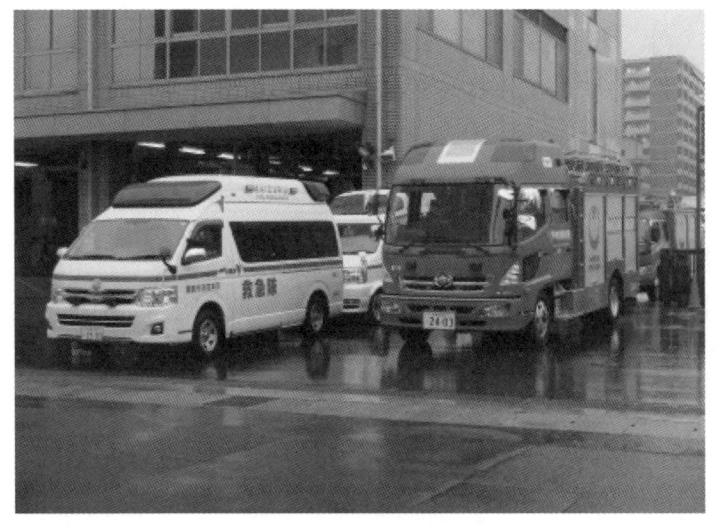

"服务机构",因为你是被国民的税金养着的。所以,政府机构不卖力、公务员不尽责,老百姓就可以骂娘追责。因此按照一般的理论,政府机构必须以满足纳税人的要求为最高宗旨。

我问了我们通讯社的日本老编辑,他说日本很久以前的救护车也是在各个医院里,但是遇到医院间相互扯皮推诿的问题闹出了人命,于是政府将"救急责任"收回,实行政府统一管理,并将这份重责交给了消防厅。因为消防是24小时待命,同时布点众多,行动迅速,出了问题容易追责。

于是,你在日本可以看到这样一道风景:遇到火警时,红白两车是同时出动。而当你打"119"时,接线员问你的第一句话是"救火还是救急"?

由于急救系统属于政府系统,而且消防署中的医生都是专业的急救医生,因此在接到病人后,救护车不是把病人往自己系统的医院或者关系户医院里拉,而是由急救医生根据病人的病情来决定往哪一家距离最近、最专业的医院里拉(不管公立还是私立医院),以实现最合理、最迅速的救治。当然在送往相关医院前,救护车会预先通知医院,了解医疗情况,落实救护准备。

我不了解北京、上海等大城市的救护车配置情况。在东京都,共有23个区26个市,像我所在的港区(类似于北京的朝阳区),总共有4个消防署,并下辖12个消防派出所,加起来总共有16个消防队,也就意味着有16个救护车的出动点。同时,港区内有16家综合性医院。而港区内居住的人口,包括外国人在内,是2万多户人家,共24万人。我曾经帮一位倒地摔伤的老人拨打过"119",5分钟之内救护车就赶到。

回过头来,我们再说一说机场的医疗救护体制。北京首都机场是中国最大的机场，也是中国的一大门户机场。2014年，首都机场旅客吞吐量连续五年位居世界第二，全年共完成旅客吞吐量8612万人。但是机场以及机场附近，像样的医院只有"北京首都国际机场医院"，别称"北京首都国际机场急救中心"，而且还只是一家二甲医院，距离机场航站楼有4公里。如果再要找一家大医院，那就要跑到10公里之外的地坛医院了。

而日本的成田国际机场，也是日本最大的门户机场，远离东京（车程1个多小时），位于千叶县成田市（人口11万）。2014年，成田国际机场的旅客吞吐量达3559万人（其中外国旅客1000万，排名世界第五位），旅客总数不到北京首都国际机场的一半。但是在候机楼里，它有3家医院，包括日本医科大学成田国际空港医院（24小时医院，医护人员有权直接进入候机楼、停机坪以及登机治疗）。而在机场候机楼周围3公里之内，还有成田红十字病院、综合医疗中心成田病院、圣玛利亚纪念病院3家大型综合性医院（按照中国的概念，都是三甲医院），其中，成田红十字病院建有国家特别指定的传染病隔离治疗区。这些医院的布点和规模，完全可以满足大型空难事故的急救（希望不要发生），更何况救治一名普通的肠胃急诊病人。我还想强调一点的是，机场附近这么多的医院能够开下去，说明它还是能够盈利的。

所以，把北京首都国际机场与成田国际机场的医疗救治环境相比较，我们会发现，北京首都国际机场不是一般的落后，同时也反映出政府在医疗资源配置，甚至在机场应急救难的预案机制中存在着很大问题。

如果中国的这位记者朋友发病在日本的成田国际机场，估计能够在30分钟内得到最有效的治疗，而不需要跑遍北京城折腾半天。

20. 日本消防队员都是些什么人

2015年8月中旬，我们一直在跟踪、收集和分析天津大火灾的信息。我们通讯社的旁边就是东京都赤坂消防署，过去跟消防队员聊，他们居然都拿出了从网上收集来的火灾现场照片，说得最多的一句话是："**ありえない（不应该发生）。**"

"不应该"是指什么？他们给我们分析了两个道理：

第一，从网友拍摄的爆炸瞬间的视频来看，第二次爆炸的火焰高达100米以上，而且冲击波击破2公里以外的门窗，除非是大型弹药库发生爆炸，一般的化学品爆炸不应该有如此巨大的规模。因此，扑救现场一定发生了什么问题。

第二，化学品爆炸不是一般的消防队员可以扑救的，必须要由化学专业消防队员才可以到现场参与扑救。从中国官方发布的消息来看，大批普通的消防队员赶到现场，而且从照片上看出他们使用了喷水，这就犯了一个大忌。理论上，为防止消防队员遭遇伤害，消防队员是不应靠近化学品火灾现场的。

《南方周末》的一篇现场报道，印证了东京消防队员们的分析。报道是这样写的：

记者在泰达医院采访了一名消防队员。该消防员称自己是第一批前往火灾现场，当时还没有爆炸。据他介绍，第一批投入的消防队员人很多，有100多人。现场并无人告知他们有不能沾水的危险化学品。该消防员说，大家就通过正常途径用水来救火，自己是"二板车"（音），负责给前面的车供水。"开始是一个集装箱，大概喷水10多分钟，听见啪啪啪响，然后集装箱就亮了。先是一个小爆炸，后来就出事了。"虽然离爆炸点还有一段距离，但什么都看不见，最后爬了出来。"我们队还有5个人没找到。"《南方周末》记者在该医院采访到另一名消防员，他也表示，"不知道有不能沾水的危险品，现场用的都是水，还有泡沫"，后来火势太大，这些不管用，就撤到稍远的街上改用水炮，给罐体降温。爆炸前，车里的水正好用完，他去装水才得以逃过一劫。当时距离现场约几百米。

我发了一条微博，这样写道：

"化学品爆炸，怎么可以用水喷呢？这个常识被灭火心切的消防战士们忽略了。我很敬佩这些 90 后消防战士的勇敢，但代价就是这么多人的无辜牺牲！中国真的应该立即改革消防体制，以此为教训，学习外国好的消防制度，建立公务员制的职业消防机构，让消防专家来灭火，拼技术而不是拼勇敢！"

前几年，我写过一篇博客，现场描述东京的消防队如何救火。当时发现一个问题，我家附近的一栋居民住宅（别墅）起火后，赶来的消防指挥车发出的第一道指令是"切断管道煤气切断电源"。与此同时，消防车首先向着火的房子喷水，同时向邻居的房子喷水，现场没有消防队员冲进火海去救人的情况出现。等火基本扑灭后，喷水消防车退出，照明车驶入，在强烈的灯光下进行现场搜寻。整个过程有条不紊，现场井然有序。

我想我们中国的消防队的救火过程也一定如此。所不同的是，当这些东京的消防队员摘下消防帽后，我才发现大多是中年男子，居然还有 2 名女性。他们不是军事化编制，而是公务员，是一支专业的消防队伍。

我问了赤坂消防署的人，才知道日本的消防队员必须要"科班出身"：消防干部必须要"消防大学"毕业或经过高级研修。一般的消防队员则必须进入各地政府办的公立消防学校接受 6 个月的封闭训练。

根据日本的《消防组织法》，日本建有一所国立"消防大学"。全国各都道府县都有一所消防学校（日本共有 48 所消防大学和消防学校）。消防大学主要培养指挥型干部人才，其开设的科目为：警防科、救助科、救急科、预防科、危险物科、火灾调查科、新任消防学校教官科、上级干部科、新任消防长科、消防学校长科、消防团长科（民间消防组织）等。

如果是新队员，要作为"初任科生"到所在都道府县的公立消防学校接受 6 个月的专业训练。学习与训练内容包括各种消防器材的使用、灭火训练、救生训练、救急训练、体能锻炼等。"初任科生"成绩合格后，才被派到各地消防署担任消防员。

所以，日本的消防员从 20 岁左右开始，一直干到 60 岁退休，几十年都在重复同样的一件事：救火。因此他们个个都是职业救火人。

日本的消防署不是军队编制，而是与警察署一样，属于政府的一个部门，属于地方公务员编制，因为救火是民生事业，与打仗无关。还有一点与中国不同的是，日本的救护也属于消防署分管范围，不属于卫生局或医院管。因此，日本的救护车都停在消防署内，实行 24 小时值班制。消防车一动，救护车也跟着一起赶到火灾现场。

我不知道别国的消防是怎样的一种体制。日本的消防体制至少有两个优点：第一，消防队员终身从业，因此个个都可以成为消防专家，现场救火比较专业，能做到科学救火，合理救火；第二，因为是公务员编制，整个消防队伍十分稳定，既可以防止消防人员的频繁流动而出现技术脱节，也可以让每位队员通过长期的工作熟知自己管区内每一条道路，每一个街区，甚至每一栋建筑物的消防情况，做到"快速反应，准确判断"。消防是个技术活！

很希望天津的这次火灾和几十位牺牲者的生命，能够唤起相关人员对于中国消防体制的思考：如何去军事化，实现职业化；如何去勇敢性，实现科学性；建立专业的消防院校，培养专业的消防人才。

21. "东京鬼城"如何变成时尚大街

东京车站是一栋德国式建筑,迄今已有100年的历史。

从东京车站至皇宫之间宽约400米、绵长2公里的地块,被称为"丸之内",如按北京人的说法,就是正儿八经的"皇城根儿"。

"明治维新"时期,这里是武士们的家园,后来这里成为陆军的驻地。1890年,在陆军驻地搬走后,三菱集团的第二代掌门人岩崎弥之助用150万日元买下了这片土地,并将三菱集团关联公司陆续集中到这里,于是有了"三菱村"的称呼。

1914年,东京车站建成,丸之内地区开始兴建各种办公楼。1923年,"丸大厦"成为日本第一栋近代化的商务办公楼。此后,这里汇聚了三菱商事、三菱电机、明治安田生命、日本国有铁道、三菱东京UFJ银行总部、三井住友银行总部、日本邮船、日立制作所、丰田通商、野村综合研究所等一大批世界著名企业的总部大楼,成为亚洲最大的CBD(中央商务区)。

丸之内的地皮价格之贵,自然是一般的企业无法问津的。

自从丸之内成为CBD之后,这里又冒出了一个新的称呼——"鬼城"。这一叫法的由来其实很简单:整个丸之内,白天是白领济济,但是到了夜里,难得见到一个人影。即使到了周末的白天,一条铁路之隔的乐町和银座是车水马龙,而CBD则清净得如同野外山林。

如何改变丸之内的"鬼城"现状,吸引银座的购物客和游客来"鬼城"催生新的市场机会?这成了该地区商业地产开发商们面临的一大课题。

各大公司共同组建了一个"丸之内再开发委员会",组织了一批专家冥思苦想,最后想出了一个最简单的办法:把沿街的办公楼的一楼全部清理出来,开辟为商铺，专门吸纳品牌店开店，打造东京高级时尚街。把地下一楼打造为餐饮街。

经过几年的努力，"鬼街"华丽变身，不仅成了东京的一处时尚街，晚上和假日，这里更是熙熙攘攘，成了充满活力的商业街。

22. 日本内阁为何老是要改组

2015年9月7日，安倍新的改造内阁诞生，这是安倍执政以来，第三次对内阁进行改组。

安倍首相为何要如此频繁地进行内阁改组？其原因主要有三点：

第一，平衡党内的"当官"要求。

内阁只有19个位子，但是自民党目前的国会议员总共有404个。每个议员都有当"大臣"的梦，当选6届以上的资深议员就有60多人。按论资排辈的原则，这些人个个都有资格当大臣。另外，自民党内已有8个派阀，每个派阀都有塞人进内阁的要求。因此，如何平衡党内这些大佬和派阀的利益，消除党内的不满，防止"后院起火"，是日本历届首相必须考虑的问题。所以，经常改组内阁，轮流坐庄，在日本政治游戏中，也属于常规动作。

第二，拉升内阁的支持率。

经过前一轮安保法案强行通过的纠结，安倍内阁的支持率出现了较大跌幅，舆论开始认识到安倍"独裁统治"的本性。内阁支持率的下跌虽然不能决定安倍首相的下台，但是会给安倍首相的执政带来很大的麻烦。一位在国民中没有人气的首相，他的任何一项政策都可能遭到舆论的批判。而在野党也会借助于民意加大在国会中对安倍政权的牵制力度。其结果，即使安倍领导的执政党在众议院和参议院均占据多数席位，依然会令他陷入步履艰难的境地。因此，换掉一批没能力、没人气、没政绩的内阁成员，换上一批有活力、有人气、有资历的议员，给国民一种耳目一新的感觉，使民众对新内阁产生期待，以此来拉升内阁的支持率。

第三，为2016年的参议院大选做准备。

在未来的政治日程中，对安倍政权最容易构成威胁的是2016年夏季的参议院大选，有近一半的参议院议员将要改选。

目前，安倍首相领导的联合执政党在参议院占据了超过半数的席位，但是，

距离修改宪法所需要的"超过三分之二"的要求还有距离。因此，为了能够在国会中顺利完成修改宪法的政治目标，安倍无论如何需要保证自己的政治势力能够在这次的参议院大选中获胜。

万一在参议院大选中遭遇失败，未能获得过半数议席，不仅修宪的目标会成为泡影，同时由于在野党控制了参议院，因此日本会再度出现"扭曲国会"——执政党控制众议院，在野党控制参议院，众议院通过的法案往往在参议院会遭到否决。这样的话，安倍政权就无法顺利运营，下台就会变成必然的结局。

因此在这次内阁改组时，安倍首相不仅需要平衡党内势力，更需要挑选一些有能力的议员来装门面。那么，安倍首相这次到底挑选了哪些议员来为自己撑门面呢？

他总共挑选了 10 名议员，其中女性有两名。

新的改组内阁中，被安倍作为"重磅武器"推出的，是他的贴身大秘——内阁官房副长官加藤胜信。由于安倍首相新设了一个"一亿总活跃担当大臣"的位子，以便负责他新推出的"让一亿国民活跃起来，共同打造一个富裕安宁的社会"的政治目标的实施。因此，这个重要的职位，他起用了自己最信得过的人。但是加藤从没有当过大臣,而且"一亿总活跃担当大臣"所负责的工作,与其他各位大臣的担当内容有许多的重叠,因此他如何发挥自己的能力,并与各位大臣"和平瓜分利益",不是一件轻松的事。

安倍首相接下来在国会中面临的一大难题,是如何说服在野党来支持日本加盟 TPP 时做出的种种妥协。在野党已经要求国会召集临时会议审议 TPP 问题,为此,安倍在这次内阁人士布局中,不仅留任了负责 TPP 谈判的经济财政大臣甘利明,而且还起用了众议院负责 TPP 问题的森山裕议员出任农林水产大臣,来应对在野党在国会的质询,防止舆论出现追究政府责任的风潮。

虽然安倍首相在 7 日晚的记者会上把自己的这次改组内阁命名为"挑战未来内阁",但是各大媒体的评价多是"老面孔""缺乏新鲜感",甚至对拳击手出身的驰浩议员出任文部科学大臣表示了极大的担忧。

安倍首相已经给国民画了三个大饼:未来数年内,国民生产总值(GDP)要超过 600 万亿日元;每位育龄妇女的平均生育数达到 1.8;没有一个从事老人、残障人护理的人员离职。他说,新的改组内阁就是为了实现这"新三箭"而生。

但是,安倍首相迄今为止已经画过"经济再生""女性活跃""地方创生"的大饼,这些大饼有的还半生不熟,有的还根本没有上炉。口号喊了快三年,国民并没有感觉到日子好过一些,相反的,对于安倍首相的执政的不满越来越强烈。因此在未来的半年多内,如果安倍首相不能把这几张大饼"烤熟",在参议院大选中面临的结局将会是很悲惨。

23. 日本媒体为何热衷于内阁支持率调查

这几天，日本各大媒体相继公布了对安倍内阁的支持率调查。共同通讯社公布的数据说，安倍内阁的支持率比上个月的调查数据猛增了 7 个百分点，达到 55%。日本经济新闻与东京电视台的联合调查也说，已经升到了 56%。这一数据，意味着安倍内阁的支持率已经从一年前的 35% 反弹到了 55%，而且达到了一年半以来的最高水平。

2016 年 5 月 31 日，安倍首相在下班前于首相官邸接受记者采访时兴高采烈地对记者们说："你们看，这说明国民对于安倍政权还是予以了肯定，给予了期望。"

许多中国人对于"内阁支持率"可能比较陌生，因为中国没有这样的民意调查。那么在日本，"内阁支持率"是一个什么概念？它其实反映的是一个政府在国民中受支持的程度，也就是说，国民对于政府的信任度。你做了有利于国家和民众的好事，那么支持率会上升，但做得不好的话，或者闹出什么丑闻，支持率会下跌。

那么，"内阁支持率"是由哪个机构组织调查的呢？首先，它不能是政府机构。其次，它也不能是接受政府资金资助的机构。也就是说，这类调查不能让政府和有政府背景的机构来参与。

日本的"内阁支持率"其实是由媒体负责调查的。日本有五大报系，分别是《读卖新闻》、《朝日新闻》、《每日新闻》、《日本经济新闻》和《产经新闻》。同时还有两大通讯社，分别是共同通讯社和时事通讯社。另外还有 NHK、日本电视台等 6 大电视台。除电视台之外，纸媒和通讯社大多有 100 多年的历史，都是老牌的新闻机构，而且都是民营的。电视台中，也只有 NHK 每年接受政府 6000 亿日元补助，带有点半官方色彩。

日本社会虽然是一个民主社会，允许各种声音发出来，但是有一个很奇怪的现象，那就是老百姓很相信媒体，认为媒体报道的新闻都是真的，是不会做假新闻的。当然媒体做假新闻被发现的话,那读者会马上离你而去。去年,《朝日新闻》为此就吃足了苦头。

从理论上来讲,媒体的第一要务,不是替政府歌功颂德,而是替读者也就是国民来监督批评政府。所以,由这些民间媒体实施的舆论调查的结果,在日本社会是具有很高的可信度。

"内阁支持率"是每月调查一次,调查是在全国范围内进行。调查的方法,每个媒体有所不同,有的是通过从全国的电话号码本上随意抽号的形式往人家家里打电话,在电话中进行问卷调查;有的是面对面的问卷调查,通常是在街头、车站进行。由于网络调查有一定的局限性,也就是说你必须是经常使用电脑的人群,这缺乏一种广泛的代表性。因此,日本各大媒体在实施"内阁支持率"调查时,都把网络调查排除在外。

"内阁支持率"调查主要包括以下内容:第一,你是支持还是反对安倍内阁?第二,你支持和反对的理由?第三,你支持什么政党?第四,你对最近内阁推行的政策持什么态度?

日本最近一次的"内阁支持率"调查,是在5月27—29日之间实施的。结果显示,安倍内阁的支持率获得了大幅提升。

为什么安倍内阁的支持率会出现这么高的攀升?原因主要有三个:

第一,前一阵子,日本熊本地区发生了大地震。安倍政府在救灾方面表现很出色,同时在为熊本灾区灾后重建的资金落实方面也做得很到位,反映了他应对突发性灾难的领导能力。第二,他成功主持了七国首脑峰会。对日本来说,能主办这么重要的一次国际会议,也体现了日本在国际上的地位。因此舆论调查显示,有65%的国民认为安倍主持这次七国首脑峰会表现亮眼。第三,就是美国总统奥巴马访问广岛。这是美国总统第一次访问被美军原子弹轰炸过的广岛市,95%以上的日本国民都认为奥巴马的这次广岛之行是一次十分值得肯定的访问,有利于日美两国在历史问题上的和解。为实现这次访问,安倍在其中起到了很重要的作用。所以这三个因素导致了安倍内阁支持率出现很大的反弹。

那么,内阁支持率的高低对安倍政权会产生什么样的影响?我们只能说,影响不小,但不是决定性的。

日本国家的政体,它不实行总统制,而是议会内阁制。也就是说,首相不具备像美国总统那样拥有否决议会通过的法案、凌驾议会之上的权力，只能在议会同意的情况下，他才可以去行使作为一个政府首脑的执政权。

我举个最简单的例子，比如说安倍首相晚上躺在床上，突然想起要修一条马路。在许多国家这也许是最简单不过的事情，第二天早上醒来，他打一个电话给交通部长和财政部长，制订计划，落实资金，限期完成。但是在日本，安倍首相是做不到的。如果要修这条马路的话，理论上来说，他必须要过三道关。第一，必须先找来执政党的领导班子成员，向他们说明自己为什么要修这条路。在获得执政党的理解和赞同后，由执政党写一份报告给内阁，表示支持首相的这一个想法。也就是说，他首先必须说服执政党。第二，必须说服内阁成员们。根据执政党的建议，在内阁会议上通过修路的决定。第三，由内阁打报告给议会，由议会审议批准。那么，议会是由各个政党议员组成，于是在野党议员们会揪住修路计划的一些问题，在全国电视直播的辩论会上，公开向首相本人、相关的部长们直接进行质询：为什么要修这条路？居民的搬迁问题怎么解决？资金来自何方？是不是可以不建？等等，在议会的讨论可能就会折腾上一个月甚至更长的时间。如果被在野党发现修这条路，会有首相的亲戚或者支持者参与，那就会酿成一大政治丑闻，首相就要倒霉。

内阁支持率是一个政府是否获得国民的支持和信任的"温度计"。一般情况下，支持率高的话，安倍推出的政策很容易获得国民的支持，在野党如果在议会中进行抵制和反对的话，会失去选民们的支持，这样就可以保证安倍很顺畅地运营自己的政权。如果支持率暴跌，那么媒体就开始对安倍首相的政策展开批判，追究首相和政府的责任，政权的运营就会很困难。支持率低下的话，对政权的最大打击是选举，因为选民会不投安倍首相所领导的执政党候选人的票，这样一来，执政党就会在议会失去多数的议席，被在野党控制国会，导致政府任何的提案在国会都无法获得通过，于是首相只有一种选择：辞职下台。

安倍首相执政已经有4年，4年后的今天还能保持超过50%的高支持率，在过去历届内阁中，应该可以与小泉纯一郎内阁媲美。那么，支持率跌到多少，会导致首相下台呢？根据历年来首相下台时支持率的数据来判断，这一条红线，应该是20%。所以从这个角度上来说，目前拥有50%以上支持率的安倍首相，还会长期执政一段时间。

24. 日本为何被称为是美国的第 51 个州

七国首脑峰会于 2016 年 5 月下旬在日本三重县的海边小城伊势志摩市举行，安倍首相作为峰会主席国的首脑，自然是主角。但是，美国总统奥巴马不管担任什么角色，他的一举一动，始终是峰会最大的关注点。

25 日，奥巴马结束越南之行前往日本，峰会新闻中心安排了部分媒体前往中部国际机场接机。新闻中心位于伊势志摩市，而中部国际机场位于名古屋，相距 190 公里。新闻中心派出一辆大巴前往机场，结果搭乘的只有我一人，因为其他二十几位记者都是大牌新闻媒体，自个儿开车拉上采访家伙走了。

由于伊势志摩市没有机场，最近的大机场就是中部国际机场，因此各国首脑的专机需要降落在中部国际机场后，再改乘日本自卫队的运输直升机前往会场所在地。为了迎接这些首脑们的到来，中部国际机场投入了近千名的警察和陆上自卫队员实施警戒，同时关闭了机场巴士站和多条机场铁路线。所有进出机场的车辆，必须持有特别通行证。即便如此，在距离机场 1 公里的地方，就已经有警察设卡查车，而在高处，还有警察瞭望哨。

机场有一个特别的贵宾区，门口就站着 5 名目光锐利的便衣警察，他们通常是警视厅要人班的保镖（SP）。

当我被引领到休息室时，屋里已经有了其他媒体的记者。大家被 SP 一一查核记者证，然后领取了有特别编号的身份鉴别卡：AA1 卡是特别卡，只有 6 名记者才有资格领取，他们身上都套有"外务省"字样的小背心，叫"代表取材者"，可以靠近奥巴马专机的舷梯 10 米的距离采访。AA2 卡是摄影记者卡，负责在临时搭建（大卡车）的台上采访。AA3 卡是文字记者卡。

休息室的黑板上写有奥巴马专机抵达的具体时间，还有迎接的流程、记者出发的时间等，但是规定这些不能报道。

距离奥巴马"空中 1 号"抵达机场还有一个半小时的时候，我们被统一集中，在 SP 的引领下从专用通道来到一处停车场，从那里坐上了贴有美国国旗的大巴。

日本外务省的一位女官员特别提醒大家：美国总统有点特别，整个警戒态势会特别严格。言下之意，请大家做好思想准备。

她的话音刚落，上来一位穿西服的美国大汉，什么都没说，就坐在了我们的身边。车内的空气有些异样，女官员忙解释说："他是白宫的SP"。

即使是这么一群已经被查验了身份的记者，到了一个临时搭建的安检区，所有人下车，还得进行一次安检。过了安检区，看到的全是日美两国的警察和大量的警车。美国的便衣们是20米一个，守在通往专机停机坪的铁丝网栅栏的边上。

此时，我们看到英国首相一行搭乘自卫队的4架运输直升机腾空而起。

穿过栅栏临时开出的一个门道，大巴把我们拉到了临时搭建的记者休息室，在这里，有多名美国人等着我们。5分钟后，工作人员通知大家："美方要对记者进行一次身份鉴别，排队。"哪怕是最牛气哄哄的国际大牌媒体记者，虽然极不情愿，但还得乖乖排队。像我们亚洲通讯社这样有幸得到宠爱的小媒体记者，当然是立马跟进。

于是，我们得到了美国人给的一张手写姓名、印有白宫图案的黄卡。告诉我们必须挂在身上，但是人家压根儿就没有给我们准备别针。一名记者嘟囔着说："美国人就是马大哈。"结果，大家你瞧我我瞧你，最后不约而同地把卡塞进了口袋。

再度被叫上大巴，是在晚上19时，距离奥巴马专机抵达还有50分钟。这次上车是日本SP和白宫SP的联检，于是大家忙着掏口袋。

车开了5分钟，就到了专机的停机坪。这是一个专门为"空军一号"设置的专用停机坪，边上已经停了2架我们在电视上才能看到的白宫总统直升机。十几位穿着军装的美国军人在停机坪上，特别引人注目。

很快，我们发现自己已经落入了白宫SP的包围之中，记者席周围站的都是美国大汉，警视厅的SP站到了边上。整个停机坪都已经被美国警卫人员接管了。

"空军一号"真的很准时，19时50分，准时出现在我们的视线中。这时，停在专机停机坪旁边的4架自卫队运输直升机腾空而起。"空中一号"缓缓地驶入停机坪，我是第一次见到这个大家伙，尤其是从地面上看它，真的好高大。

事先已经被告知，奥巴马总统不要红地毯，也不检阅自卫队仪仗队，因此刚刚忙完英国首相抵达仪式的仪仗队们都已经撤离，"空军一号"很准确地停在了原先划定的一个黄线前。

当机舱门打开后，第一个出来的不是奥巴马，而是一名机组成员，他把舷梯的连接处检查了一分多钟，确定绝对安全后，才回到机舱内。

我们把相机的镜头齐齐瞄准机舱门。奥巴马总统在3分钟之后才出现在机舱口，依然是有些轻松地跳跃着走下舷梯，然后接受三重县"县花"小姐的献花，与迎接他的日本外务省副大臣、三重县知事等握手寒暄。所有的记者都噼里啪啦地拍照，我看到奥巴马只有在见到美国驻日本大使肯尼迪女士时，才露出兴奋的神情，与肯尼迪拥抱并行了贴脸礼。同时与肯尼迪的丈夫也是勾腰相拥，看来是老朋友。

见完所有迎候他的官员，奥巴马这才转过身来，向我们的记者挥了挥手，然后带着肯尼迪夫妇走向总统直升机，请肯尼迪夫妇先登机，自己最后一个登机。

总统直升机起飞后，我们预想会有自卫队直升机护送，但出乎意料的是，紧跟的是4架从冲绳美军基地调来的鱼鹰运输机。据悉这种可以垂直起降的运输机上，每一架都搭载了12名海军陆战队员，压根儿就没有看到日本自卫队的直升机的身影。

在总统警卫问题上，美国不信他国，包括自认为是最铁的盟友——日本。

奥巴马走了，我们却被白宫警卫们集体扣下。在停机坪上等了一个小时，还不见大巴过来。带队的官员解释说："美方认为日方的大巴靠近总统专机有危险。"大家还真有点生气："这里是日本，不是美国的日本州，看来地位协定真的需要改。"

利用这个时间，我为深圳卫视"直播港澳台"节目做了新闻连线。

交涉的结果是，一直等到21时15分，大巴才被准许驶入停机坪。我回到新闻中心时，已过第二天零时。那时奥巴马已经洗洗睡觉了吧。

25. 冲绳人为何反对美军驻守

离七国首脑峰会召开只剩最后几天，安倍首相心中最担心两件事：地震和市民团体抗议奥巴马访问广岛。目前已经悄悄处理完了其中的一件：东京警视厅突击搜查了一个反对奥巴马访问广岛的日本过激组织的总部，逮捕了其中的核心人物；同时向广岛市增派4500名警察，实行城池式的严密警备，严防抗议者接近奥巴马。而峰会期间是否会发生地震，则只能是听天由命。

对于安倍首相来说，西方集团的首脑齐聚日本三重县出席"伊势志摩峰会"，是他当首相3年多来最为风光的事情。虽然不会有太多"万国来朝"的快感，但是至少也能让安倍体验一回"世界领袖"的豪迈。所以，他操办这场七国首脑峰会花费了不少精力和智商，不仅要让峰会在政治与经济领域的成果令人刮目相看，同时要保证峰会期间各方安全，不出任何的差错。

当然，对于安倍首相来说，他苦心经营的日美新同盟关系也期望借七国首脑峰会这一举世瞩目的舞台，做一番淋漓尽致的渲染。而奥巴马总统在卸任之前，最终答应日本多年游说，到广岛做一次"哀悼之旅"，不仅让日本政府获得了最大的满足感，同时也为这次峰会标上一个"日美和解"的美丽记号。

如果不闹出美军前陆战队员强奸杀害冲绳女性的事件，可以说，这次首脑峰会将成为日美新同盟关系的宣誓大会。

4月28日夜，冲绳县一名20岁的公司白领岛袋里奈晚上外出跑步，在给同居男友发完短信后便告失踪。冲绳警方接到报案后，通过苹果手机的追踪功能查询到了岛袋最后失踪的位置，然后对当夜经过这一地区的所有车辆进行排查，最终锁定了一辆美军基地职员的车辆。5月19日，警方传讯并逮捕了这位名叫"富兰克林"的黑皮肤美国男子，在他汽车的助手席上，发现了少量的属于岛袋的血迹。

32岁的富兰克林作为海军陆战队队员，长期在冲绳美军基地驻守，并因此与当地的一名冲绳女子结婚，生下了2个孩子。在2014年退役后，他申请在

冲绳美军基地工作，成了基地的一名职员。

根据富兰克林的供述，警方在海军陆战队基地附近的山林找到了岛袋的遗体，遗体已经高度腐烂，但是可以看出衣服上有多处被刀刺穿的洞孔。富兰克林身高190cm，而岛袋身高只有156cm，可以想象富兰克林当时袭击岛袋时的强暴情景。

富兰克林向警方供述称，自己驾车寻找猎物已经多时，后来发现在马路上跑步的岛袋，于是将她劫持到一处无人的工厂区进行强奸，并最终将她绞首，还用刀猛刺她的胸部。

驻守在冲绳的美军士兵有25000余人，加上5000多职员以及家属，总数超过了3万人。虽然这几年这些美国大兵不时闹出醉酒驾车、深夜闯入当地居民家中、甚至强奸冲绳女性的事件，但是还没有发生过像这次这般残暴的案件，不仅令冲绳人愤怒万分，同时也引起了远离冲绳的本土日本人的关注：继续让美国人驻守在冲绳，真的合适吗？

对于安倍首相来说，这一强奸凶杀案发生的真不是时候，就像婚礼刚要开始时，突然有前男友出来闹场一样，尴尬万分。

虽然首相官邸采取了迄今为止最强烈的外交手段向美国政府提出了抗议，甚至在深夜11时将美国驻日本大使肯尼迪请到外务省当面训斥。安倍首相也急忙表态，要向奥巴马当面讨一个说法。但是这一切的努力，都浇不灭冲绳的烈火。

冲绳市民团体连日来在美军基地前抗议，媒体也持续跟进，舆论带给了日本社会几分深深的思虑：让美军继续驻守冲绳，并新建基地真的合适吗？日美强化军事同盟关系，真的会给日本带来好处吗？

而对于安倍首相来说，他在国会强行通过新安保法案，强化日美新同盟关系后，本来这次见到奥巴马可以当着众多西方盟友的面庆贺一番，但是出了这个大案，他见到奥巴马，不知该是先抗议，还是先叙旧为好。不抗议，对不住国内舆论；先叙旧，也会得罪国内舆论。总之，"安倍当面向奥巴马提出抗议"的新闻，会成为"安奥会谈"的新闻焦点，并因此冲淡会谈中涉及的新同盟关系的自赞内容，这是安倍首相最不愿意看到的结果。

问题还在于，奥巴马总统 27 日的广岛之行，虽然一再强调不是"谢罪之行"，而是一次追求无核世界的和平之旅，但是，多少还是满足了日本社会期待已久的"美国总统终于来道歉了"的潜在心理。可当冲绳凶杀案一出，日本开始向美国讨说法后，奥巴马的态度突然转变，白宫突然透露消息说：奥巴马总统要带 1 名当年被日军蹂躏过的前美军战俘一起搭乘总统专机前往广岛。这名 94 岁的老兵当年在被日军俘虏后，被强迫去修机场，最后还被拉到枥木县的铜矿从事非人的劳动与蹂躏。

奥巴马的这一反击举动，很明显地是想告诉日本政府和日本社会：你们当年伤害我们美国人也是不择手段！

七国首脑峰会本来可以成为一场日美共演的同盟盛宴，但是出了美军前陆战队员强奸杀害冲绳女性的事件，等于是在宴会场里撒了一地的胡椒粉，怎么也找不到安神的感觉。日美新同盟关系或许会因为这次峰会和奥巴马的广岛之旅，开始走入下坡路。如果特朗普当选新总统再搅局的话，安倍首相多年的努力，真的是竹篮打水一场空。这是日本首相官邸最为忧心的事！

26. 看日本人如何拍摄抗战片

日本有一部电视剧让许多人流下眼泪，它的剧名叫《レッドクロス～女たちの赤紙～》，译成中文的话，便是"红十字～女人们的红纸信～"。

这是一部描写日本年轻女性参加红十字会，作为护士来到中国东北地区（伪满洲国），从一名日本陆军医院护士变成中国人民解放军战士的电视剧。其间，穿插了感天动地的家族的爱和人性的爱，更描绘了战争的残酷与悲惨。

因为TBS电视台是将它作为台庆60周年的特别作品推出，更因为故事发生在中国，又巧遇战后70周年这一重要时期，因此，我早早地守候在电视机旁，连看了两夜——上集2小时，下集2小时。除了故事情节，我更关心的是，日本人是如何拍摄这部抗战片的？

先让我来给大家介绍一下故事情节：

1931年，日本佐贺县的一户农家，有一位漂亮的女儿，名叫"天野希代"（松岛菜菜子饰演）。母亲住院时，希代看到悉心照顾母亲的护士，发誓也要当护士，于是主动向政府提出了成为从军护士的要求。很快，她收到了一张红纸信，那是一份"战时召集状"。于是希代告别了爷爷和母亲，坐火车离开了家乡。临别时，爷爷跟她说了一句话："无论是日本人，还是中国人，大家都是人。"

经过短暂的训练，希代和护士们坐船来到了中国黑龙江，成为日军"佳木斯陆军医院"的护士。在那里，她遇到了医术高超、为人善良的军医大竹英世（由日本著名影星笑福亭鹤瓶饰演）和残暴蛮横的"帝国军人"——医院部队长。希代目睹了部队长殴打军医，凶残对待日军伤员的暴行，她觉得这种暴行有违红十字的"博爱"的基本精神，因此与部队长进行抗争，也因此遭到殴打。

有一天，日本满洲开拓团青年中川亘（西岛秀俊饰演）开着卡车送来一位男子，要求医院给他治疗枪伤。当大竹军医得知这名男子是中国人时，开始犹豫。但是希代觉得救死扶伤应不分国籍，最终说服了大竹军医和护士们保密，秘密让这位中国男子冒充日本人住院并接受治疗。但是这名中国男子出院后又参与

袭击日本人的行动,最终被日本兵打伤在医院门口。结果其秘密住院的事情被部队长发现,他召集众人,挥刀砍死了这名抗日联军队员。

虽然经历了诸多的苦难,但是希代爱上了正直的中川。

不久,希代和姐妹们结束了战地医院的工作,被送回日本。佐贺县政府为她们举行了隆重的欢迎仪式,但是希代心情很沉重,她忘不了那痛苦的一幕幕,也忘不了中川。

于是,希代说服了爷爷和母亲,孤身一人先坐船再坐火车再次回到佳木斯,决定嫁给中川,和他一起种田持家。

一年后,希代与中川有了自己的儿子——中川博人。看着孩子一天天长大,希代满心欢喜。但是有一天儿子突然高烧,希代急忙把他送到了陆军医院,并见到了以前的同事。大竹军医发现孩子感染了病毒,必须注射青霉素,而这种药只有哈尔滨陆军总医院才有。女护士马渕春(高梨临饰演)自告奋勇连夜赶往哈尔滨取药,终于救回了小孩一命。

因为儿子获救,也因为苏联对日宣战后伤员数量大增,希代在丈夫的理解和支持下,与儿子别离,独自一人赶到佳木斯,重新穿上了白大褂。

临别时,希代把自己做的一只老虎香囊送给了儿子,没想到儿子在中国长工的帮助下也做了同样一个老虎香囊回赠给妈妈，香囊成了母子俩的"信物"。

日军在东北的战况越来越吃紧。终于有一天，中川也接到了参军出征的命令。无可奈何之下，中川只好将儿子交给了自己的兄弟中川光（赤井英和饰演）和嫂子，也来不及通知妻子就赶往前线。

没过几天，佳木斯陆军医院送来一批伤员，希代和护士们把伤员们一一抬下车，送进医院。但是发现车上还有一位两条腿和一只胳膊被砸断的伤员，押车的日本兵说这个人没救了，准备把他扔到野外去。可希代觉得不能这样做，于是坚持把他抬下来。当希代把这名重伤的士兵抬进医院后，忽然听到背后有人轻声呼唤着自己的名字。希代一惊，原来这声音来自于自己抬着的伤员，于是连忙把他放下，发现居然是自己的丈夫中川。中川在说出最后几句话后闭上了眼睛。

此时苏联红军已经开始进攻佳木斯。希代惦记着孩子，于是背上丈夫的骨灰，匆匆忙忙赶回家。没想到刚好遇上苏联红军进村抓女人。她在中国管家的帮助下躲过了苏联红军，并把儿子和侄子一起送上前往哈尔滨的逃难火车，母子从此别离。在火车开动后，苏联红军炮击了车站，中国人管家为了救希代而遇难。

当希代重新回到医院后，发现医院里不仅挤满了伤员，还有各地逃难过来的日本妇女和孩子。正当他们为如何安置这么多人发愁时，听到了苏联红军的坦克声。希代带着护士和妇女孩子们躲进地下室。大胡子苏联军官宣布接管医院，并要求日本军医沟口少佐交出护士，但是沟口坚称医院里没有女人。

正当苏联军官折磨沟口时，躲在地下室的一名女孩吐血，必须马上动手术。希代爬出地下室，在准备潜入手术室拿药物器具时，被大胡子军官发现，于是地下室的秘密被曝光，漂亮的女护士马渕春被大胡子抓走，遭到了强暴。第二天，马渕春被扔到医院门口时，已经奄奄一息，躺在希代的怀里痛苦万分，而旁边的苏联坦克兵则在一起哄堂大笑。

苏联红军突然撤了，正当大家感到终于自由时，一支解放军部队接管了医院。一部分伤员和妇女以为解放军也会蹂躏他（她）们，纷纷剖腹自尽。当最后一批护士和妇女、孩子躲在地下室内准备自杀时，解放军接管干部王江明制止了她们，并告诉她们："共产党是解救人类的部队，不会伤害你们，因为你们也是战争的受害者，"但王江明同时要求："我们已经是同志，要一起参加解放全人类的战斗。所以其他人可以离开，但医护人员要参加解放军，这是条件。"

"为了能够活下去"，希代带头穿上了解放军军服。医院里的所有军医和护士也都变成了解放军战士。

当他们跟随解放军转战了半个中国重新回到佳木斯时，毛主席宣布打败国民党军队，中华人民共和国诞生。正当她们感觉到终于可以脱下解放军军装回日本时，朝鲜战争（抗美援朝）爆发了。于是她们又变成了延吉志愿军野战医院的护士。

妈妈成了解放军战士，但是中川博人和他的堂哥却被日本人贩子诱拐，拉到了市场上拍卖。正当危急关头，一位姓杨的中国财主出400大洋把兄弟俩买下，原来这位财主是博人父亲的好朋友。为了避免因为是日本人而遭到伤害，杨财主给两个孩子取了中国名，博人改名"杨希邦"。但是不久后，土地改革开始了，杨财主遭到镇压。为了避免孩子受到牵连，管家帮助杨希邦和堂哥逃跑了。所以当希代好不容易找到杨家时，儿子已经不见了踪影。

当兄弟俩再度流落街头时，遇到一名中国妇女，说到她家可以管吃管住，没想到去了那里竟然是要下到煤矿挖煤。而这位老板娘因为儿子被日本人杀害，因此对这两个"小日本鬼子"充满仇恨，经常殴打他们。博人堂哥挥起镰刀奋起反抗，并叫弟弟快跑，最后只有杨希邦一人逃出了煤矿。

杨希邦相信母亲一定爱着他，于是一家一家地找解放军医院。结果找到一家大医院时，被一名解放军军官吕建军（旅日中国影星黄实饰演）逮住。见孩子3天没有吃东西，吕建军把他带到厨房，让他吃了一顿饱饭，并希望他参加解放军当少年兵。于是，无处可去的杨希邦就成了解放军少年兵，而且因为会包扎伤口，成了一名卫生兵。但是他从此也认为，母亲抛弃了他。

不久，15岁的杨希邦跟随志愿军部队参加了朝鲜战争。在一次战斗中，阵地上只剩下吕建军和杨希邦等3人，当美军又发动攻击时，吕建军叫杨希邦先撤离阵地，自己和另一名战士为他掩护。可是，杨希邦在撤离途中被美军炸弹炸伤，成了俘虏。

1953年，中国解放军军官王江明突然召集日本护士和军医，宣布他们可以立即回国。希代在寻找儿子无望的情况下选择了回国。而坚信共产党的马渊春宣布留在中国，并与王江明结了婚。

希代回到佐贺县老家时，警察认为她当过中国共产党部队的兵，因此把她带到警察局进行了审讯。不久，因为从朝鲜战场上运下来的伤员太多，急需护士，希代又再次成了佐贺红十字医院的护士。

有一天，美国军官告诉她，将会有一批中国人俘虏前来治疗。希代遇到了一名18岁的少年俘虏，感觉到有一种莫名其妙的亲近感。终于在这名少年俘虏被遣送回中国时，希代看到了他脖子上挂着的那只老虎香囊。

母子别离这么多年，在自己的祖国终于团聚，但却又是别离时。泪水中他们挥手，从此又相隔天涯。

电视剧在这里戛然而止。

（注：因为只看了一遍，个别故事情节可能记忆有误，请读者谅解。）

这部电视剧先后拍摄了三个月，其中一个月是在中国黑龙江省拍摄的。演员阵容一流，演技也十分出色。担任这部电视剧的导演是52岁的福泽克雄，许多人可能不了解他。去年他导演的电视剧《半泽直树》曾轰动海内外，是日本当今最新锐的导演之一。

这部电视剧想告诉人们什么？福泽说，他只想告诉大家，战争是残酷的，它会剥夺许多人的爱，但是红十字的博爱精神却是无国界的，救死扶伤不分国籍。他希望这部电视剧能够成为继《大地之子》之后，又一部描述中日两国人性之美的电视剧。

电视剧中扮演解放军军官吕建军的黄实先生，是我的好朋友。在电视剧播完后，我和他聊了聊拍摄感受。

黄实先生是宋代诗人、大书法家黄庭坚的第32代直系。1974年，11岁的黄实就参加了解放军，是解放军艺术学院的"少年兵"。1979年对越自卫反击战时，他上了前线，经历了残酷的实战。1990他赴日留学，参加过NHK的《大地之子》的拍摄。他曾与王祖贤联袂主演《北京原人》、与成龙、范冰冰一起主演《新宿事件》等电影，是旅日华人中最为出色的影人和艺术家。

导演福泽找到黄实时，只对他说了一句话："你演过《大地之子》，这次请再演一次。"

谈到《红十字～女人们的红纸信～》这部电视剧时，黄实先生说，有些细节从我们中国人的视角来看，认识可能会有些不同。但是这部电视剧最为感人的是，它宣扬了一种爱——家人的爱、人性的爱、跨越国界的博爱；还有人道主义精神。中国人救过日本人，而日本军医和护士也救过不少解放军，这段历史是中日两国人民爱的佳话。当我们在感受这一种爱的同时，对于战争又会有一种深刻的反思，会觉得拥有和平生活比什么都重要。

　　这篇文章从凌晨1点一直写到清晨5点半。我只想告诉大家：中日抗战片从爱的角度展开描述，也是一种不错的手法。有机会的话，请大家一定看一看。你不一定会流泪，但是一定会被感动。

27. 日本企业为何寻求与中国劳工的和解

最近我回国参加了东方卫视"环球交叉点"和凤凰卫视"一虎一席谈"节目的录制。两个节目谈的都是同一个问题：中国劳工该不该与三菱材料公司和解？

各位嘉宾的观点各异，我是积极主张双方和解的。

在中国抗战胜利 70 周年之际，其实许多时候我们的感觉，还是第二次世界大战远没有结束，因为历史还没有得到清算。过去这么多年，在历史问题上，我们到底是希望"清算"，还是寻求"和解"，其实是两种不同的选择。但是许多人，包括一些嘉宾，最终是选择了"清算"，而不是"和解"。因为大家觉得，选择"和解"太窝囊。

我很理解大家的心情，但是我依然坚持主张"和解"。我主张和解的理由有三点：

第一，从法理上来说，现在要"清算"历史案件，很难。

无论是中国劳工诉讼案，日军细菌战受害者诉讼案，还是"南京大屠杀"受害者诉讼案，日本法院均承认中国人的受害事实，但以"起诉时效已过"和"中国政府已经宣布放弃战争索赔权"为由，最终均驳回了中国受害者作为原告的诉讼要求。

中国有一些学者和政府官员称，1972 年恢复中日邦交正常化时，中国宣布放弃战争索赔权，放弃的仅仅是国家的索赔权，而不是个人索赔权。这话可以这么讲，但是除非中日两国政府再坐在一起，就"放弃索赔权"到底放弃的是"国家索赔权"还是"个人索赔权"发表一份联合声明进行确认，否则永远是一笔"糊涂账"。

鉴于此，中国受害者再跑到日本打官司，法院判决的结果永远会是一样：承认受害事实，驳回原告诉讼。

第二，三菱材料公司的和解努力应该予以一定的肯定。

三菱材料公司的前身是三菱矿业公司，从明治时期成立以来，一直是三菱财团的主要成员。在第二次世界大战期间，三菱材料公司也参与了强征并奴役中国劳工的行动。迄今为止，中国有5个劳工原告团共3765人，向日本法院提起了诉讼，要求三菱材料公司赔偿并谢罪。但是在2007年，日本最高法院依然做出了"承认受害事实，驳回原告诉讼"的判决。

按照日本最高法院的判决，三菱材料公司可以赖账，可以不再理会中国劳工原告团的要求。但是，三菱材料公司选择了今年这一特殊的日子，主动寻求与中国劳工和美国、荷兰、澳大利亚等战俘劳工的和解。答应给每位中国劳工或遗属10万元人民币的补偿金，并在日本矿山原址树立中国劳工纪念碑，支付总额达到80亿日元（约4亿元人民币），成为日本战后历史问题处理中最大的一宗赔款案。虽然有中国原告在北京起诉他们、三菱材料公司不愿损害自己在中国国内的商业声誉等因素，但是三菱材料公司最终愿意与中国劳工实现和解做出努力，应该有必要予以肯定。

第三，应该让年迈的中国劳工在有生之年讨到一种说法，得到一些经济补偿，不要带着遗恨告别世界。

三菱材料公司在给中国原告的道歉信中这样表示："'过而不改，是谓过矣'。敝公司坦诚地承认各位中国劳工人权被侵犯的历史事实，并表示深刻反省。各位中国劳工远离祖国及家人，在异国他乡的土地上承受了巨大的磨难和痛苦，对此，敝公司承认作为当时的使用者的历史责任，向中国劳工及其遗属真诚地谢罪，并对身亡的各位中国劳工表示诚挚的哀悼。"

对于这段道歉文字，5个中国劳工原告团中，有3个表示接受，有2个表示不接受。

不接受的主要理由是，三菱材料公司没有承认自己与日本政府一道参与了强征中国劳工的事实，三菱只是称自己是中国劳工的"使用者"，而不愿承认自己是中国劳工的"奴役者"。原告团要求三菱材料公司全面采用日本最高法院的判词，彻底承认自己奴役中国劳工的罪行。

我在《一虎一席谈》节目中表示，三菱材料公司当年强征3765名中国劳工，并最终导致722名劳工被折磨而死，这笔惨痛的历史永远不能忘记。但是我们也应该看到，在目前的日本政治环境中，三菱材料公司能够写出这样的道歉信，也是一大努力。如果说我们要讨一个说法，那么日本最高法院认定了中国劳工的受害事实，三菱材料公司也做出了谢罪，这个"说法"已经有了。如果仅仅因为这个"说法"没有百分之一百让中国劳工满意，因此拒绝与三菱材料公司的和解，那么我担忧的是，中国劳工们可能会失去一个解决这一问题的历史性机会，说不定在他们有生之年，再也看不到"清算"或者"和解"的结果。

所以我觉得，既然日方已经有了一个基本的"说法"，那么不妨给三菱材料公司一个赎罪的机会。各退一步向前走，也许是实现历史和解的最好办法。

我需要声明的是，我的观点不受三菱材料公司行为的影响。我觉得，让痛苦了一辈子的中国劳工们（据悉只剩 17 位）在有生之年能抚平一些心灵的创伤，得到一些经济上的补偿，能够安度晚年，这比什么都重要。

28. 日本电视台如何解读"南京大屠杀"

池上彰先生原是 NHK 电视台的记者,后来当上了 NHK 儿童节目的主持人,给孩子们解读话题新闻的来龙去脉,由于问啥懂啥,被孩子们亲切地称为"新闻爸爸"。

"新闻爸爸"还没等到退休,在 2005 年就自己砸了 NHK 的铁饭碗,成了一名自由主持人和自由作家。2008 年,朝日电视台邀请他主持一档专门解读新闻背景的节目,叫作"学习!新闻演出"。后来这档节目火了,于是"新闻爸爸"变成了"新闻先生"。

2015 年 10 月 24 日夜,池上先生再度出场,开演"学习!新闻演出",其中一个话题比较火爆——日本政府为何要抗议联合国教科文组织批准"南京大屠杀"为世界记忆遗产?

参加此次节目出演的嘉宾,都是日本比较出名的艺人。围绕这一敏感的话题,大家七嘴八舌,而池上先生也全面解读这个问题的来龙去脉。这档节目,很有代表性地反映了日本人对于"南京大屠杀"的认识与看法。

下面轮到我给大家解读这档节目。

池上:在解释"南京大屠杀"之前,我们先来解释一下世界记忆遗产。联合国教科文组织为了保护世界文化与历史,主要设定了四个世界遗产:世界文化遗产、世界记忆遗产、世界非物质文化遗产和世界自然遗产。这四个遗产的评审中,其他三个都需要到现场考察认定,唯有世界记忆遗产的评审,只是根据相关国家递交的申遗材料闭门评审,不去现地考察。这次"南京大屠杀"历史档案的申遗评审,就是由 14 人内部评审,而且没有相关学者参加。因此,日本政府认为联合国教科文组织只是单方面听取了中国的意见,而没有顾及日本政府的主张与要求,所以认为这一评审有失公道,由此提出了抗议。

池上:为什么日本政府要提出抗议,是因为联合国教科文组织的经费的 10.83% 是由日本政府提供的,每年达到 43 亿日元(约 2.26 亿元人民币),

而中国只承担了5.14%。由于美国现在已经停止了支付，日本事实上是联合国教科文组织的最大出资国。因此日本政府认为，联合国教科文组织应该顾及日本政府的立场。

男艺人：内阁官房长官菅义伟说，准备冻结日本承担的联合国教科文组织的经费。国际社会会认为日本心胸太狭窄。我觉得，这种做法比较下品。

池上：是啊，现在中国人已经说了，不就是2亿多元人民币，那就全由中国来承担。如果这样的话，日本在联合国教科文组织的位子就没有了。所以官房长官说归说，应该不会实施的。

池上：关于"南京大屠杀"，日中两国最大的争论焦点是人数。中国方面一直强调是"30万人被杀"。但是日本方面认为，旧日本军当时在南京的整个军事行动的时间是6周，如果按照这个数字来计算的话，每天要杀7000人，这7000人的尸体如何处理，就是一个问题。况且当时的资料记载，南京的市民只有20万人。

艺人：那事实上被杀的是多少人呢？

池上：日本方面的说法也不一样，有学者说是20万人，也有说4万人，也有说只有2万人，当然也有人说"根本没杀"。

艺人：如果是2万人的话，也是一个很大的数字。那日本政府的观点是什么呢？

池上：日本政府迄今为止对于"南京大屠杀"的立场是这样的："发生过杀害非战斗人员与掠夺行为等的事实是不能否认的，但是有关被害者的具体人数，有各种各样的说法。作为政府，哪一个数字比较准确，认定起来是比较困难的。"也就是说，中国方面认为，旧日本军杀害了大量的民间人士，但是日本政府认为主要是杀了战斗人员，这个认识上也有差异。

艺人（内藤刚志）：我小时候学的教科书上，是明确写了"南京大虐杀（南京大屠杀）"。问题是，这样的事情是否发生过，才是关键。

女艺人：我小时候的教科书上，写的是"南京事件"，好像没有什么实质内容。

池上：联合国教科文组织倡导的世界遗产的审定，主要是为了世界的和平。但是，中国把"南京大屠杀"历史档案申遗，有做政治利用的嫌疑。

艺人：联合国教科文组织已经将"南京大屠杀"历史档案列为世界记忆遗产，

这就是说，已经是一个既定的事实。如果日本反应过激，是否国际社会会认为日本老是不承认历史？日本抗议后，联合国教科文组织能否撤回？

池上：理论上可以商榷，但是至今为止还没有撤回的记录。

艺人：这次日本好像也把日本人被羁押在西伯利亚史料审定为世界记忆遗产，俄罗斯没有反应？

池上：俄罗斯政府也向日本政府提出了抗议。这些问题确实还比较复杂。

艺人：世界记忆遗产能够成为和平的遗产，那就好啦。

点评：整个节目，基本上是站在日本政府的立场上展开讨论和阐述，但是也介绍了中国政府的立场。艺人们对于"南京大屠杀"具体的历史事实并不了解，但大多数人还是认识到旧日本军曾经在南京干过屠杀的事。至于具体的数据，中国说的"30万"有点难以置信，但是到底杀了多少？又找不到确切的数据。有艺人在节目中呼吁："两国是否可以合作进行检证？"但是池上摇头：这个难度很大。

29. 日本孩子暑假都在干什么

我老家在浙江，当地产一种叫"皋泄晚稻杨梅"，紫红色的，很甜。每到吃杨梅的季节，我知道就可以放暑假了。暑假对于我们老男人来说，已经是一个很遥远的故事。但是小时候抓蜻蜓，躺在外婆家的木板门上等着外公从外面买西瓜回来的那种焦虑期待的心情，至今无法忘怀。现在又到了暑假，不知中国的孩子们是如何过这个暑假的。日本的孩子们，暑假都会干些什么？

上个星期天，我去家附近的一家大超市买菜，发现店里在卖三角网兜，边上贴了一张很大的画，画的是一群孩子在山上用这种网兜抓蜻蜓。

东京是一个大城市，市中心没有农田，也没有很大的树林，拿着网兜去哪里抓虫子抓蜻蜓呢？我问售货员，这个网兜有人买吗？她说，每年在这个时候一定要进这个货，孩子们放暑假要玩的。我说，东京又没有稻田，上哪儿去抓蜻蜓？她说，孩子们一般会坐上轻轨电车，去千叶县、埼玉县的郊区，还有八王子附近的山上去玩。还有就是回爷爷奶奶或者外公外婆的乡下老家过暑假，这个网兜是必备的。

我看到过一张照片，是当今日本天皇的孙子"悠仁"亲王，今年9岁，他在暑假跟父母到乡下别墅去度假，拿着一个网兜在稻田里奔跑，抓了不少的蜻蜓。这位小亲王因为是目前日本皇室第三代中唯一的男丁，所以，他很可能在将来成为日本的天皇。即便如此，他的父母还是希望自己的孩子在暑假能够与同龄的孩子一样，在田野里奔跑，去接触大自然，过上有意义的童年生活。

日本的小学生在暑假是没有家庭作业的，但是必须要完成一项"自由研究"课题。研究什么都可以，譬如冰激凌是怎样做出来的，大熊猫为何要吃竹叶，火山为什么会喷发，烧鱼的时候为什么一定要放点酒，等等，凡是你觉得有疑问的，都可以作为"自由研究"的课题。

大家还记得我家的小邻居绫子吗？昨天她跟我说，要研究鸡蛋。我问她研究什么鸡蛋？她说，把鸡蛋放在醋里面，鸡蛋壳会变松酥，自动消融，而蛋清会变成富有弹性的东西，一个鸡蛋就会变成琥珀色的蛋球。

我还真的不知道，鸡蛋放在醋里面，会发生这样的变化。为了完成这一暑假研究作业，绫子必须从购买鸡蛋和醋开始做记录，同时还要拍照，记录鸡蛋泡在醋瓶子里的每一天的变化。她已经把自己的研究时间，放在这个月的下旬进行。

像绫子这样的研究，每个日本孩子在暑假是必须完成的。所以每当日本放暑假，最热闹的地方是各个博物馆和科技馆以及家庭用品中心，还有就是工厂。博物馆和科技馆是孩子们搞研究需要参观的地方，而家庭用品中心有各种各样小木板、螺丝和各种工具，还有野外活动的各种服装和用具，因此也是孩子们最需要拉着大人去逛的地方。各种工厂也是孩子们暑假最喜欢去的地方，譬如汽车工厂、食品工厂等，都开设有暑期学生参观路线，让孩子们开展社会学习实践活动。

日本岩手县是一个半丘陵地区，有不少的树林，这里的孩子们在暑假还有一项特殊的作业，那就是做家具。做什么都可以，桌子、小板凳或者小笼子，只要做出来就可以，等下学期开学时，必须自己扛到学校里去展示。所以岩手县出来的孩子，多多少少会一点木工活，女孩子也不甘示弱。

为了帮助孩子们完成各种自由研究，在一些城市里都会临时开设教室，教孩子们如何做研究，如何做作品。

日本的暑假，刚好有一个很重要的节日，叫"盂兰盆节"，相当于中国的清明节。这个假日没有一个特定的日子，一般都在8月上旬或者中旬进行，每个单位可以自己选择放假的时间，假期算上周末，前后也有五六天。

这个假期干吗呢？那就是带领全家去老家扫墓祭祖，所以"盂兰盆节"期间，日本会出现两种现象，一是大家都无心上班，二是飞机票火车票特难买。

于是对于在东京这样大城市里生活的孩子们，一到暑假，就会想着早一点去乡下的爷爷奶奶家或者外公外婆家玩。暑假除了抓蜻蜓，各种各样的野外活动都是孩子们的开心事。譬如住在海边的孩子们会去海滩抓鱼，还有刨蛤蜊——青岛人叫"嘎啦"的那种海贝。而住在山区的孩子们会去小溪里抓鱼，还有上山抓虫子，夜里看星星，每天是其乐无穷。

对于孩子们来说，暑假最开心的事，还有参加各地的文化节日和焰火晚会。

日本各地都是选择在暑假期间，大概从7月下旬到8月中旬，举行一年一度的焰火大会，像东京湾焰火大会和隅田川焰火大会都已经持续了100多年，每次燃放的烟火多达3万发，看焰火是暑假期间孩子们最开心的时刻。

除了焰火大会，还有各地的文化节。这些文化节都是传统节日，大多在各大神社或者寺院里、公园里举行，全是当地民间组织自己举办的，有各种表演，还有各种排档店，大多在晚上举行，参加这些活动也是孩子们暑假的一大乐事，而且越是乡下越热闹。

把日本孩子的暑假生活介绍到这里，一定会有读者问：日本的学校不组织孩子出国旅游吗？

日本的一些中学会组织学生出国修学旅行，小学不行。但是中学生出国修学旅行不会在暑假组织，大多是春季或者秋季组织，而且不是谁家有钱就可以报名参加，是必须全体同学参加，学校予以一定补贴。以前，日本的中学生组织去中国和韩国等亚洲国家的旅行较多。最近几年，日本与中韩关系恶化，加上雾霾等宣传，到中国和韩国修学旅行的学生越来越少，大多转向日本国内，或者去东南亚国家旅游。

我问过一个老师，为什么不在暑假组织学生出国旅游呢？她说，暑假是孩子们与家人团聚的日子，这个时间应该交给家人。

我想学校不能从学生身上赚钱，所以压根儿没有积极性去组织孩子们暑假出国。倒是在"盂兰盆节"期间，有些家庭会带孩子出国旅行，最热门的是夏威夷、塞班岛，这些可以玩海的地方人气最旺。

看了日本孩子如何过暑假的介绍，不知你在暑假将会如何安排自己孩子的生活？给孩子富有天性和快乐自由的时光，可能才是最愉快的暑假。

30. 东京的道路为何不会出现堵车

来过日本的朋友，一定会发现日本的道路很少车，除非是遇到交通事故。尤其是在东京、大阪、京都这样的大城市里，即使是上下班的高峰期，也没有看到马路上有车开不动的现象。日本号称是汽车王国，但是为什么它就不会堵车？

说到堵车问题，我们要拿日本的首都东京为例，东京的常住人口是1360万，但每天有600万的公司职员从附近的卫星城市来到东京市中心上班，所以东京加上流动人口，总人数也要达到2000万。

我们在北京、上海等一些大都市，还能看到市中心与郊区的连接处有不少农田。由于东京在20世纪80年代就已经完成了城乡一体化的建设，所以你从东京的市中心前往八王子、国立市这样的郊区市，已经找不到成片的农田。因此从这个意义上来讲，东京已经完成了整个城市的现代化建设。

对于许许多多在东京生活的人来说，买辆汽车不是一件困难的事，由于没有关税等问题，日本国产汽车在本土市场的价格，总体要比在中国市场便宜许多。譬如丰田的普锐斯豪华版，日本的标准售价是270万日元，相当于18万元人民币。这个价格就相当于一个刚刚跨出校门的大学毕业生的一年的工资收入。

我家附近有一个奔驰车的二手市场，我有时候经过那里会进去瞧一瞧，才行驶了3万公里的奔驰200，它的售价只有150万日元，相当于10万元人民币，而且是全进口的车。所以下次如果我开着奔驰车到机场来接大家的话，大家千万不要以为我很有钱。

日本买车的成本低，还低在牌照上。听说上海的一块汽车牌照的拍卖价已经达到了8万元人民币，但是在东京，如果自己不选号的话，牌照的价格是1440日元，相当于100元人民币。如果选号的话，是4100日元，相当于270元人民币。

所以，在东京街头看到666、888牌照的汽车，车主大多数是中国人，日本人不喜欢这些数字，而是喜欢"777"，因为"777"是老虎机赌博时开奖的

号码。可这么好的号码，价格也只有 270 元人民币。

我想说的一个意思，就是买汽车对于东京人来讲，不算是一个很重的经济负担。

那么，既然买车这么便宜，东京有多少人买了汽车呢？

日本汽车检查登录情报协会公布的 2015 年统计数据显示，目前全国共有汽车是 6052 万辆，每个家庭平均拥有 1.08 辆。日本全国有 47 个都道府县。汽车拥有量最高的是爱知县，每个家庭平均拥有 1.3 辆车，最少的是东京，只有 0.46 辆，连全国平均数的一半都不到。所以，车少是导致东京道路交通不堵的一个重要原因。

那么这里面我们又引出一个话题，为什么东京人不愿意买车？主要原因归纳起来有这么几点：

首先是停车贵。东京的各机关企事业单位因为地价贵，无法专门拿出一块土地当停车场给干部和企业员工们使用。像东京都政府，还有像伊藤忠、丸红这样的世界 500 强企业，你要开车去拜访，不事先预约一个车位的话，那是无法停车的。

东京市中心的停车场每小时停车费一般是 400 日元，相当于 26 元人民币。像我办公室所在的赤坂，一个月停车位的租金是 6 万日元，相当于 4000 元人民币。如果你在自己家附近要租一个停车位的话，即使在郊区一个月至少也要 3 万日元左右，约 2000 元人民币。所以要养一辆车，一个月的停车费就要 6000 多元人民币。相当于把一个刚大学毕业的年轻人一个月工资的一半消耗掉了，他剩下来的钱再交一个月房租，接下来就只能喝西北风。

那么大家也许会想到，把车停在小区里或者道路两侧不就行了？这在中国也许可以，但在日本是绝对不允许的。不仅车会被拖走，而且还要被扣分，因为日本的《道路交通法》对违章停车的处罚十分严厉。因此我们在东京基本上看不到马路边有人长时间停车。所以，保证道路的绝对畅通，也是保证交通不出现拥堵的一个重要条件。

停车费贵是导致许多东京人不愿意买车的一个很重要的原因。那么第二个原因是什么呢？第二个原因是东京的公共交通十分发达。在整个东京首都圈，它的地铁和轻轨全部加起来有 30 多条，地铁和轻轨到不了的地方，都有公交车相连接。所以你从家里出发到单位上班，公共交通环环相扣，都不需要走很多的路。况且东京的地铁和轻轨的准点率都是按照秒来计算的，你可以算好时间按时上班，不用担心因为交通拥堵而迟到。所以在东京你去拜访客户或者参加朋友聚会迟到，说是因为路太堵，所有人都会笑话你，因为路堵的概率太低了，即使稍微堵一点，最多也只会迟到十几分钟，不可能迟到半个小时以上。

东京人爱坐地铁轻轨上班，还有一个很重要的原因，就是上下班的交通费也就是月票都是可以实报实销的。无论是国家机关的工作人员，还是普通的企业员工，都可以报销交通费，所以机关单位也不存在对公务员提供车贴补助等特殊的福利待遇。

由于日本还规定，国家机关只有副部长以上的官员才能使用公车上下班，因此副部长以下的所有政府高官，都是和普通的老百姓一样，每天坐轻轨地铁上下班。东京便捷的公共交通、发达的交通网络布局，使 600 多万人每天不需要从东京郊区和周边的卫星城自己开车去上班。所以日本的上下班高峰期，马路上最多的是出租车，而不是私家车。

也许在我们中国，有没有车，开什么车，还是一个人身份和财富的象征。但在日本，这个概念是不存在的，汽车跟电冰箱一样，都只是一个家电产品，你想买就买，你不想买就不用买。

所以这里面也不存在一个面子问题，即使你是国家机关的司局长，甚至是世界500强企业的董事，挤地铁轻轨上下班都是很正常的事情，没人笑话你。

我觉得，东京这样一个大都市不堵车，还有一个很重要的原因，就是它的道路设计不是像北京、上海那样大多数是以主干道为主，呈井字形和环状形。东京首都圈的道路设计主概念，是3个大环状线，9个放射线。这是基本框架，最关键的是，东京市中心的每个区块，小路很多而且条条相通，这就使得一般的汽车不需要走主干道，走小路小弄堂就可以，而且还没有红绿灯的麻烦。

最近我才发现，东京的道路交通最牛的还是他们在地下建立了一条环城高速公路，规定行驶时速要在100公里以上，这就大大减轻了路面交通的压力。

东京道路不堵车还有一个原因，是人们比较遵守交通规则。日本总人口是1.2亿，去年一年的交通死亡人数是4117人，其中包括许多七八十岁的老年人自己开车出事故的数字。我查了日本每年交通死亡的统计报告，发现在20世纪70年代时，日本最多一年死过16000人，当时有过一个流行语，叫"交通战争"，就是说开车就像打仗，一年下来要死这么多人。后来，日本开始从交通法规的教育着手来减少死亡率，经过这几十年的努力，每年的死亡人数减少了四分之三。

日本的幼儿园有一首儿歌："左看看右看看，向前再看看，举手过马路。"这首儿歌是告诉孩子们，你要过马路的时候，必须要确认左边右边有没有车，然后再往前方看看有没有过往的自行车，然后遇到绿灯时，要举手走过斑马线。

正因为从小有这样的交通安全教育，所以在日本很少看到有人闯红灯，即使在深更半夜，在没有过往车辆的道路上，你会发现许多日本人也是很守规矩地等在马路边，等着绿灯亮起再走。

一个城市出现交通拥堵，不单单是一个车辆增多或者道路建设不够的问题，其实是一个很复杂、很系统的社会综合问题。我想当中国许多城市的公共交通越来越发达，国人不再把汽车看作是一种身份和财富的象征的时候，中国的道路交通拥堵问题才可以真正得到解决。

我要特别感谢我在日本的好友、IT 信息专家刘石先生，他昨天跟我讨论了这个问题，让我有心去查各种数据，写了这篇文章。周末，请大家放弃开车，迈开脚步，把自己从座椅上解放出来，过一个运动型的周末。

31. 日本人为何总能获得诺贝尔奖

2016 年 10 月 3 日，日本工业大学名誉教授大隅良典先生获得了诺贝尔医学生理学奖，这也是第 25 位获得诺贝尔奖的日本人。日本人为何能够频频获奖，尤其是最近几年，每年都有人登上诺贝尔奖的殿堂，其原因是什么？我们中国从中能够获得什么样的借鉴？

大隅良典先生今年 71 岁，毕业于东京大学，并在母校获得了博士学位。他研究什么课题呢？研究的是细胞中蛋白质分解的"自噬"机能。这个"自噬"机能用一个通俗的说法，就是"自己吃自己"。自噬作用可以降解潜在的毒性蛋白来阻止细胞损伤，或是阻止细胞的凋亡进程。通俗的理解，就是能使人延缓衰老，健康长寿。

大隅先生从 50 岁开始蓄落腮胡子，所以他在获奖后第一次出现在电视屏幕上时，许多人都以为是把动漫大师宫崎骏的照片搞错了，两个人长得确实有点像双胞胎。

浙江大学医学院生物化学系主任刘伟教授在 2010 年曾邀请大隅先生到浙江大学做学术交流，在刘伟教授看来，大隅先生作为科学家的素养已经远远超过一般研究者，"他那次给了浙江大学好多他做好的 PPT，其中有很多重要资料甚至都还没有发表过，"刘伟教授说，"没有发表的资料，很容易被别人复制，但他根本不在乎，对我们就像对待他在日本的那些弟子一样，毫无保留。他就像父亲那样的存在，希望我们的研究都能有发展，希望细胞自噬领域有更大的进展，所以把他的研究成果没有保留地给了我们。"

大隅先生在获奖后举行的记者会上，把自己的太太也带了出来，说这一份诺贝尔奖中，有他夫人的功劳。因为他从来不过问家务事，一心搞研究，太太给了他最大的理解和支持。

据说，大隅先生对于自己获奖是有预感的，因为他在去年一年获得过五项国际大奖，这些大奖都被称为诺贝尔奖的"预备奖"。所以，他在接到自己获得诺贝尔奖的通知电话时，正在家里与夫人一道静静地喝酒。

2012年，京都大学的山中伸弥教授在接到诺贝尔医学奖获奖电话通知时，正在家里修洗衣机。电话最初是他夫人接听的，夫人一听是来自海外的英语电话，才交给山中教授。山中教授一听是诺贝尔评奖委员会的电话，起初还以为对方打错了电话，即使对方一再声明这是评奖委员会对他的正式获奖通知电话时，他还是半信半疑。很快，日本各大电视台播出了山中教授获奖的快讯，他才相信世界最高的科学奖项落到了自己的头上，那一年他50岁。他研究IPS万能细胞，可以克隆人体器官，可以拯救人类的生命。

在更早些时候的2002年，一位无名的日本工程师获得诺贝尔化学奖。那一年，76岁的小柴昌俊教授获得了诺贝尔物理学奖。但小柴教授的高兴只持续了一天，第二天就被人遗忘了，因为第二天诺贝尔化学奖给了一位叫"田中耕一"的日本人。

从日本文部省到各大传媒都在拼命寻找这个从没有听到过，所有数据库里都没有的田中耕一（KOICHITANAKA），谁都没想到这人是日本的一家企业"岛津制作所"的一位工程师，获奖理由是因为他开发出了一种鉴定生物巨量分子质量的方法。

一个学历只有大学本科，上学时还因为德语成绩不及格而留级的43岁的无名工程师居然拿下了诺贝尔奖。如果没有这个诺贝尔奖，田中先生还会按部就班兢兢业业地工作直到退休，但一个诺贝尔奖把他和他的雇主岛津制作所全搞晕了。

从岛津制作所来说，员工拿了诺贝尔奖当然是天大的好事，立即就准备给田中耕一"役员（董事）"的待遇，但是田中耕一受不了这个，他拒绝了。

岛津制作所不能给人一种"不重视人才，留不住人才"的印象，所以绝不能让田中耕一走掉，也不能不重用，于是专门为他成立了一个以田中命名的研究所，让他去当所长，但田中先生没干几年，头发全变白了。他说自己只能当工程师，当不了领导。

进入21世纪，日本科学家获奖人数快速增长。本世纪以来的获奖者包括物理奖8位、化学奖6位、生理学或医学奖3位，共计17位，平均下来差不多每年一位。从1949年汤川秀树成为首位日本获奖者以来，共计有25位日本科学家获奖（含两位美籍日裔科学家）。可见，日本人在诺贝尔奖的发力集中在本世纪，集中在物理、化学、医学三大领域。

日本将过去的诺贝尔奖强国——英国、德国、法国远远甩在身后，令国际社会惊叹不已。人们不禁要问，日本何以在21世纪初期出现诺贝尔奖井喷现象？

我觉得除了科学家善于自我反省和勤奋工作之外，日本的科研环境、评价机制以及经费保障等因素都功不可没。尤其值得关注的是，日本获得诺贝尔奖的科学家大多有着相对美好的童年，喜欢亲近自然、探索自然，喜欢阅读、善于阅读，而且父母在他们的成长过程中，扮演了重要的启蒙和引导角色。

1973年诺贝尔物理奖获得者江崎玲于奈曾经这样说：一个人在幼年时通过接触大自然，萌生出最初的、天真的探究兴趣和欲望，这是非常重要的科学启蒙教育，是通往一代科学巨匠的路。

从小体弱多病的大隅良典先生小时候热衷于飞机模型、半导体收音机的制作，夏天喜欢在小河里捞鱼、捕萤火虫、采集昆虫，手持网子在野外一走就是一天。他非常喜欢自然，采集昆虫是一大爱好，他还是小学科学教材的编撰者。在他看来，让小孩子们爱上自然、爱上科学，对世界抱着宝贵的好奇心，是一切的起点。

统计表明，2000年以后的日本诺贝尔奖获得者的获奖研究成果大多是在20世纪七八十年代前后取得的，比他们的获奖时间要早二三十年。

大隅先生的获奖研究成果实际上也是20世纪80年代末90年代初在东京大学执教期间取得的，距今已有20多年。

日本"明治维新"以后，高等教育主要照搬德国模式，重视科学研究。日本政府和企业非常重视对科学研究的经费投入，其科研经费占GDP的比例为3.67%（2007年），是世界上最高的。大学的研究经费虽然在整个科研经费中只占18.3%（2006年），但是大学的研究经费的结构与企业和其他科研机构完全相反，基础研究经费占主要部分（约占55%），而基础研究正是无限接近诺贝尔奖的温床。

德国、法国尤其是韩国近年来的研发费用占国内生产总值的比例也相当高，但却没有像日本一样培育出众多诺贝尔奖得主。由此看来，加大研发费的投入只是取得诺贝尔奖级科技突破的必要条件，并非充分条件。因此，有必要进一步考察其他因素。

本世纪日本诺贝尔奖获得者接受义务教育和高等教育的年代大多集中于20世纪五六十年代，而当时日本的教育正经历着一场深刻的变革。1960年至1970年期间，日本高等教育机构的总数从525所增加到921所，增加了75%。相对应的，大学生数量大幅增加，1970年的在校生数量（168.5万）是1960年（71万）的2.4倍。日本的大学教育在20世纪60年代中期俨然进入了"大众化阶段"，这为大幅度提高公民科学素养奠定了基础。

日本经济从20世纪60年代开始进入高速增长期，历经十余年一跃成为世界经济强国。伴随着经济的发展，日本的研发经费投入总额和研发经费投入强度也在不断增大，这为科技发展奠定了坚实的基础。经济的发展需要补充大批高质量的专门人才，特别是理工科人才，这就要求大学扩大教育规模、调整学科结构、增加经费投入、提高办学质量、改善治理方式。这些因素综合起来，给日本的诺贝尔奖得主们创造了一个得天独厚的教育环境和研究氛围。

我们发现，17名诺贝尔奖获奖者中，本科是名古屋大学和东京大学毕业者最多。名古屋大学在日本所有的大学中，并没有进入一流大学的队列，但是名古屋大学毕业的诺贝尔奖获得者最多。原因在于该校教授和副教授大多比较年轻，学术风气也更为开明、自由与民主。名古屋大学副校长渡边芳人在2009年接受记者采访时指出："名古屋大学的校训是'做有勇气的知识分子'，其含义不仅仅是培养获取已有知识的人才，而且是有勇气抱着怀疑精神进行研究的人。"

除了上述因素之外，一流的实验条件也为日本科学家提供了强有力的保障。特别是对像物理学、化学、生命科学等非常强调实验的学科来说，一流的实验条件显得尤为重要，有时候甚至是决定性的。2001年野依良治获奖后，日本政府拨专款7000万美元为他建立实验设备先进的研究中心。日本正是凭借其精湛的加工工艺和雄厚的产业基础，为科学家进行创新研究提供了世界一流的工作条件。

2012年诺贝尔生理学或医学奖得主山中伸弥能够取得巨大成就，长期支持其研究的奈良先端科学技术研究生院和日本科学技术振兴机构功不可没。这意味着日本仍然保留着允许"可能性"萌芽存在的土壤。

换句话说，独立自由和不受干扰是日本科学家频频获得诺贝尔奖的主要原因。而日本大学多半是研究型大学，以科研带动教学，而不是教学型学校，这是日本频出高质量科研成果的重要原因。

此外，日本科学家的职业威望高、工资待遇丰厚也为他们全心致力于教学、研究提供了有利条件。日本的一项社会地位调查结果显示，在日本187种职业中，大学教师的职业威望得分为83，仅次于法官、律师的87分，位居第二位，远远高于大企业高级管理的73分、高级公务员的70分以及演员的58分。

在经济收入方面，日本厚生劳动省"工资结构基本统计调查"结果显示，日本大学教授的平均工资约为1122万日元（约合86万元人民币），大大超过了国家公务员的663万日元。

中国教育专家熊丙奇指出，中国的学术环境最缺的不是经费，而是批评与质疑的精神。只有给学者更多的自由空间，建立学者平等竞争的学术环境，中国的一流成果才会呈井喷之势。

2001年，日本推出了"科学技术基本计划"，明确提出日本在21世纪前50年里获得30个诺贝尔奖的目标。当时，不少学者著文对这一目标的实现表示了担忧。然而在今天，大多数人已经不会再去怀疑这一点。原因无他，在过去的17年里，这个计划展示了惊人的完成度，在不到三分之一的时间里就完成了一半的进度，已经有17人获奖。我们期待中国在未来也能涌现出更多的诺贝尔获奖者，让获得诺贝尔奖成为中国的一种新常态。

32. 在日本留学每月需要多少生活费

到日本留学，当你一抵达日本，各种费用就开始产生，其主要的费用包括学费、房租和日常的生活开支。

我们首先来谈谈学费。日本基本上是国立大学的学费便宜，而私立大学的学费相对比较贵。综合性大学的学费便宜，医科大学的学费比较贵。有的医科大学的学费比综合性大学的学费要高出 10 倍。

由于国立大学和公立大学基本上依靠政府财政补贴，所以学费就相对比较便宜，像东京大学，它一年的学费只有 53 万日元，相当于 33000 元人民币。那么像私立的早稻田大学，它第一年的学费就达到 130 万日元，高出东京大学一倍多。一般来说，私立大学的学费都在 130 万到 140 万日元之间，也就是在 8 万人民币左右。第二学年开始，学费会减少 30 万日元左右。一些朋友听了这个国立与私立大学之间的学费比较，一定会想：那我到了日本以后就去报考国立或者公立大学，不去读私立大学。但是因为国立、公立大学学校数量有限，报考的人多，所以录取的比例比较小。相对来说，日本私立大学比较多，而且私立大学的各个专业和学科比较丰富，所以许多人还是选择读私立大学。

如果报考研究生，也就是日本各个大学的大学院生，东京大学的硕士研究生一年的学费和本科生一样，所有学科（包括医学）都是 53 万日元。而早稻田大学硕士研究生一年的学费，根据学科不同，学费也是不同。文科类一般是 90 万至 200 万日元，理科类是 130 万至 190 万日元。

日本语言学校的学费一年基本为 50 万日元，上专门学校也就是中专的话，根据各个学校的专业不同，学费大概在 70 万到 100 万日元之间。

说到学费，我们自然会想到奖学金。日本奖学金基本上分成四类：第一类是文部省，也就教育部的奖学金，第二类是各种财团、基金会的奖学金，第三类是企业的奖学金，最后是学校自己的奖学金。金额最高的是文部省奖学金，一个月 14 万日元左右，相当于 9000 元人民币。各种财团和企业的奖学金，一般都是4万、6万、8万日元不等。学校的奖学金，一般来说都是4万日元，约2500元人民币。文部省的奖学金基本上只能拿一年，今年你拿了，第二年就要让给别的同学，或者今年是给了一个中国留学生，明年就可能会是印度留学生。文部省的奖学金在来日留学之前，你可以向日本驻中国大使馆申请，其他的奖学金基本上需要你抵达日本进入学校学习后才能申请。

需要特别提醒的是，在语言学校学习的学生，是没有资格申请奖学金的。

除了奖学金之外，日本各个大学还有一种学费减免制度。这种减免制度主要面向两类学生，一类是学业非常优秀者，另一类是家庭生活比较贫困的。如果家庭经济比较困难，你可以到学校的学生课或者厚生课咨询，向学校申请学费减免。

总体来说，你到日本留学，按照进私立大学的标准，一年的学费需要准备8万元人民币左右。

接下来，我们来谈谈在日本留学的生活成本的问题。

在日本留学，最大的生活成本自然是房租。日本的房子分成公寓楼和简易公寓楼两种，公寓楼在日文中叫做"マンション"，都是3层以上的钢筋混凝土结构。简易公寓楼一般都是两层楼，叫做"アパート"。

日本房地产市场专门有供学生或者单身贵族使用的单身公寓，房间使用面积一般是26平方米，只有1个房间，有小厨房、单独的卫生间和洗澡间。这种结构的房子，在地方城市最多。

日本的房租，根据所在城市的不同，价格相差较大。譬如在东京每月需要8万日元的房子，在一些地方城市可能就只需要4万日元，甚至更低。

现在我们以东京、大阪、京都等中国留学生比较集中的大都市为例，譬如像上海虹口区、闸北区，还有像北京四环这样地段的公寓楼，一般单身公寓的房租会在6—8万日元左右，也就是3600—5000元人民币左右。那么，如果是住在简易公寓楼，房租应该是在4—6万日元左右，也就是2500元到3700元人民币之间。总体来说，市中心和大学附近的房子比较贵，远离市中心和校区的房子比较便宜。

日本的一些外地学生到东京来读大学，大多数会住在简易公寓楼里，因为房租比较便宜，不会增加更多的生活负担。中国一些富裕家庭的孩子，考虑到安全和生活的便利，大多会租用好一些的公寓楼。

除了单身公寓之外，还可以租用高档公寓楼里的套间。这种套间主要供家庭使用，有2个或3个房间，房租一般在15—18万日元之间，也就是8000元到1万元人民币之间，叫上要好的同学或朋友一起住，房租和水电费均摊，也是个不错的办法，免得一个人住单身公寓觉得寂寞，等自己有了男朋友或者女朋友之后再搬出去住也可以。日本有一些留学生的交友网站，也可以寻找合租的伙伴。但是在选择合租伙伴时，一定要小心谨慎，避免发生意外和不愉快的事情。

日本大城市的公共交通十分发达，轻轨、地铁和巴士都连接到城市的各个角落。所以租房子的时候，我建议大家租到远离市中心的地方，因为同样面积和档次的房子，市中心的房子一般要比其他地区的房子每月房租高出2万日元，也就是1200元人民币左右。学生时代的生活本来就是清苦的，一点也不难为情。所以，租用一个简易的单身公寓，把省下来的房租用于学习和旅游，也是个不错的考虑。

在日本租房还会产生管理费。公寓楼的管理费比较贵，有的是3000日元，也就是180元人民币；有的是5000日元，也就是300元人民币。简易公寓楼一般是1000日元，也就是60元人民币。有的干脆不收。管理费一般都会计算在你的房租当中，支付的方式就是每个月在指定的日期汇入管理公司或者房东的银行账号。在日语中，房东被称作"大家"，如果你因为回国或者其他原因不能在指定的付房租的日期里汇款，那么你必须要给管理公司或者房东打个电话，说明一下原因，并告知自己能够汇款的时间，一般情况下都是可以通融的。

总体来说，东京租房子的成本与北京和上海差不多，有些房子甚至比北上广还要便宜。譬如在上海花3000元人民币租一个房子，其房子的结构、舒适度以及厨房、卫生间和洗澡间的设施，就比不上东京。因此，父母为自己的孩子考虑在日本租房时，想想北上广的租房成本，就可以基本上判断出东京的房租成本。

无论是在高级公寓楼，还是简易公寓楼，水、电、煤气费的价格都是一样的。水电费和煤气费有一个基本价，每月都是2000日元，也就是120元人民币左右，你用也好，不用也好，这个基本费用是必须交的。一般情况下，水电和煤气加起来大概是每月1万日元，也就是600元人民币左右，如果到了冬天或者夏天要开空调的话，电费每月会涨到1万日元，也就是600元人民币左右。

上面我们谈了学费和房租，接下来我们再来谈谈在日本生活的成本。生活成本主要是吃的开销、手机等通讯费用、购买服装和日用生活品的费用，以及出去旅游和朋友聚会的交际费用。

日本的一碗拉面，一般价格是800日元，也就是50元人民币。但是在大学的学生食堂，一碗拉面的价格只有400日元，甚至360日元也有，便宜一半。学生每天上学、打工很忙，早上起来很难悠闲地做饭，因此吃面包和喝牛奶成为许多留学生的固定早餐。即便如此，一天用于吃的最低开销也得1500日元，也就是100元人民币，一个月就是45000日元，3000元人民币左右。

当然，生活成本在于节约。我告诉大家一个窍门，你去超市买菜的话，最好选择在晚上8点钟左右，那个时间段，超市的许多商品都会打折，有的打折30%，有的打对折，这样买东西就比较省钱。另外，街区小超市的商品价格要比大超市的商品价格总体便宜。

在日本生活，最不可缺少的是手机和上网。在日本使用手机，控制得好的话，一个月的通讯费用一般在1万日元左右。加上用电脑的无线通讯的包月费大概5000日元，也就是说，你一个月的通讯费用需要1.5万日元，大概1000元人民币。

来日本留学总得买一些衣服，尤其是女孩子。我告诉大家一个底线，无论是正装也好，休闲服也好，或者是优衣库服装，总体价格都要比在上海北京买的服装价格便宜。同时，从国内买来的服装，款式和色彩不适合在日本穿。尤其是在中国的大学里，女孩子比较流行的西装短裤，在日本几乎没有人穿，你一穿，就知道你是中国女孩。所以建议大家，尤其是女孩子来日本留学时，不要从国内带来大量的衣服，在日本买就行，不仅价格便宜，而且款式也适合日本的流行趋势。化妆品也同样，日本的化妆品很多，质量也很好，没有必要从国内带过来。

在日本留学，还有一个成本是交通费。交通费分成两种，一种是从家里到学校的交通费，还有一种是从家里或者学校到打工地方的交通费。到日本之后，你最好买月票，无论是地铁、轻轨还是大巴都有月票，只要你出示学生证，都可以享受打折优惠。这里要提醒大家一点，日本车站的不少自动售票机上没有学生专用打折票价的显示，所以你要购买月票，一定要去有工作人员的窗口办理。至于去打工地方的月票，在日本是可以100%报销的，你不用客气。

　　一个人在日本留学难免会感到寂寞，与同学朋友约上一起去玩，在日本都是AA制，所以你没有必要请客充大款。跟同学朋友一起去居酒屋喝酒吃饭，每个人平摊下来会在2000—3000日元，也就是120—180元人民币左右。另外，日本国内旅游是很贵的，交通费贵、住宿费也贵。譬如坐新干线从东京到伊豆半岛住一夜就需要5万日元，都可以买一张回国的往返机票了。所以大家如果出去旅游，可以坐长途旅游大巴，住民宿旅馆，费用就会比较省。

　　最后我来归纳一下到日本留学的总体成本：学费一年大概需要8万元人民币，房租一年大概需要6万元人民币，一个月的生活费大概需要5000元人民币，一年也要6万元人民币，全部加起来，一年需要20万元人民币。如果孩子能够替父母省一点的话，至少也需要十七八万元人民币。

　　现在有许多留学生，学费和房租请父母负担，生活费靠自己打工挣钱。不但可以减轻家里的负担，而且给自己一个接触日本社会的学习机会，一举两得。

33. 用日本电饭煲烧饭有什么秘诀

春节前从日本回国过年,我带了一只电饭煲送给母亲,哄老人家开心。

这只电饭煲在日本的售价是 59600 日元(约 3000 元人民币),在上海的日资百货公司里,同型的电饭煲居然卖到 9998 元人民币。

惊讶之余,我问了日本关包(上海)国际贸易有限公司总经理黄正平,他是日中物流专家。"为啥同样的电饭煲价格相差好几倍?"黄正平的解释是:进口日本原装的电饭煲,关税、增值税、消费税等几项加起来,大概需要增加 40% 的成本。如果加上仓储物流和店铺租金以及销售企业的利润,那是得翻几倍。

结论:有机会去日本,真的应该带一只电饭煲回来。

这次扛着电饭煲回国,顺便背回来一小袋米。那是去年 12 月我去新潟县讲演时鱼沼市农户送给我的 20 公斤"越光"大米中的一部分。他告诉我:"我家的米,是提供给宫内厅使用的。"言下之意,是皇家特供米。

大年初一,全家人聚在一起,我拿出这袋大米,用新买的电饭煲烧了一锅,母亲吃后评价说:"又香又甜。"其实我自己清楚:没有在日本烧得好吃。

原因在哪里?主要是水质问题。日本的水大都是软水,软水是一种只含少量或者不含可溶性钙离子和镁离子的水,味道甘甜。但是中国的水基本上都是硬水,喝起来口感不好,水中也容易产生白色沉淀物状的水垢,用硬水烧饭会带那么一点涩味。如果自来水里加的化学物质过多的话,那么味道自然会变坏。

昨天看到一条新闻,说国内某家媒体邀请了 10 位大妈使用日本制造和中国制造的电饭煲分别烧饭,比较一下两国电饭煲的技术含量。结果有 5 位大妈表示:"吃不出啥区别。"这条消息是否真实?我没法检证。但是也说明一个道理:中国也有好米。

中国的好米大多产自两个地方,一个是云南的高原地区,一个是东北地区。云南"香米"的种源来自何处?尚不清楚。但是东北大米的种源,是来自日本。在日本占据中国东北建立"满洲国"期间,日本政府从新潟和秋田等日本稻米

产区迁移了大批的村民,作为"开拓团"来到中国东北地区。这些村民带来了"越光"和"秋田小町"等稻米良种在中国东北种植,奠定了中国"东北大米"的基础。所以从某种意义上来说,中国"东北大米"其实就是日本的"越光米"。

  在我煮饭的第二天,母亲用这只新电饭煲烧饭,结果烧出来的饭不是一粒一粒,而是一块一块。她很是纳闷:"同样的电饭煲为什么烧出来的饭不一样呢?"我告诉她一个用日本电饭煲烧饭的最大秘诀:饭烧开了,一定要把电饭煲的盖子打开,把饭掏松,把热气放完之后,再保温。这样的话,烧出来的饭就是一粒一粒的。

34. 日本邮局送来一张道歉条

《环球人物》杂志的编辑许陈静，是一个很负责任的编辑。她在编辑完我采访日本前首相村山富市的文章后，特地用国际特快（EMS）寄了几本杂志到东京，顺便请我转交村山先生。

北京寄出的 EMS，按理说第二天就可送达东京，结果走了 4 天。送到我的手里时，EMS 的四角都特别用硬纸和胶带牢牢包裹，虽然信封的表面已经面目全非，但总算完整。

办公室的同事提醒我，信封上还贴了一张纸条，上面用日文写着一行字，译成中文是："这份邮件送到日本时已经破损，我们进行了修补。向你表示道歉！"落款是"成田国际空港邮局"。

我明白了，那四个角上的硬纸和胶带，是成田机场的邮局修补的。自然道歉的不应该是东京成田机场邮局，而应该是北京国际邮局。

3月，我在采访北京"两会"时，给一些网友邮寄了首日封。至少有 5 位网友至今还在抱怨："影子都没有看到。"家住湖北省房县大木镇的农民工兄弟杨大维，前些日子给我微信留言，希望我给他即将出生的宝宝寄一张明信片，希望他（她）能够健康成长！我在冲绳采访的时候，特别选了一张首里城的明信片寄给他，投进信箱时同事还帮我拍了一张投递照。可是已经过去 20 天，杨先生还没有和我联系。我都担心，这张让他期待已久的明信片，最终会石沉大海。

古语曰："家书抵万金。"在电子邮件、微信、短信和 facebook 满天飞的今天，写一封信，到邮局投递一份邮件，虽然抵不上"万金"，但也是情真且珍贵。如果邮局的工作人员都能理解到和想到，要把顾客的这份爱心和对邮局的信赖之情完完整整地送到收件人的手里，让自己来充当"爱的信使"，那么，他（她）一定会小心翼翼地收递和运送每份邮件，而不是把它们当"手榴弹"扔。

日本的邮局，日本的快递公司，不仅可以把每份邮件保证没有破损、没有污染、如新般地送到收件人手里，同时还可以保证妈妈做的饭菜在第二天连汤带水地送到远在几百公里之外的孩子手中，而且用的是低温保鲜运送，主人用的包装袋甚至就是一个普通的纸袋。日本人可以做到的事，为什么我们中国人就很难做到？

我还和国内一家来日采访的媒体沟通一件事，请他们给每位接受他们采访的日本专家准备一点"谢金"。他们感到很纳闷："我们采访他们，也是给他们做宣传，为什么要给他们谢金？"但是在日本，人家接受你的采访，还专门安排出时间，甚至事先要准备一些资料来回答你们的提问，这番精力和智慧的付出是必须致谢的，这是日本新闻界的一个规矩。也就是说，采访活动不是记者领红包，而是记者要给采访对象送红包，因为人家为你的媒体付出了劳动，贡献了智慧。

我们可以强调"国情不同"，但是这背后折射出来的，却是一种"懂不懂得尊重"和"愿不愿意付出"。

如果每个邮局的员工都能理解到"自己的工资是顾客的邮资给的"，那么他们就会用一颗感恩的心去真诚地对待每份邮件，每个人。

也许我们这些在日本生活的中国人，已经被日本这个服务型的社会宠惯了，于是有了牢骚。但是这份牢骚，也是对中国服务业的合理要求。别的不说，EMS 的国际邮资，中国和日本的收费基本上是一样的。但是日本的 EMS 封袋，文件类的是高级牛皮纸两面防水胶，物品类的是高级牛皮纸中间加弹力保护层加双面防水胶，而且这些封袋都免费提供，这成本就远远超过中国邮局的纸板纸套。如果再算上劳动力成本的差异，中国邮局寄送一份 EMS 的利润就远远要高于日本。挣了这么多钱，稍微增加一点好的服务，作为顾客，这要求实在不过分！

所以，服务不是技术活，也不是体力活，而是良心活，它体现一个国家国民的素质和道德水准。

有点扯远了。

我只期望从冲绳特意寄出的那张明信片，会在 N 天之后送到杨先生的手中，为他的孩子来到这个世界增添一份祝福！

35. 日本的黑社会为什么怕老百姓

日本有三大黑社会组织，分别是山口组、住吉会、稻川会。山口组的总部在神户，其主要势力范围在以大阪和神户为中心的关西地区。而住吉会和稻川会的势力范围在以东京为中心的关东地区，这两个会的总部都在东京，一个在东京的赤坂，一个在东京的六本木，两者直线距离约 1500 米。

说出来绝对吓你一跳：我每天上班，都要经过住吉会总部门口，而且我的办公室与住吉会总部的直线距离是 200 米。

如果不是因为三年前东京发生了一次山口组东京支部的负责人枪杀住吉会干部的事件，我还真不知道，日本第二大黑社会组织的总部就在眼皮底下——那一次，为了防备山口组与住吉会的再次冲突，住吉会总部门口站了身穿防弹背心的警察，于是此地露了馅。

住吉会最早组建于明治初期，1918 年正式演变为黑社会组织。目前全国有组员 9100 人。总部是一栋很破旧的、狭小的五层楼，一楼的边上还是居酒屋。只是作为大门的卷帘门，大多时候总是紧闭着，上面写着一家株式会社公司的名字，而且门口也没有保镖或其他人员站岗。这么多年，每天上下班从那里经过，压根儿就不知道，也根本没有意识到，这里面居然隐藏着日本赫赫有名的极道。

其实，住吉会刚好位于日本 TBS 电视台与日本最大的建筑公司之一的鹿岛建设集团大楼之间。

前天上午，我经过住吉会总部门口时，难得见到了"老大出山"的情景。估计是开高级干部会议，门口的路边停了几辆黑色的高级奔驰，有五六个身穿黑色西服的男子在总部门口警戒。我似乎看到了香港电影《无间道》中黑老大出行的情景。

有趣的是，面对这种架势，路过的人依然我行我素，根本没有避而远之。我走过去时，居然有一个保镖向我点头示意——当然他绝对不可能认识我，只是他感觉到他们挡了老百姓的道，需要致歉。

于是我大着胆子，跑到马路的对面，拿出 iphone 手机对着他们拍。作为一位新闻人，能够看到日本黑帮如此架势是绝无仅有的机会，哪怕遭他们的追打也是值得——当然我相信在日本这样一个法制国家，他们不敢，最多就是制止。但是他们并没有制止。

三年前，日本第三大黑社会组织稻川会买下了赤坂的一栋三层小楼，要作为新的总部。而这栋楼就在我们办公楼前面 30 米，与住吉会总部直线距离仅为 170 米左右，旁边还是赤坂消防署。

周边的居民不知从哪里得到稻川会要从六本木搬到赤坂来的消息，立即组织抗议活动。在这个小楼的周围插上了"坚决反对稻川会搬迁""不许进入赤坂"的抗议旗子。好几天，赤坂自治会的老大爷带了几位老太太，还有一些家庭主妇，在这栋小楼前搬了椅子静坐抗议。而稻川会的人不但没有动手驱赶他们，还一边点头哈腰地向老人们赔小心，一边往楼里搬东西，生怕得罪了这几位"当地菩萨"。我从办公室窗外往那里看，总是感觉那些抗议的老大爷更像黑社会，而黑社会的那些人更像是孙子。

此事终于惊动了东京警视厅。"让两大黑社会组织总部做邻居，免不了有一天会擦枪走火。"于是，警视厅派了两辆警车在稻川会的新楼前停着，也不吭声。自治会的老大爷们看到有警察在一旁撑腰，干脆将抗议的旗子插遍了大楼的周围。

半个月后，稻川会终于顶不住老大爷们的抗议，宣布放弃搬家计划，同时也宣布将大楼出售。

但是过去这么几年，这个楼就一直无人问津。据说里面装潢极其豪华，而售价只有 6 亿日元（约 4800 万元人民币）。

为什么日本的黑社会惧怕老百姓？基本原因有三：

第一，日本黑社会一直以来有一个规矩，那就是"不扰民"。第五代山口组组长曾经说过这样一句话："民众的宽容，就是我们存在的基本。"因此，总部位于神户市的山口组，总是与当地的政府、警察和当地的居民搞好关系，不仅做到"兔子不吃窝边草"，同时在当地居民需要帮助时，黑社会成员总是在第一时间出现相助。1995 年，阪神大地震发生后，山口组的救援队比自卫队先赶到现场救人，而且还搭建避难所，掏钱买食品和毛毯救助灾民。因此，即使黑社会总部在身边，也没有让老百姓感到太多的恐惧。

第二，黑社会的利益不是来自于对百姓的敲诈，而是拥有自己的企业和收入源，并建立了宝塔式的收入管理体制。无论是山口组还是住吉会，全日本22个正规的黑社会组织，都有自己或成员经营的企业和各种名目的公司，黑社会成员经营企业收入的一部分上交自己的上级组织，然后层层上交直达总部。黑社会组织经营的企业，除了正规的贸易公司、垃圾清扫公司以及IT公司之外，还有高利贷公司、夜总会等色情场所。去年，福岛第一核电站的核泄漏事故发生后，东北地区的黑社会基层组织就派遣黑社会成员到核电站中，冒着生命危险去挣每天3万日元的高额收入，然后将大部分薪水上交上去。所以，日本很少听到哪家企业因不交保护费而遭到黑社会打砸的消息。

第三，政府对黑社会组织有严厉的法律和潜规则约束。日本是一个公开允许黑社会组织存在的国家，但同时也制定了一系列法律对黑社会组织的活动进行约束，其中最基本的是《暴力团对策法》。在这项法律中，禁止黑社会组织从事21项活动，包括要求企业和个人赞助、以商品质量问题为由要求赔偿等。东京都政府更在去年单独制定了一个制裁黑社会组织的条例，禁止任何企业与黑社会组织从事任何生意，一旦违反，立即拘捕。

因此，在政府的严格规范下，黑社会组织无法"越轨"和"动粗"。一旦伤害了老百姓的利益，那就是搬起石头砸自己的脚，要了自己的命。山口组组长筱田建市去年在接受媒体采访时，几乎是恳求政府给山口组成员们留一条生路。他说："我们的组员和他们的家属，算起来有几万人，他们的生活无法得到保障的话，那会很麻烦。"

"规矩做人"，如今已是日本黑社会组织赖以生存的行为准则。

36. 日本如何应对校园暴力欺凌事件

2016年年末，日本发生的一起校园暴力事件轰动了全国，一名来自地震与核污染灾区到横滨市避难的的13岁男生，在学校里遭到了同学的侮辱和金钱敲诈。这位孩子在日记中写道："我实在受不了这种欺负，我想到了死，但是，我想起大地震这么多的遇难者，为了他们，我也想活下去。"孩子的这段日记被公开出来后，引起了日本全社会的关注，同时，校内暴力问题也再一次摆到全社会和日本政府的面前。

2011年3月，日本福岛县近海发生了里氏8级大地震，大地震引发的海啸席卷了日本东北沿海地区，也摧毁了临近海边的福岛第一核电站的供电系统，结果导致了严重的核泄漏事故的发生。福岛县部分地区被宣布为无人区，一部分福岛县人被疏散到各地避难。这位当时还是小学生的孩子跟随爸妈到了横滨市避难。

横滨市是日本第二大城市，距离东京只有1个小时的车程。这个孩子从小学2年级开始就遭受同学的欺负，一些同学认为他遭受了核污染，骂他是"细菌"。同时跟这名男孩子要钱，说你们家到横滨来避难，拿了好多的政府救济款，必须吐一点出来。于是，这个孩子在几年的时间里，先后从家里拿了150万日元（约10万元人民币）交给这些欺负他的同学。在万般痛苦与恐惧之下，这个孩子写下了日记，记录了自己想自杀的心情。

2015年7月，孩子的爸爸妈妈发现孩子精神恍惚，从他的包里看到了日记。于是，爸爸妈妈找到了学校。学校说，经过调查，同学们确实拿了他的钱，但是前前后后只有8万日元，并且是一起吃东西花掉的，因此学校不认为是属于校园暴力事件。

这一问题被学校搁置了1年多，最近，孩子的日记被网络公布出来，引起了日本社会的极大震动。因为这不仅仅是对孩子的欺凌，更是对遭遇大地震、大海啸的灾民的欺凌。于是，这件事直接闹到了国会和首相那里。安倍首相下令文部省，也就是教育部要彻底调查，同时日本国会开会讨论，决定要修改相关的法律来阻止校园暴力行为的蔓延。

在日本，校园暴力问题也称为校园欺凌问题，这一个问题，有一个专用的日语名词，叫"いじめ"，写成汉字是虐。日本的这一いじめ问题有多严重？文部省的统计数字显示，2015年，全国大中小学校发生校园暴力事件共有22.4万件，导致多名孩子跳楼或者卧轨自杀。

大家是不是还记得在2010年，日本天皇的孙女爱子在学校里遭到男同学欺负的事情。那一年，爱子在学习院小学部念二年级。就在参加2年级的期末考试前，爱子在学校里被同学打了，而且打她的不是一个人。几个同学用脚踢她的小肚子，使得爱子疼痛难忍，倒在地上，嚎啕大哭。

这件事情闹大了，闹大的原因不仅仅因为爱子是排名第三的皇位继承人，同时还打破了皇室成员没有人遭到过外人殴打的记录。

日本舆论为之哗然，不少妈妈们齐声发邮件、打电话到学校，义愤填膺。而以"保卫皇家"为荣的日本右翼，更有扬言要铲平学习院，抓出小凶手。

爱子逃了学，不愿意再去心爱的学校上课。日本宫内厅担心爱子得了恐惧症，还派了心理辅助医生前往探视。

撑了6天，在妈妈的劝说下，爱子终于答应再到学校上课，但是必须由妈妈陪同上课。结果，雅子妃成了陪读。皇家警卫队更是派出大量便衣在校内外警戒，防止日本未来的皇后与女皇再遭袭击。

事情过去一个多星期，爱子被打事情最后如何处理？成了许多人关心的问题。

日本天皇与皇后听说孙女被打后心里很难受。为了安抚这个宝贝，特地把爱子请到皇宫内吃了一顿午饭。皇后奶奶还陪她到庭院里摘了小红花。因为爱子的家单独设在赤坂御邸内，没有和爷爷奶奶一起住在皇宫，因此平时要见一次爷爷奶奶，手续还很麻烦，都得通过宫内厅传话安排。所以，请宝贝孙女吃一顿饭，就是爷爷奶奶对于孙女的最大关爱了。

那么作为父母亲的皇太子和皇太子妃，如何对待自己女儿被打的事件？宫内厅的东宫大夫发表了一份皇太子夫妇的谈话稿。皇太子夫妇在谈话中表示："这件事让国民们担心了，作为父母我们也感到十分的痛心。"对于是否继续让孩子在这个学校念书的问题，皇太子夫妇表示，学校已经采取了各种各样的措施，今后他们将会和学校进行协商，希望能够找到很好的解决的办法。

日本天皇和皇太子夫妇对于爱子被打的问题，最后是大事化小小事化了，因为皇室成员要成为爱民的模范，不能因为这么一件事情而兴师动众。

校园暴力问题已经成为日本社会共同关心的一个大问题。喜欢看日剧的人也应该可以发现，这类题材的作品在日本的影视作品中也有很多很多，比如中岛哲也的《告白》，这也从另一方面说明了校园暴力这个社会问题在日本的严重性。

由松隆子扮演的中学女教师森口在校园游泳池内发现自己的四岁女儿意外溺毙，后来经她私下调查，原来是班上两位学生谋杀的，但杀人动机实在荒唐。痛失爱女的森口老师向学校提出了辞职，却不向警方申请重新调查，因为法律规定14岁以下的少年犯罪不会受到惩罚，但是在学校放暑假那天，她向全班学生说出真相，并透露了她的复仇计划，在那两个学生的牛奶里掺了带有艾滋病毒的血液，在学生们的心底种下恐惧的因子。

这部电影利用《罪与罚》的反推理手法来心理分析新世代教育和校园犯罪，各情节由受害者亲人、嫌疑犯学生、嫌犯的家人及女班长等主观视角分别告白，一步步逼近犯罪动机的核心，借此也提出许多重要问题：师生关系如何有效沟通、校园犯罪的法律面和道德面的惩罚该如何拿捏、如何与疑似有问题的学生相处来预防犯罪、如何落实个别化人格教育、青少年犯罪的法律规章是否该检讨，等等，小说适当地用个人的自白故事点出当今教育出了问题的因果所在。

2011年，滋贺县大津市一名13岁男生因不堪忍受校园暴力而自杀。他遭到同学各种欺凌，被强迫偷东西、还被头巾勒住脖子、甚至被迫"练习自杀"。

这个孩子自杀后，学校和当地市教育委员会开始推卸责任，认为孩子的自杀与校园暴力无关。于是媒体全面介入进行调查，最厉害的还有学校的家长会组织，直接对自杀孩子的同学展开调查，获取证据，最后学校校长和市教育委员会不得不举行记者会公开道歉。

这一事件令当时的日本首相野田也在电视机前流了眼泪。日本政府专门成立了调查小组，文部科学省还制定了防止校园暴力问题的指导方针。为了鼓励受到欺负的孩子不要一个人承担痛苦，还开通了24小时对话热线。最后，日本国会制定了一部《校园暴力防止对策推进法》，从法律层面来应对和防止校园暴力问题。

日本文部省认为，属于校园暴力的范畴有五大类：

第一是冷暴力：受害的学生被大部分学生孤立，任何活动都遭到刻意排斥。

第二是语言暴力：对受害的学生进入辱骂，威胁，散布谣言等。

第三是肢体暴力：采用殴打、故意碰撞等手段欺凌受害学生。

第四是强迫暴力：强迫受害者去做危险的事情，譬如强迫其去偷东西，欺负别的孩子或者接受让他蒙羞的事情。

第五是偷走受害学生的书包、强要其钱物，等等。

在这五大校园暴力类型中，冷暴力排名第一。这些暴力问题甚至向着刑事犯罪的方向发展，出现了软禁、拿刀威胁、强迫卖淫等等犯罪问题。

为什么那些被欺凌的学生最后总以自杀结束一场校园暴力，也是因为他们从小就被灌输这样一种集体主义观念："不能融入社群的人就是不好"，所以在被欺凌的时候第一反应就是"是不是自己不好"。在这样一种自我否定的心理中，再加上自己因为校园暴力而陷入了绝境，就很容易用自杀这种极端的方式来结束一切。

日本校园暴力屡禁不止的原因，作为孩子家长有不可推卸的责任。具有暴力倾向的孩子，通常心理比较阴暗，性格孤僻，长期得不到家庭关爱。父母忙于工作，往往忽略了对孩子的沟通和心理辅导。孩子为引起注意，便开始采取一些极端方式。

还有一个很重要的原因是学校过于注重传授书本科学知识，以升学率、高分率为主，忽略了思想道德、心理课的辅导。一旦发生校园暴力问题，为了顾及学校的声誉，能隐瞒则隐瞒，能调解就调解，最终把大事化小小事化了。这样的做法，不仅没能阻止暴力问题再度发生，反而容易助长加害学生的暴力倾向，使得加害学生走上社会之后依然我行我素，最终走进了监狱。

所以，我们不能把校园暴力看做是简单的孩子打打闹闹的问题，学校更不能认为只是学校内部的事情，不允许舆论监督和社会大众的关注。校园暴力是一个教育的问题，更是一个严重的社会问题，必须引起全社会的高度关注和共同参与管理，才能防止悲剧的再度发生。

传承

1. 日本历史上为何从未出现过改朝换代

在日本，最感觉不可思议的一件事，就是日本这个国家从第一代天皇开始一直传到现在，总共延续了125代。而在长达2600多年的历史当中，居然没有人想到，要把天皇杀掉，我来当天皇。也就是说，日本到现在为止，都是天皇一家代代相传，叫"万世一系"。所以从这个意义上来说，日本这个国家缺乏一种革命的思想。

那么，日本的第一代天皇是谁呢？

他的名字叫神日本磐余彦天皇，是彦波瀲武鸬鹚草葺不合尊的第四皇子。他出生在日向国（今宫崎县），从九州的日向地区向东进发，经过多场血战，最终平定了大和地区，建立了一个以奈良为中心，国土范围涵盖半个日本列岛的"大和国"。公元前660年，神日本磐余彦天皇在今奈良市的橿原宫即位。神日本磐余彦天皇在位长达76年之久，于公元前585年驾崩。驾崩后的谥号"神武天皇"。如今的奈良市有神武天皇的陵园，橿原神宫里供奉着神武天皇。

神武天皇生活的时代，也就是中国的战国时代，与秦朝的第八代国君是同一时代。关于神武天皇的故事，目前只有一些传说，说他很会打仗，也很能种田，

是一位英勇善战又十分圣明的天皇。

日本历史上还有一个传说，说神武天皇其实是中国秦朝的方士徐福。据说秦始皇当年为求长生不老之药，命令他的大臣徐福带三千童男童女去海上仙山寻找长生不老之药。结果，徐福带了这么一支浩大的船队来到了日本，长生不老之药没有找到，怕回去交不了账，于是就在日本留了下来，创建了一个国家，叫"大和国"。

中国西汉时期的司马迁写了一部《史记》，《史记》是中国历史上第一部纪传体通史，记载了上至上古传说中的黄帝时代，下至汉武帝共3000多年的历史。书中记述了徐福出海寻找长生不老之药的故事。

现在还有不少日本人对徐福是神武天皇的传说深信不疑。在富士山下居住着一个大族，大家都是同一个姓，叫"羽田"。"羽田"在日语中的发音，与秦始皇的"秦"是同一个发音。所以，羽田一族的后人们坚信自己就是当年跟随徐福东渡日本的秦人后裔。20世纪90年代初，日本诞生了一位首相名叫"羽田孜"，他一直跟人家说，他是秦人的后代，是中国人的血统。有一次我见到羽田先生时，他开玩笑说："我们可是兄弟。"2016年10月22日，日本全国徐福会在富士山下举行全国大会，向我发出了邀请。因为我姓徐，他们认为应该是徐福的后代，换言之，我与日本全国的羽田一家属于骨肉同胞。下次大家坐飞机到东京羽田机场的时候，心里要想一想，这个机场与中国的秦始皇还多少有些关系。

日本虽然有2600多年的历史，但是它的古代文明要比中国落后许多年。所以，日本在古代一直向中国朝贡，向中国学习。

《三国志·魏书·倭传》是中国正史中记载日本的第一篇文章，共1987字，总括性地介绍了魏国使节团在倭国的所见所闻。使节张政等在日本居留7年，直接调停了"亲魏倭王"卑弥呼死后邪马台国内的战乱，直至卑弥呼的宗女壹与继承王位才回国。由于《魏书》比日本最早的史书《日本书纪》要早大约440年，所以《魏书·倭传》对了解3世纪时日本的情况是极其重要的文献资料。而日本人要寻找自己国家的历史，只能从中国最早的史书中寻找。

日本历史上第一部文字典籍《古事记》成书于712年，《古事记》中说神武天皇活了137岁。为什么能够活得那么长？或许真的是因为吃了长生不老药。

这本《古事记》中说，神武天皇建立日本国的日期是公元前660年的一月一日，这一天是农历，明治时代日本正式确立"建国纪念日"时，把它换算成公历，结果就变成了2月11日。

到现在的平成天皇为止，日本的天皇总共有125位。在这125位天皇当中，最有名的天皇应该有3位，一位是中国隋朝时期的推古天皇，推古天皇是一位女天皇，她干了什么伟大的事情呢？她向中国派遣了使者、僧人和留学生，向中国学习先进的科学技术和政治制度，让日本社会进入到一个文明的时代。她有一个很优秀的外甥叫圣德太子，圣德太子根据当时中国政治体制和法律，制定了日本历史上第一部国家宪法《十七条宪法》，这部宪法的第一条的第一句话就是"以和为贵"。第二位天皇就是中国晚清时期的明治天皇，他实行了"明治维新"，让日本打开国门，全面学习西方的政治、经济、文化和教育制度，实施了亚洲国家中的第一次改革开放。通过"明治维新"，日本从一个农业、渔业为主的贫弱国家，一跃成为亚洲工业大国和经济军事强国。第三位就是昭和天皇，他发动了侵华战争和太平洋战争，给中国等亚洲各国人民带来了极大的灾难。

在古代，日本为了保持天皇血统的纯真，一般不允许与皇族以外的平民结婚。但是日本的第50代天皇叫恒武天皇，据说他跟一名在日本的朝鲜半岛出身的美女结婚。所以日本的皇室中，参杂了朝鲜半岛的血统。因此，日本有一种说法，说当初日本为什么要占据朝鲜半岛实行殖民统治，就是为了让朝鲜半岛归属日本，以此来说明日本天皇的血统是正宗的，身上流的都是日本人的血。

第二次世界大战结束以后，日本宣布投降，天皇被剥夺了对国家的管理权和统治权。同时，日本的皇室贵族也大多被剥夺特权削为平民，天皇家只保留了直系的三户人家。这样一来，皇室成员中女性是越来越少，当时的皇太子就是现在的平成天皇，他娶的妃子就是一个民间女子，也就是日清食品公司老板的女儿美智子——现在的皇后。现在的皇太子也以父亲为榜样，娶了女外交官雅子。雅子虽然是平民女子，但她的爷爷当过海军大将，她的父亲当过日本外务省常务副部长，在古代也算是一个贵族家庭。即使如此，日本天皇对于血统还是十分讲究，他在几年前动手术需要输血，宫内厅为了保证天皇身体血液的纯正，不允许使用民间人士的血液，而是由天皇自己在手术前抽出一部分血储存起来，然后在手术时用它给自己输血。

到 2016 年，日本国建立已经 2676 年，但是真正意义上的首都却只有三个。1300 年前，日本建了第一个首都叫平城京，也就是现在的奈良，当时是中国的唐朝时期，奈良城是完全按照长安城的模式建造的。我们现在在中国已经见不到长安古城，但是在奈良依然能看到长安古城的模样。公元 794 年，恒武天皇决定迁都，为此他专门请了风水先生按照中国风水学的原理选地方，结果发现京都三面环山，南面是平原，东西有两条河流穿过，是一个可以作为千年古都的好地方。于是恒武天皇下令按照中国长安城的模式，建成了一座东西宽 4.5 公里，南北宽 5.2 公里的京都城。

所以我们现在去京都的时候，可以看到一种地名叫一条、二条、三条、四条，一直到九条。一条就是一条道路，也就是环绕皇宫的环城线，相当于我们现在概念中的一环二环。这就是当年唐朝长安城的街道模式。

1868 年，日本明治天皇从京都来到东京，当时的东京叫江户。他看到江户城三面环山，一面朝海，于是决定迁都并把江户城改名为东京，所以东京成了日本国第三个首都。傲慢的京都人到现在为止还坚持认为，明治天皇是被一部分官僚绑架到东京去的，并且还认为，天皇的心是留在京都，现在只是在东京出差的。日本的首都依然是京都，而不是东京。

在两千多年的历史中，日本天皇曾经两次失去对国家的统治权。一次是在中国的元朝后期，天皇因为软弱无能，国家统治权被将军们掌控，所以日本进入了权臣专权的时代，也就是由征夷大将军代替天皇管理国家的时代。12 世纪末，源赖朝受封第一代征夷大将军，并在镰仓建立幕府，从此诞生了武士政权，此后足利义满建立了室町时代。到了 15 世纪末，日本进入战国时代，出现了两位著名将军，一位是织田信长，另一位是丰臣秀吉，这两位将军及其后裔为争夺天下经常是大打出手。到了江户时代，日本国家的权力中心转移到德川家康的手中。所以日本历史上有 700 年，天皇不理国事，只是一个傀儡，被当做"神"供奉起来。而将军们也只要权力不要皇位，自始至终不敢触动"天皇至尊"的国体思想，怕失去民心、失去江山。

大家如果去过京都游览的话，一定去过二条城。二条城在日本近代史上具有十分重要的地位，1867 年 10 月 9 日，管理日本的德川家族的第十五代将军德川庆喜在二条城拜见明治天皇，将国家的管理权交还给了明治天皇，这在日本历史上称为"大政奉还"。这次国家管理权的奉还，结束了日本长达600多年的将军专权的时代。

日本天皇第二次失去对国家的统治权，是在第二次世界大战之后。以美国为首的战胜国剥夺了昭和天皇的国家统治权，天皇再次成为国家的象征，而没有国家的管理权，这种情况一直延续到现在。

昭和天皇宣告投降后，美国政府内部曾经就是否应该处决昭和天皇的问题出现过分歧。当时占领日本的联合国军总司令麦克阿瑟将军在听取各方意见时，发现了一件美国人难以理解的事情：日本人居然把天皇当做"神"，而不是当做"人"，天皇等于"教皇"。如果把天皇杀了，那就等于把日本的"国神"毁了，很可能会出现日本国民奋起猎杀美国兵的结果。因此，麦克阿瑟最终以天皇屈尊到联合国军司令部拜会占领军总司令的方式，彻底扫了天皇的威风，把他从神的位置上拉回人的位置。麦克阿瑟的这种做法，保留了日本延续2600多年的天皇制度，同时也保证了美国对日本的占领与改造的和平进行。

从公元前660年神武天皇建立日本国到现在，日本的建国史已经有2676年。我们中国喜欢说"改朝换代"，但是日本在2676年当中，没有"改朝"只有"换代"，也就是说，日本天皇一家一直统治着这个国家，哪怕只是象征性的统治，一个朝代延续125代，这在世界史上绝无仅有。不过，日本内阁府做过一次调查，问国民"日本的建国日是哪一天"？结果只有47%的人答对，一半以上的人竟然没有记住自己国家的国庆节是哪一天。所以，即使2月11日的建国纪念日实行全国放假，许多日本人也不知道这天到底为何放假。对他们来说，建国的故事太遥远，重要的是现在的国家是不是富裕，自己的生活是不是美好。建国纪念日，日本政府也没有任何的庆祝活动，只是在一些建筑物上挂了国旗，唤起一些人对于建国历史的记忆。

2. 日本女人穿和服有什么讲究

有一次我去京都陪客人，当时正是春末夏初时节，新绿吐艳，气候十分宜人。无论是在清水寺还是在金阁寺，看到许多穿着漂亮和服的艺伎与浴衣的女人，很多游客拉着她们一起拍照，这么多和服美女挤在一起，构成了这座古城最美丽的风景。

但是京都人告诉我，这些抹了雪白脖子、穿着艳丽和服的女人，其实不是真正的艺妓，因为真正的艺伎白天是不出门的。这些穿扮成艺伎的女人，其实都是一些普通的游客。我们中国的女孩子也是一样，到了日本有一个很大的愿望，就是能够穿上和服，拎上一个小布包，在街头走一走，在古寺里逛一逛，然后留下一组漂亮的照片。

为什么日本的和服如此受人迷恋？我想最大的原因是因为它的艳丽。高级的和服是从设计绘制花纹开始的，设计好花纹以后再去找工匠纺织，所以每套和服的花纹和色泽是不一样的。我曾经给日本著名的女歌手长山洋子筹划过一场在中国的演唱会，她是一直穿和服演出的。她说最贵的一套和服需要2000多万日元，相当于120万元人民币。欧洲最名牌的时装也不可能穿出这么高的价钱。所以，日本女人们是以自己拥有多少套高级和服为荣，和男人们渴望拥有多少辆豪车一样。

日本人把和服叫做"吴服"，为什么叫"吴服"？因为这种服装最早是从吴国传过来的，那么吴国在哪里呢？大家一定知道是在现在的中国江浙一带。三国时期，江浙一带有个小国家，就叫"吴国"。以苏州、杭州为核心的吴国，在古代是中国丝绸业最发达的地区，自然也是纺织业最发达的地区。而日本的"遣隋使"和"遣唐使"在中国上岸的港口，大多是在宁波，当时叫"明州"。所以在那个时候，中国的服装开始传入日本，在此后长达2000年的历史中，日本人不断地改造和完善吴服，逐渐演变成独具日本风格的华丽服饰。

和服其实有两大类，正规的叫作"**きもの**"，写成汉字"着物"，就是"穿着用的物品"的意思。还有一种简易的和服，叫"**ゆかた**"，写成汉字是"浴衣"，顾名思义就是洗完澡后穿的衣服。正规的和服里里外外总共有7层，份量很重，而浴衣只有单薄的一层，所以两者之间有很大的差别。

在日本，天天穿和服的女人一般只有酒吧的妈咪。大多数女性只有在参加婚礼、过年过节参拜寺院神社、与未来的亲家第一次见面、参加女儿的成人节和毕业典礼时才穿上

和服。而日本女孩穿浴衣的季节，大多数是在夏季，因为日本的8月份有一个很重要的节日，那就是"**お盆休み**"，写成汉字是"盂兰盆节"，相当于中国的清明节。许许多多在外地工作的人都会赶回自己的老家扫墓祭祖，而这个时候各地也纷纷举行焰火晚会。女孩子们都会穿上漂亮的浴衣，约上男朋友或者小姐妹，坐在河边或海边，观看几万几千发的烟火腾空绽放，日本叫作"夏季风物诗"。

日本女性第一次正儿八经穿上和服，是在小时候过"女儿节"的时候。爸爸妈妈带着她去参拜神社，然后去照相馆拍照。许多家庭的第一张家庭合影，都是在女儿节时拍摄的。第二次穿上正规和服，是她们参加成人节活动的时候。

日本的成人年龄跟中国的不一样，中国是18周岁，日本是20周岁。那么在满20周岁的时候，日本的女孩子们都要去参加由政府主办的"成人仪式"。这个时候，每位女孩子都会穿上漂亮的和服。于是在东京的地铁车站还有街头，我们都可以看到成群结队的穿着和服的日本女孩。

成人节穿的和服与一般的和服不同，它表现的不是华贵，而是艳丽，所以和服的颜色五彩缤纷，体现女孩子的青春靓丽。对于日本女性来说，成人节的和服是一生只穿一次，所以大多数人家不会刻意地花费几十万甚至几百万日元去买一套这样的和服给女儿穿，基本上是去和服店租借一套，一天大概3万日元，也就是1800元人民币左右。日本女孩子第三次穿和服，是在参加大学或者中专的毕业典礼的时候。第四次穿和服，往往是在她结婚的时候。

因此，一般的日本家庭都会有好几套和服。由于和服的质量很好，也可以保存很久，所以基本上可以做到代代相传。孙女穿上奶奶年轻时候穿过的和服去参加大学毕业典礼，是再正常不过的事情。

每年的成人节，日本最热闹的地方是情人旅馆。日本男人爱说这么一句话："年轻时最渴望的事情，就是把女孩子的和服一件一件地剥去。"那么成人节刚好给男孩子们提供了这么一个机会。

由于和服的夹衣很多，穿起来十分麻烦，一般的女孩子是无法自己一个人把整套的和服穿戴起来的。所以，脱和服容易，穿和服就难了。于是日本的情人旅馆在成人节那一天，会特别推出一项服务，那就是请一些老妈妈来给女孩子们穿和服，穿一次要交3000日元服务费，大概180元人民币。所以，爱是需要付出代价的。

来自武汉的一位网友曾经给我留言说："徐老师，听说日本女人穿和服的时候都是不穿内裤的，是不是有这么一回事？"

我去问酒吧的妈咪，妈咪说，哪有这样的事情，内裤是一定会穿的。

不过我去查了资料，在古代，日本女人穿和服确实是不穿内裤的。严格说来，那时候日本和中国一样，女人们都没有胸罩和内裤。即使在"明治维新"之后，西方的胸罩、内裤传入了日本，也因为价格昂贵，一般的日本女性都买不起。那么，日本女性是从什么时候开始穿内裤的呢？那是在1932年之后，因为那年的 12 月，日本发生了一起特大火灾。当时东京的一家百货公司白木屋发生火灾，许多顾客和售货员从 4 楼顺着救命绳子往下爬，但是冬天的风把和服的下摆吹了起来，没有穿内裤的女人们露出了下半身。为了不让和服的下摆吹起来，一些女人连忙用一只手去拉自己的和服下摆，结果单手抓绳子抓不住，许多人因此直接摔到了地上。整个火灾死亡 14 人，摔成重伤的也有几十人。

因为没有穿内裤，结果摔死摔伤。这一事件演绎出来的花边新闻成了当时日本各大报纸报道的一个热点，自然也引起了全社会的关注。于是，日本女性出现了购买内裤热，所以日本女人穿内裤，最初的动机是为了方便火灾逃生。

一种服饰代表着一个国家和民族的文化。难能可贵的是，日本进入高度发展的现代文明社会，还能始终保留那种传统的服饰文化，并且不断地去发扬光大。一种从中国传入的服饰，能够从 2000 年前一直延续至今，我们不得不佩服日本社会这种保守的力量。革新固然重要，但是保留守住一些传统的优良文化，从某种意义上来说，比革新更为重要。

我们在欣赏日本的一些优秀的传统文化，或者在强调向日本学习的时候，从某种意义上来讲，是为了捡回我们已经丢失的一些宝贵的东西。所以大家去日本旅游的时候，我强烈建议女孩子们穿套和服到街上去走一走，为的是体验一下我们汉唐文化的余韵。

3. 日本人如何打离婚官司

王宝强妻子出轨的离婚案成为人们茶余饭后议论最多的话题，王宝强离婚后到底如何分割财产？老实人结婚为什么没有好报？虽然国情不同，日本社会与中国社会在对待婚外恋问题上的态度和立场略有不同，但是基本的法律精神十分相似。那么，日本人如果发生婚外恋，离婚官司该怎么打？

日本厚生劳动省做过一次统计，2014年，日本人结婚是64万对，离婚是22万对。这一数字说明什么呢？就是说，三对人结婚，就有一对离婚，离婚率高达30%。这一数据，跟中国基本上差不多。

日本人常说"结婚容易离婚难"。结婚为什么容易呢？因为结婚只需要两个人在市政府印制的结婚申请书上签上名，盖上印章，然后到市政府市民课一递交，结婚的法定手续就宣告完成了。所以，日本人结婚不需要领结婚证，不需要拍结婚照，也不需要跑到民政局去宣誓。日本没有结婚证。那如何证明两人是夫妻关系呢？市政府有一个户口登记资料，两口子名字写在了一起，配偶栏里出现了新婚妻子的名字，那就是法定的一家人了。

结婚唯一让女性发生改变的是，她的姓必须改姓丈夫的姓。譬如说，你结婚之前名字叫"铃木良子"，结婚时，你的丈夫姓"佐藤"，那么你就要改名为"佐藤良子"，意味着你已经与原生家庭脱离了关系，成了"佐藤"家的人了。

别小看姓氏的这一改变，这是一个日本女人宣布结婚嫁人的重要标志。而这种标志，在日本的不少中学生中成为暗恋的一种特殊情怀。如果一个女生偷偷地喜欢上了一个男生，她会在自己的笔记本上反复地写他的名字，然后把自己的名字改成姓他的姓，期望有一天能够成为他的妻子。

在日本结婚确实容易，但是离婚却很难。

日本有一个政府管理机构叫婚姻相谈机构，这个机构做了一项统计，分析日本人离婚的原因。统计结果显示，日本女性选择离婚的原因：第一是因为两个人性格不合；第二是因为遭受家庭暴力；第三是因为老公不给她生活费；第四是丈夫的精神虐待，也就是冷暴力；第五是因为老公在外面有了女人，搞婚外恋。

那么日本男性最终选择离婚的理由是什么呢？排名第一的也是性格不合；第二是由于妻子和他们的家人相处不好；第三是妻子乱花钱；第四是妻子拒绝与男方的父母一起居住；第五是两人在性生活方面不协调；第六是妻子有了婚外恋。

从这项统计调查的结果可以看出，日本女人并不是十分在意丈夫的婚外恋，因为丈夫的婚外恋在离婚理由中只排到第五位。从男性的角度来看，妻子发生婚外恋的概率相对小一些，因此对于男性来说，因妻子的婚外恋而成为离婚原因的，只排在第六位。

而在中国，根据《新京报》发布的数据，50%的离婚是由于婚外恋。出轨的女性中，67%是为了寻求激情；而IT男，则是男性出轨率最高的人群。

婚外恋是一个自古而然、千年难解的问题。但是，中日两国在婚外恋问题上的情况却有差异。对于日本女性来说，结婚前往往在性方面比较开放，但是一旦结婚后，相夫教子，比较守规矩。所以总体上来说，日本妻子婚外恋的比例相对比较少。同时，日本人对于婚外恋的在意度也比中国人低。有一个调查数据显示，有70%的日本女性对丈夫的出轨采取了相对容忍的态度。

那么在日本，男性与谁发生婚外恋比较多呢？婚姻相谈机构的调查数据显示，第一是因为工作关系认识的人，第二是酒吧里认识的陪酒女郎，第三是参加各种兴趣会认识的志趣相投者，第四是网恋对象，第五是异性朋友和前女友、同学。而日本女性发生婚外恋的对象，第一是工作的同事或客户，第二是参加各种兴趣会认识的男性，第三是前男友和同学，第四是网恋对象，第五是邻居和孩子同学的爸爸。

这个调查结果，不知跟中国有什么不同？

日本人如果要离婚的话，有几种途径呢？首先是协议离婚，大家好聚好散，坐下来把这个离婚手续办了。协议离婚的手续很简单，也是填写一份离婚申请书，然后签上名盖上印，递交给市政府市民课就行。如果协议离婚不成，那就到家庭法院去调解离婚。家庭法院如果调解不成，那么就向地方法院起诉，申请审判离婚。如果一方对于审判结果不服，可以上诉，于是改为裁判离婚。

无论是属于哪一种离婚方式，在日本都会涉及两个问题：第一是支付慰谢料，也就是精神安慰费的问题。第二是孩子的抚养费问题。

如果是因为婚外恋或者家庭暴力离婚的话，受害一方可以要求对方补偿精神安慰费。这笔钱的金额，一般根据对方的经济能力，从100万日元到300万日元不等，也就是6万元到20万元人民币之间，金额比较弹性。其他原因的离婚，精神安慰费就比较难申请。同时，受害的一方（不管男女），还可以向第三者提出索赔要求，日本的法律支持通过经济赔偿的方式惩治第三者。

子女的抚养费，也是根据对方的收入情况而定。根据调查数据，一个孩子每月支付2万日元，也就是1300元人民币以下的，为17%；每月4万日元，也就是2600元人民币以下的，为45%；每月在6万日元，也就是3900元人民币以下的，为20%。这笔抚养费一直要支付到孩子18岁为止。

人生好不容易结一次婚，把两个在不同世界长大的人拉在一起，产生一些矛盾和纠葛也属于正常，管理家庭好比管理一家公司，需要好好经营。该退让的退让，该忍耐的忍耐，该沟通的沟通，该抗议的抗议。尤其是有了孩子的情况下，轻易不要说离婚。但是，如果确实感觉到自己难以承受这种婚姻的痛苦，那也没有必要忍受到底。人生路漫漫，还有下一次选择等待你，不必太在意"离婚"两字。

4. 日本哪些星座的老板最容易破产

中国人很喜欢创业，这种创业精神是我们中国人的一种不屈不挠的精神财富。但是日本人很怕创业，因为创业不仅要对自己和家庭承担责任，同时要对社会和员工承担责任，所以，日本大学生毕业后走出校门，第一不是想到去创业，而是赶快找工作。因为日本人知道，创业不是一件容易的事。

日本政府有一个法务局，类似于中国的工商管理局，他们有一个统计数字，公司创业5年内存活的企业是15%。创业10年内存活的企业是6%，创业20年还活着的企业只有0.4%。这意味着什么？意味着能够活过10年的企业已经是属于凤毛麟角。能够活过20年的企业，1000家中只有4家。而在我们中国，有资料显示，企业的平均寿命是7—8年，小企业的平均寿命是2.9年，每年有近100万家企业倒闭。

日本法务局是负责企业登记的，它对日本企业生存率所做的这个调查数据，应该是真实的。这个数据告诉我们，办企业不容易，要让企业活下去，更不容易。

我们再来看一个数据，在中国能存活150年以上的企业只有5家，而日本是2万家。这其中，历史最悠久的企业是专门从事寺院建筑的金刚组，它建于公元578年，距今已经1438年。这家企业成立的时候，中国是南北朝时代。所以，金刚组也是世界上最古老的企业。

而中国最古老的企业是成立于1538年的六必居，到现在也不到500年的历史。而且经过计划经济时期的变革，这些老字号的传承性其实已经大打折扣。

日本企业一边是活不下去，而另一边是活得很长寿。那么长寿的企业有什么秘诀呢？其实就两点：一是诚信，二是不上市。

有相当一段时间，我在潜心研究日本长寿企业共同特质和基因时发现一个规律：聚焦和专注就是生产力。就公司而言，人人都是销售员很重要，但人人都是品牌部更重要。因此在价值创造的前提下，如何构建运营生态体系，如何把用户作为资产，成为一个以用户为中心的企业，确立用户为目标是最重要的。

乔布斯说过这么一句话，创业时，你把你的生命投入进去，而碰到的坎坷真很难逾越，你会感觉生命在受到摧残，所以大部分人在创业中途放弃是可以理解的。但是，成功创业者和失败创业者的差别就在于坚持。

位于富士山下山梨县的温泉家族企业庆云馆，作为吉尼斯世界纪录中最古老的旅馆，已经走过了1300多年的岁月，倾注了52代家族企业家的心血。

"感觉困难的时候该做的不是放弃，而是要再尝试，今天跟昨天比，明天跟今天比，绝对不能输。"这是庆云馆第52代传人深泽在接受媒体采访时说的话。虽然困难重重，深泽先生仍然相信，庆云馆会坚持下来，"无论环境怎么变化，庆云馆有些东西不能变，我想在守护祖先传承下来的财产的同时，更好地适应时代，让庆云馆更好地存活"。

坚持，靠的不是自信，而是对客户、对社会的诚信，还有不浮躁、不求上市发财、只求代代相传的传承精神。长寿企业还有一个的重要特点是重视人才，老板做小人，员工做大人。

那么我们回过头来看，既然日本企业有长寿的基因，为什么每年依然会有这么多企业破产？原因也不外乎两个：一是企业的发展适应不了当今时代的要求。二是企业经营者的素质决定了企业无法长寿。

东京商工调查公司对2000年1月到2016年5月期间破产的11.6万家企业进行了数据分析，结果发现，企业破产与公司经营者的星座有一定的关系。水瓶座的人当老板，企业最容易破产，这个比例在11.6万家企业中，占到了11220家。其次是双鱼座，再次是白羊座，这三个星座的人当老板，破产企业都超过了1万家，占了12个星座中三分之一的破产数。也就是说，出生在1到3月份的老板，他的企业最容易破产。

而破产企业中，哪个星座的老板最不容易破产？排名第一的是双子座，只破产8576家。其次是金牛座，这两个星座的人当老板，破产企业都在9000家以下。

这个分析还有一个有趣的数据，哪个星座的人当老板的时间最长？第一是山羊座，从企业创立到破产，白羊座的老板平均能够撑上27年。其次是射手座和巨蟹座。看来选老板，应该首先选这三个星座的人。

东京商工调查公司的分析数据还显示，从老板的生日来看，哪一天出生的人最容易导致企业破产？是1月1日，这一天出生的老板，企业破产数达到1156家。其次是1月2日出生的老板，为817家。1月3日出生的老板，企业破产数为547家。这说明，元旦新年前三天出生的人当老板，企业最容易破产。

那么，哪一天出生的老板，企业最不容易破产呢？是2月29日，在11.6万家破产企业中，只占到37家。

如果按照月份来看的话，1月出生的老板最容易破产，占到了13089家。其次是3月份出生的，占到11099家。排名第三的是2月份出生的，占到10533家。最不容易破产的，是6月份出生的老板，企业破产数只有8132家。

看到这里，一定会有读者朋友问：真的有这么玄乎吗？我这个人不怎么相信算命，从小可能接受了反对封建迷信思想的影响。但是日本人对于血型和星座真的十分相信，如果你有机会在晚上到东京的银座去走一走，会发现马路边有不少摆摊的算命先生和算命妈妈。应该说，东京商工调查公司是日本一家很有信誉的公司，他们得出的这一系列数据是比较可信的。但是，一家企业能否发展和存续，不仅仅涉及老板个人的素质和星座，还有时代的机遇和员工的努力。优秀长寿的企业，往往是老板和员工的有机融合与能力互补，才使得企业能够生存100年甚至1000年。

所以，看完这一篇文章，大家笑一笑就行，千万不要太当真。中国与日本水土不同，也许结果也会不一样。

5. 日本社会为何要严格维系师徒关系

师徒关系是一种传统的文化关系，也是一种特殊技能的传承关系，无论在中国还是在日本，这种关系一直是维系社会发展的一种重要因素。在20世纪80年代，那时候中国流行工作包干，我的一些没有考上大学的同学都被包干进了工厂。大年初一，同学们做的第一件事情就是带着最好的礼物去师傅家拜年。"师傅"在那个时代是至高无上的存在。平时遇到修皮鞋修自行车的人，我们都会很客气地喊一声"老师傅"。

但是在当今的中国社会，"师傅"这个词已经是一个很陌生、很稀罕的称呼，师徒关系已经十分脆弱甚至正在消失，即使有人教你技术，许多人也只是认为是一种工作上的帮助，而不会认为是师徒关系。这种师徒关系的缺失，直接导致了一种社会秩序的混乱。那么在经济发达的日本，这种传统的师徒关系是否依然存在？

日本社会从150年前的"明治维新"开始全盘学习西方，此后又发动了侵略中国、侵略亚洲的战争和太平洋战争。在第二次世界大战结束以后，他们又经历了经济复兴和国家的现代化进程。虽然经历了这么激烈的社会动荡，但是师徒关系在日本社会始终是一个根深蒂固的存在。

这种根深蒂固的存在意识是从中学时代开始的。在一所中学，如果有学生考上了东京大学、京都大学、早稻田大学等名牌大学的话，他就有义务和责任来指导自己的后辈校友如何报考这些名牌大学。所以在寒暑假，这些优秀的毕业生回到母校指导后辈校友学习，也是日本社会一道特殊的风景。而在大学里，高年级的学生来照顾低年级的学生参加各种校园活动，甚至指导后辈如何考研、如何找工作等，都是一种应尽的责任。所以，我们在日本与日本人一起聚会时，常常会听到一些年纪稍大的人对年轻人说这么一句话："**おれはお前の先輩だ**"（我是你的先辈）。这句话有两层意思，一是我是先辈，你得尊重我听我的；二是我是你的先辈，你有什么事尽管找我，一定相助。

这就是说,在日本社会,从学生时代开始就教导大家:人与人之间有先辈和后辈之分,后辈一定要尊重先辈,而先辈一定有义务和责任关爱照顾后辈。这种先辈和后辈的关系,为日本社会师徒关系的建立奠定了坚实的基础,也构建出在一个社会中人与人之间的相互尊重和上下有序的伦理基础。

日本拉面是大家比较喜欢吃的一种食品,它看上去很简单,但是从熬汤到熏肉,从面条的硬度到作料的配置,每家拉面店都不一样。所以,日本好吃的拉面店门口,即使在深更半夜也总会有人排队。

在日本的拉面行业里,著名的拉面店店主往往就是一位拉面大师,要成为这些大师的徒弟,你不仅需要一颗虔诚的学艺之心,更需要高尚的礼仪和人品,不是你想学就能学到的。

日本的拉面行业有一个不成文的规矩,不管你年纪多大,在拉面店里做学徒,三年内师傅管吃管住,但是不发工资。这一规矩虽然违反《劳动法》,但是没有人告状,日本政府也不管,因为这是一种传统。

学艺三年之后,如果师傅认为你合格了,就会允许你独立出去自己开店。但是徒弟即使独立出去,开店的那一天,一定要恭恭敬敬地请到自己的师傅,请他检查自己的店铺和手艺。没有师傅到场的开店,也就意味着师傅没承认你是他的嫡传弟子,那你会很没面子。

在拉面界如此,在演艺界也是如此。日本有一位很著名的导演叫北野武。他自己成立了一个演艺事务所,跟我们亚洲通讯社相距100多米,也算是一个邻居。名义上,他是演艺公司的社长,但是他的弟子们始终恭恭敬敬地叫他"亲分","亲分"在日语中,既有"父亲"的意思,也有"师父"的意思。

曾经担任过宫崎县知事的日本国会议员东国原英夫是北野武的一位弟子。他回忆说,在年轻时他曾经坐过一次牢,原因在于日本著名的出版社——讲谈社旗下的一本杂志写了北野武的丑闻。北野武深更半夜召集所有弟子冲击讲谈社,结果全体遭到警察的逮捕。东国原今年已经是58岁,逢年过节一定会去拜访北野武。在电视节目中谈到师父时,依然是满脸尊敬。他说,在他人生最低谷的时候,每月的生活费都是师父给的。

大家去京都的时候,一定很想去看一看京都的艺伎,那么艺伎是怎样培养出来的呢?日本培养艺伎是没有学校的,都是私人的传帮带。女孩子在十三四岁的时候,就进入叫"茶屋"的艺伎馆,艺伎馆的主人叫"妈妈",妈妈本身就是一位十分资深的艺伎。从进入艺伎馆开始,女孩子的一言一行、琴棋书画、歌舞表演,待人接物,站姿谈吐等,都要接受妈妈最严厉的训练,直到成为妈妈认可的"舞子"(未婚艺伎)。这期间,女孩子的所有吃住与服饰,都是妈妈掏钱供养。一般要到十八九岁,女孩子才可以放出去接待客人,而接待客人的所有收入必须交给妈妈,每月由妈妈发一点零花钱给艺伎们。一直到艺伎能够独当一面时,妈妈才会用分成的方式,让她们增加收入。所以在艺伎馆,妈妈是一个绝对权威的存在。如果艺伎觉得手中有客人,翅膀有些硬了,未经妈妈的允许想独立出去的话,那结果会很惨,不仅会得不到艺伎行业协会的承认,而且自己要开店也没有人愿意上门,因为她属于职业道德的叛逆者,这在日本社会是不被认可的。

日本最有趣的师徒关系,是在相扑界。日本相扑界在20世纪80年代有一位很著名的大师,叫"贵之花",他引退后开了一家相扑馆。贵之花生了两个孩子,大儿子叫"若花田",小儿子叫"贵花田"。这两个孩子在小学生时开始跟随父亲学相扑,后来要正式拜父亲为师时,父亲把孩子们叫在一起,告诉他们如果要成为弟子的话，必须先断绝父子关系，变成师徒关系。为什么要断绝父子关系呢？就是为了让孩子们不能因为自己是师父的儿子而偷懒或者搞特殊。结果在师父的严厉指导下，两个孩子均获得了日本相扑界的最高勋位——横纲。

日本已经是一个很现代化的社会，为什么还保持着如此严厉的师徒关系呢？它有两个根本原因，第一，技艺技能是一个知识产权，你要学到师傅的技术，必须要付出自己的努力，这在日本社会是一个基本常识。这个基本常识在日文中有一个特殊的名词叫"修业"。为师之徒时，你要忍受师傅的严厉教训，同时也要忍受还没成为一个栋梁之材之前的经济贫困。如果没有这种决心和毅力，你学不到师傅的技术精髓。师傅付出他所有的知识精心教导你，从你身上获得一定的利益回报，在日本社会被认为是非常合情合理的事情，没有人会为这种经济利益与师傅翻脸。第二，严格的师徒关系有利于特殊技艺和特殊文化的传承，这也是日本经历了如此动荡的岁月之后，依然能够保持技术与文化的传承，依然能够保持一颗匠人之心的环境与社会基础。

我觉得，一个社会有了严格的师徒关系，就能催生出一种"报恩文化"。对于传授给自己技术技艺的人，心存一份感激与敬畏之心，这样就能形成一种良好的社会伦理道德，知道感恩，知道自己不付出，天上就不会掉馅饼。

我小时候家里盖房子，因为是在江南地区，白墙黑瓦是比较典型的建筑，白墙是用石灰泥刷出来的。这种石灰泥是在石灰中加麻线，以增加它的韧度。当时一个年纪比较大的师傅很严厉，一看到徒弟刷墙不均匀，捡起小石头就会扔过去。过去没有大的建设公司，私人盖房子，都是请泥水匠带几个徒弟，这徒弟刷墙就要学三年，三年以后才能出徒。所以那时候，中国的许多行业都有严格的师徒关系，师傅为自己的徒弟、自己的团队做信誉和质量的担保。但是到了现在，从来没有摸过刮板的农民工，被拉到工地就开始刷水泥墙，刷出来的墙的均匀度可想而知。最传统的建筑行业，已经没有了传统意义上的师徒关系，只是企业与个人的雇佣与被雇佣关系，这就很容易导致技艺传承文化的断裂，也会导致职业责任心的失缺。

所以我觉得我们中国社会，需要回归师徒文化，让更多的技艺通过这种师徒关系来保证中国传统的工艺和传统的技能能够代代相传，同时让人与人之间多一份感恩之心，重塑中国的感恩文化。

6. 日本人为何选择在神社里举办婚礼

在日本参加了好多次婚礼，到神社里去参加婚礼，这还是头一次。

许多人以为日本是一个信奉佛教的国家，其实不然，日本应该是一个没有宗教信仰、只求诸神保佑的实利主义国家。日本人的一生几乎是走这么一条"宗教道"：出生时去神社，结婚时跑教会，死了葬在佛寺里。

朋友直树君与绫子小姐结婚，地点选在离家300多公里的广岛县宫岛。宫岛是一个世界文化遗产地，岛上有一座"严岛神社"。据悉两人热恋时，曾经相约神前："如果我们能结婚的话，婚礼一定来这里举行。"

如今俩人修得正果，决定到严岛神社还愿。于是害得我千里迢迢坐飞机从东京赶到广岛，再坐渡轮来到宫岛。这是我第二次来到这座盛产牡蛎和小鹿的小岛。

宫岛不大，除了一座神社，就是一条商业街。

严岛神社之所以能够成为世界文化遗产，是因为神社历史悠久，创建于公元593年，距今已有1400年的历史，为日本国内其他500座严岛神社的总本社。神社主要祭奉宗像三女神（田心姬命、市杵岛姬命、湍津姬命），自古就被人们认为是女神居住的灵岛，因此逐渐成为日本神道信仰的中心。

严岛神社修筑于濑户内海海滨之中，涨潮时，蔚蓝的海水涨至神社廊桥下，整个神社俨然成了"湖中建筑"。加上神社前方立于海中的大型鸟居，因此"宫岛美景"与宫城县的松岛、京都府的天桥立并称为"日本三大美景"。严岛神社的大部分建筑结构均被日本政府列为国宝，1996年，神社与后方弥山的原始林区并列于世界遗产名单中（其中神社属于世界文化遗产，而弥山原始林则被列为世界自然遗产）。

我惊叹直树和绫子真会选地方，竟会拿国宝来给自己做结婚场地。直树说，来神社结婚，是为了祈求女神们保护好自己的婚姻，保护好美丽的绫子。

神社有专门合作的婚庆公司操办婚礼，神社的宫司主持结婚仪式。

结婚仪式开始的时间选在满潮时分，象征夫妻恩爱圆满，高潮迭起。

新郎新娘换上了日本传统的婚礼服饰，绫子戴上白色的帽子，只露出美丽的脸庞，显得十分圣洁。后来问了宫司，才知道这个白帽的确切名称叫"角隐"，大概的意思是"做了人家的媳妇，就要循轨蹈矩，不要抛头露面"。

仪式开始时，亲朋好友分坐在神社正殿的两侧，这个正殿便是日本的国宝建筑。

婚礼的第一个仪式是"清心"，宫司拿了白纸做成的"被"在新郎新娘的头上来回轻拂几回，为新人掸去杂念，专心司神。

接下来是新郎新娘向神鞠躬。（值得一提的是，日本神社里没有神的塑像，因此，神是空灵的存在）。然后举行向神供奉稻米和清酒的仪式。

上述仪式结束后，主持婚礼的宫司向神大声朗读一份"奉告书"，告诉这对新人今日在此举行婚礼，祈求神灵保佑他们恩爱永世。

接下来，巫女们给新婚夫妇上酒，夫妇喝交杯酒，象征两人正式结为夫妻。

喝完交杯酒后，新郎新娘一起宣读结婚誓约书，在神的面前保证夫妻二人将同甘共苦，共度人生。

接下来，新婚夫妇交换结婚戒指，并向神供奉"玉串"（绑着白色被的神木树叶）。最后，巫女给两边的亲友上酒，亲友们喝了这杯酒后，就意味着两家人从此结为亲家。

结婚仪式的第二个高潮是走出正殿面对神圣的海中鸟居（类似于中国寺院的大山门），在宫司们现场吹奏的雅乐中，观看宫司在露天舞台上表演的"龙王神舞"。

看完这出"龙王神舞"，就标志着整个结婚仪式正式结束。

问到直树和绫子对这场婚礼的感觉？两人说："太神圣了，气都不敢喘。"看来，神虽然看不见，但是威力无限。

参加这次婚礼，送了5万日元的贺礼，大约3000元人民币。据说这是日本当老板的友人，送的标准份子钱。

7. 日本皇后为何不同意跟天皇合葬

日本主管皇室事务的宫内厅宣布天皇和皇后逝世后,不实行传统的土葬,而是火化。

宫内厅解释说,这是奉承天皇和皇后的旨意做出的决定。

除了历史上偶尔有过火葬之外,日本历代的大多数天皇和皇后,逝世后实行土葬,明治、大正和昭和天皇均如此。因此,当今的明仁天皇要给自己火葬,着实让日本国民惊讶。

宫内厅的解释说,天皇认为国家土地越来越少,建造大规模的陵园不仅浪费土地,也浪费钱财,实施火葬后不仅可以将陵园的占地面积缩小,而且还可以减少建设成本。

据测算,即将建造的现今天皇的陵园,将会比他父亲昭和天皇的陵园小20%。

让日本国民还感到吃惊的是,美智子皇后已经谢绝了天皇要求她逝世后同穴合葬的要求。

夫妻死后合葬天经地义，为何日本皇后不愿意与天皇同穴合葬？这个谜题，皇后自己没有解释，采访皇室几十年的老记者神田秀一揭开了这个谜底。

神田先生说，天皇和皇后是一对很恩爱的夫妻，几十年来相濡以沫，也是日本夫妇的楷模。正因为如此，天皇才觉得皇后伴随自己一生，逝世后也期望永远在一起，但是皇后觉得自己没有资格跟天皇同穴。一方面，迄今为止，天皇和皇后的陵园虽然在一个位置，但是都是分别建造，并保持一定的距离。天皇陵规模大，皇后陵规模小。更重要的是，皇后觉得自己是民间女子出身，毫无皇家血统，因此没有资格与尊为"神"的天皇合葬一起。

由于皇后的坚持，据悉天皇已经同意了不合葬，但是要求在同一个陵园里平排建造，规模与样式也相同，让俩人逝世后也相依为命。

为此，宫内厅公布了天皇与皇后陵园的设计概念图，看上去很朴素，但是皇后的陵比天皇的陵小。陵园将建造于东京都八王子市的皇家陵园里。

美智子皇后是第一位嫁入皇室的民间女子。1934年，美智子出身于一个商户家庭，她的爷爷是日本目前最大的食品公司——日清制粉集团的创始人。她的父亲正田英三郎一直担任集团公司的社长和董事长。1957年，美智子以第一名的优异成绩从圣心女子大学英文专业毕业，正准备报考研究生时，在一次网球赛上与当时的明仁皇太子相遇，并一起搭档参赛。

明仁皇太子对美貌聪慧的美智子一见倾心，两人开始了热恋。但是这段恋情一度遭到皇室的反对，因为至少是从明治时代以来，皇妃都是从皇亲国戚中选择的，没有选民间女子入皇室当皇妃的历史。但是在皇太子的一再坚持和抗争下，一年后，皇室会议最终同意了这门婚事。

1959年4月，明仁皇太子与美智子皇妃结婚，有53万人涌上街头，夹道为他们祝福。日本国民为皇室拥有这么一位美貌聪慧的皇妃而欢呼。

1989年，昭和天皇逝世，明仁皇太子即位，美智子也成为日本皇后。

在日本国民中，美智子皇后被认为是日本女性的楷模。她和天皇出行，永远是保持和天皇半步的距离，遵从"夫皇"成为她生活的全部。两人育有二男一女，并有3个孙女1个孙子。

明仁天皇为何现在突然准备起后事？最大的原因是天皇和皇后最近感觉到身体越来越差。

明仁天皇今年已83岁，因为患有前列腺癌，前年又动了大手术，他已经流露出了希望"生前退位"的意向。而皇后今年82岁，腿脚也经常出问题。趁自己还健康清醒的时候，安排好后事，尽量不给政府和国民添麻烦，为后辈树立一个"平民天皇皇后"的榜样，是这对夫妻的最大愿望。

8. 日本人看樱花为何满怀悲情

这几天网上有一篇文章，说武汉的一家IT公司在东京涉谷街头，打了一个电视广告，说"武汉是世界樱花的故乡"。这个广告我没有亲眼看到，但是引起了许多网友的争论。不管这个观点对不对，武汉大学的樱花确实也很漂亮，当然大家也都知道，武汉大学樱花的树种大都来自于日本。

樱花起源于喜马拉雅山，之后传到了日本。日本的樱花到底有多少年的历史？现在从日本发现的樱花树叶的化石中来看，至少已经有300多万年的历史。理论上来说，樱花树的平均寿命跟人一样，大多在100年之内。但是日本现在最古老的樱花树，却有2000年的历史，这棵树长在富士山下的山梨县，叫"神代樱"，意思是"神仙的化身"。这棵樱花树是在中国的秦始皇时期种下的，现在树高10米，树干一周有13.5米粗，经过这么多年的风吹雨打，还有地震火山的袭击，它依然是每年开花，而且开得十分灿烂茂密。大家有机会去山梨县，一定要去看看这棵日本最古老的樱花树。

那么，日本的樱花到底有多少个品种呢？野生的加上自己交配繁殖的树种，目前已经有600多种，其中最有名的是在江户时代后期培育的一种樱花，叫"ソメイヨシノ"，写成汉字是"染井吉野"，一般称作"吉野樱花"。这种樱花在含苞待放时是玫瑰红色，开花时是粉红色，全开时就变成了白色。我们现在在日本各地看到的樱花，大多数是吉野樱花。

日本人对于樱花的喜爱由来已久，在日本的平安时代，也就是中国唐朝，日本出现了最早的诗歌集《万叶集》，其中歌咏樱花的诗歌，就有44首。但是观赏樱花真正成为一种习俗，则是在江户时代之后，日本各地开始人工栽种樱花，于是在寺院、公园、河川与马路两边，就形成了绵长的樱花林，成为日本春天最美的景观。因此，一家老小或者是亲朋好友聚在樱花树下喝酒唱歌，逐渐形成了一种日本特有的"赏樱文化"。

日本人为什么会这么喜欢樱花？除了樱花特有的美丽之外，还因为樱花的

品性与日本人的精神十分吻合。

　　樱花从开花到落花，前后加起来也就是10天左右的时间，那么在一年365天当中，樱花的生命是十分短暂的，但是在它短暂的生命中，却能够产生最灿烂的辉煌。而到人们去纷纷欣赏它、赞美它的时候，樱花又飘然离去，粉红色的花瓣飘落下来，带给人最后的美丽，而这种最后的美丽却是一种无限的惆怅，甚至是一份伤感。

　　一年多前，日本著名影星高仓健在去世前没有告诉任何人自己病了，也不希望打扰亲朋好友，就在医院里悄然离去，临终时留下遗言，要等到办完丧事之后再发布消息，发表一份他给予所有影迷们感谢的话。高仓健就是这样，把樱花的精神演绎得淋漓尽致，让大家在无限的伤感中忘却他。

　　所以说，日本的樱花文化中有许多悲情的色彩。我们中国人看樱花，看的是一种热闹。日本人看樱花，看到的是一种情感。

　　对许许多多的日本年轻人来讲，樱花盛开的时节，也正是离别的时候。因为日本学校的学制与中国不一样，中国是9月份上学，6月份毕业，而日本是4月份上学，3月份毕业。那时候刚好是樱花盛开的时候，相处了几年的同学就要分别，各奔东西，相爱了几年的恋人，最后在樱花树下拉勾吻别，演绎最后的甜美与酸楚。

日本的财政年度跟中国也不一样，日本是从4月1日开始，到第二年的3月31日结束。所以，对于许多日本人来说，4月1日是新的一年的开始，也是新生活的开始。小学生变成了中学生，大学毕业生开始走进社会，成为小白领。无论是企业还是机关单位，一年的人事调动也都是在樱花盛开时节完成。于是，有的人升官了，有的人退休了，有的人离开东京去到地方城市工作，有的人被派往中国成了新上海人。所以樱花时节也是大家聚会最多的时候，送别会、离别会、欢迎会还有慰劳会，在东京的任何一家餐厅，总是能够看到欢喜与眼泪。

我去日本的电通公司讲演，介绍刚刚结束的中国"两会"。讲演结束后与大家聊天，问了大家一个问题："当年你们进公司的时候，干的第一件事情是什么事情？"大家不约而同地说，是到樱花树下抢地盘。

他们说，公司各个部门每年都会在樱花盛开时在樱花树下聚会喝酒。但是因为看樱花的人太多，所以需要去抢地盘。这种体力活，就留给了刚刚到公司报到的小伙子。小伙子们要扛上很大的塑料布，还要买上各种啤酒、饮料、烤串，还有鱼干等下酒菜，在樱花刚刚含苞待放的时候就得去抢地盘，而且至少要坚持一个礼拜。

樱花的美丽在于单纯，先开花后长叶，于是花开时节，满树粉红，甚至没有一丝杂质，异常纯洁。

这种颜色，会让人联想到女人。日本人说，樱花是姬子（公主）的色彩，优雅、纯真与美丽。难道女人的美丽就和樱花一样那么短暂？就这么一下子没了？日本人又说："不求永恒的美丽，只求瞬间的灿烂。"

最近这二三十年，日本向中国各地赠送了不少樱花树，上海也好，杭州也好，武汉也好，都有许许多多的樱花林，大家去看花去拍照，也逐渐形成赏樱的习惯。但是，日本人不只是把樱花时节看作是一个看花看热闹的时节，而是把它做成了一种经济模式，可以称之为"樱花经济"。

如果你在樱花时节来日本的话，你会发现，无论是在百货公司还是在超市，都插上了樱花树枝，渲染着樱花的粉红。啤酒公司把易拉罐印成了樱花图案，各种用樱花酿成的酒也纷纷登场，还有樱花糕点、樱花茶，用樱花的花纹做的衣服和包。商家还会推出樱花时节的特卖价。当然，最开心的还是酒店、旅馆、旅行社，京都、奈良等地，樱花时节是一房难求。

我这几天要接待一批中国来的客人，在东京居然已经预约不到吃螃蟹和吃烤肉的店，生意十分火爆。樱花的花期虽然只有十几天，但是由于日本列岛是一个纵贯南北的狭长形的岛国，就像一双袜子，各地的纬度不一样，气温也不一样，这就导致日本各地樱花的花期也不一样。最南端的冲绳县，樱花盛开是在3月初，然后，樱花一路向北，开到京都和东京时已经是3月底。仙台人看樱花是在4月中旬。像日本东北地区的人看樱花，是在"五一"国际劳动节。而樱花开到北海道，要在5月中下旬。所以，日本的樱花花期前后有3个月，整整一个季度，因此，日本也产生了一批追随樱花一路向北的"追樱族"。"樱花经济"到底有多大的规模？日本经济研究机构估算了一下，2016年的规模大约在2万亿日元，大概1100亿人民币左右。

在日本什么地方看樱花最好？

4月1日前后，正是看樱花的最好时节。如果要看漫山遍野的樱花，最好是去奈良的吉野山，吉野山的樱花有400多个品种，总共有2万多棵，绵长8公里的樱花林五彩缤纷，煞是好看。如果你特想拍樱花照片的话，最适合的还是京都，因为京都寺院里的樱花，不仅品种好，而且都是特别设计点缀过的，每个角落都会有美景可以拍摄。

如果来东京的话，坐着轻轨电车或地铁就可以到，上野公园的樱花隧道，还有皇宫边上的千鸟渊，这些都是看樱花的名胜之地。如果坐上游船游玩隅田川，两岸的樱花林也是十分有名。

一棵樱花树，一群亲朋好友，一年一聚，离离散散，演绎着日本人对于生命与生活的一种独特的思考和文化，也许当我们也成为他们其中的一员，也和他们一起坐在樱花树下叙情甚至骂娘时，就能理解他们为何喜欢在樱花树下醉酒。

樱花的命很短，只有一个星期。但是樱花的姿色很灿烂，铺天盖地，粉红一片。年复一年，美丽谢了，明年还会再来。所以即使粉红落尽，留下的还有一份期盼："明年再见，还在这棵樱花树下，还是咱们这几个人，不见不散。"

9. 日本人为啥看红枫看到了"凄美"

日本一年当中有两大景致是最诱人的，一是春天的樱花，二是秋天的红叶。

作为一个狭长的岛国，日本的南北温差很大，四季分明。日本的樱花从南开到北，每年的3月份，樱花从最南端的冲绳开始烂漫，开到北海道漫山遍野时，已经是6月初夏。而红枫则是从北红到南，北海道已经是落叶缤纷、小雪纷飞，而九州地区还是枝叶初艳。

看枫叶的最好去处是京都。京都的枫叶之美，或精致，或粗犷。这座古都四周环山，生活在这个城市里的人们，一早打开窗户就可欣赏到远处五彩缤纷的山景。而京都又多古寺，红枫是古寺中必不可少的点缀。中国的寺院大多种植苍松、古柏或香樟，而日本的寺院则多种植红枫和樱花。进入中国的古寺，一派庄严肃穆，除了赶紧磕头烧香，不会让自己在寺院里逗留过多时间。而走进日本的古寺，则可欣赏到墨瓦白墙之间倒垂的樱花柳枝，或伸出寺院山门的一支红枫。每个寺院都会有一座很精致的庭院，拉开殿宇的门扉，坐在榻榻米上，端着一杯香溢清茶，望着庭院里盛开的樱花或飞瀑而下的红枫。静思也罢，打禅也罢，哪怕是与僧侣聊上几句，也会让人平添流连忘返的感觉。

周末，中国友人来日本，问什么地方最值得一去，我说"那当然是京都"。上午把相机充足电，然后从东京坐新干线，两个半小时就到了这个古都。

在京都看枫叶，有两个地方值得一去，一是古寺，二是郊外。在过往一千多年间，京都一直是日本政治与文化的中心，因此留下了众多古寺。佛教讲究"觉悟"，要觉悟就得有个清静的去处，所以日本的寺院大多建在野外或山间。许多古寺当年是在原野上，如今已被城市包围，因此成了"城中寺"，但是依然保留着原有的风貌和庭院。在城市里走访古寺，可以在古老的建筑与静寂的空间里体味现代人回归过去的惬意。当然手中的相机，你会永远放不下，因为处处是美景。

但是，如要看大自然的红枫的话，则必须往郊外走，京都的岚山就是一个

很好的去处。岚山有山，还有水，那漫山遍野的红枫夹杂着五色的百树枝叶，就如一幅浓彩油画。而倒影在溪水中，便有了别样的韵味。人在其中，就如同在画中走。如能划上一叶轻舟，荡漾溪池中，那绝对是会忘却尘世的烦恼和忧愁。

逛岚山，遇到了一位研究京都文化的日本友人横川小姐当导游。她说，日本人之所以钟情樱花和红枫，是因为这两种植物在最美丽的时候都是以很纯洁的色彩奉献世间。樱花盛开时不见树叶，因此说"满树樱花"。而枫叶红透时艳丽似火，不夹杂其他的色彩。这很符合日本人的审美观——单一、素朴、唯美。同时，枫叶的红艳也是十分短暂，前后也就两个多星期，过后就纷纷凋零，因此很容易让人产生怜爱和珍惜。再说，红叶落地，会让人产生一种"凄美"之情，令人颇生伤感。"而这一种凄美最能够打动日本人的心，演歌便是如此。"横川小姐说。

我忽然大悟，原来"心"上"秋"，曰"愁"，而"愁"便是一份凄美。

10. 日本女孩与父亲一起泡澡到几岁

北海道已是深秋，前几天刚下了一场初雪，把满山的树枝染成了五彩缤纷。

到北海道，最惬意的是泡上一次温泉，吃上一顿海鲜，睡上一个纯和室的温泉旅馆。

北海道的温泉很出名，尤其以"登别温泉"最诱人。

登别温泉位于北海道南部地区，从北海道最中心的城市——札幌坐列车只需要1个小时。登别温泉之所以出名，是因为在这么一个山坳里，温泉多达10余种，可以说，家家的温泉都不一样。同时，温泉泉源很浅，就在地表自然冒出来汇流成河，或沉淀成池，变成温泉池。

登别温泉的"大汤沼"是一泓温泉池，水温高达60度，谁也不敢跳进去。

我到北海道讲演，主办单位特意安排我到登别温泉住一晚。

入住的温泉旅馆有200多年历史，据说最早是爱奴族人开拓的治疗中心。爱奴人是北海道的原住民，在缺医少药的时代，爱奴人把泡温泉当作最佳的治病良法。排汗去毒或消除肌肤炎症，都依赖于这一泓温泉。

登别温泉的地狱谷，是一座活火山，地下不断喷出高温温泉和热气。

这家旅馆的温泉有四池，室内室外各二池，男女有别。日本人习惯于吃饭前先泡温泉，于是我也跟着下楼跳进了温泉。室内的温泉为硫黄质，很适合治疗皮肤炎症。室外的露天温泉是弱酸质，据说对于舒缓神经很有效。这几天手臂刚好有些酸疼，于是我就跑到露天温泉去泡。

露天温泉位于一个小小的日本式庭院中，池不大，最多能容10个人。水温在40度左右，人泡在里面，不会感到呼吸困难。池边有两棵树，一棵树是五角枫树，如今正是枫叶流丹时，偶然掉下一片红叶来，煞有诗情画意。另一棵树是垂樱，可想樱花盛开时泡在池中的浪漫。日本人善于把一样东西做到极致，

温泉也是一样,就这么一泓水,配以红枫垂樱和精巧庭院,就变成了世外桃源。

泡温泉后,大家聚在一起用餐。晚餐也是精致的日本料理,酒喝多了,男人们自然会说起女人的事。

池田社长说,他的老家在秋田县的一个山村,村里有一条山溪,溪边有个很大的露天温泉。村里也就50多户人家,这个露天温泉便成了整个村民的混浴之处。记得小时候最开心的事就是可以每天傍晚跳进这个温泉去戏水。村里的人都像家人,没有什么忌讳,所以男女都是不穿衣服在这个温泉池里泡澡聊天。唯一用来掩盖的"武器"是,男人们用一块小毛巾盖住私处,而女人们用一块大毛巾盖住三点。不过孩子们在池里跳来跳去,往往会把女人们的毛巾扯了,于是村里的男人们大多知道谁家的媳妇乳房长得怎样(哈哈)。池田社长的太太是他的邻家小妹,两人是光着屁股在温泉池里打闹长大的,也是看着她一天天发育,变成漂亮女孩的。"从一开始,我和我家的女房(妻子)就是亲情多于爱情",池田社长说。

池田社长现在已经很少回老家,一年也就一两次回去看看父母。但是每次回去都和儿时那样,会在村里的那一池温泉里等着伙伴的到来,然后看着以前邻家的女生腰围一年年变粗。"那一池温泉，维系着村民们所有的亲情，记录着所有人对于生活的记忆"。

土屋社长从小是在札幌市长大的，札幌市内没有温泉，因此家里老小都是泡浴缸。土屋社长说，家里泡浴缸是有规矩的，妈妈把浴缸水放好后，爸爸先泡。孩子小的话，爸爸和孩子一起泡，妈妈总是最后一个泡。

我突然想起一个问题：在日本，女儿和爸爸一起泡澡一般会到几岁？

在座的都是爸爸。土屋社长说，自己和女儿一起泡澡，一直泡到女儿上初中二年级。自己是看着女儿慢慢发育，小乳房慢慢鼓起来。而女儿也是从小看着爸爸的身体长大，对于男人的身体是非常地熟悉。"那现在怎么样？"我好奇地问。土屋社长说："现在女儿都25岁了，从浴室里出来，常常是光着身子什么也不穿，弄得我都不好意思。我叫她穿衣服，女儿还说'在家，用不着那么讲究'。"

我觉得土屋社长和他的女儿有些另类。问了其他爸爸，结果大家都说，一般会和女儿一起泡澡到小学毕业，或者到女儿开始发育为止。

池田社长说："其实父母和孩子一起泡澡是一件很好的事，肌肤相亲才会有很深的感情。"泡澡泡出亲情，这也许是"温泉文化"之所以在日本社会根深蒂固的一个要因。

11. 日本社会的羞耻文化

前几年，中日两国同时发生了一起与食品有关的社会性大案，中国发生的是"毒奶粉案"，日本发生的是"毒米案"。

日本的"毒米案"并不是有人故意在大米里投毒，而是因为大米遭到农药污染。日本农林水产省（相当于中国的农业部）对这批大米进行检测后认为属于轻微污染，可以由食用改作工业用（提炼酒精什么的）而没有销毁。大阪一家名叫"三笠食品"的粮食加工公司，明明知道这批大米不可食用，依然作为食用米低价批发给全国382家大米销售公司，导致全国粮食和部分食品的污染。虽然至今还没有发现一例因为食用了这些大米导致中毒的案件，但是依然轰动了整个日本，并触发了全国上下口诛笔伐的声讨运动。

奈良县一家大米销售公司的社长中川收一，深夜在自己的家中用一条电线结束了生命，终年54岁。自杀的原因，是因为他的公司在不知情的情况下销售了这批"毒米"。

日本警方公布的消息说，中川社长经营的"中川米店"从佐贺县的一家粮食批发公司进了53吨大米，并将其中的46吨卖给了奈良县的两家食品加工企业。自杀前10天，日本农林水产省奈良农政事务所对"中川米店"的库存大米进行了检查，发现这批大米属于"毒米"。

中川社长一听自己卖出去的46吨大米属于"毒米"，当即脸色大变，说自己实在不知道实情，很对不起那两家买了他家大米的食品加工企业，因为都是老主顾。

几天来，中川终日闷闷不乐。除登门向两家食品加工企业赔礼道歉之外，一直待在店里看电视报道。自杀那天，他吃好晚饭对家人说："不知有多少人吃了这些大米做的糕点，万一有人得了病，那可怎么办？"家人一直劝他不要太担心，因为全国销售了这些大米的公司不只"中川米店"一家。但是中川社长依然是愁容满面地上了二楼。等儿子去看他时，中川社长已经悬梁自尽。

这是日本"毒米案"发生半个月以来出现的首位自杀者。早稻田大学社会学教授吉濑文雄指出："毒米案"并没有造成一例消费者死亡案，甚至还没有出现一例重症案。严格讲来，农药超标也是微量的，但是对于一位具有社会责任感的企业经营者来说，自己的行为造成了这么多人误食，这种"罪孽感"是十分沉重的。也许因为这么一次事件，企业会失去信誉失去客户，面临倒闭。这两种因素导致了中川社长最终选择自杀来承担自己的道义责任。

中川社长的自杀，加大了日本社会对"毒米案"相关机构和企业的谴责力度，媒体天天进行头条新闻报道，受关注的势头已经超过了日本的首相选举。首当其冲的是日本的农林水产省，农林大臣太田诚一已经被要求辞职。而那些受到企业宴请的质检人员也已经遭到警方的调查。不少在不知情的情况下销售了"毒米"的企业已经开始起诉，向农林水产省和三笠食品公司索赔。

无独有偶，发生在中国的"毒奶粉案"已经造成了6000多位婴儿得病，其中3个孩子已经死亡，可以说，这是新中国成立以来最大的一起人为造成的食品中毒大案。我不懂医学，不知道那些喝了"毒奶粉"患了结石的孩子们会不会留下终身的后遗症，只是强烈地感觉到，对于"只生一个好"的无数家庭来说，没有什么事情比独生子女失去健康的未来更感到痛心和无望。

中国的"毒奶粉事件"中，没有一个人公开站出来承担责任，更没有人自杀谢罪。作为首犯的三鹿乳业集团的董事长田文华，以"生产、销售伪劣产品罪"被判无期徒刑后6年，已经被改判为有期徒刑18年。多名因毒奶粉事件去职的官员都陆续复出。时至今日，涉案官员基本重新上岗。

12. 日本人如何演绎自己的"工匠精神"

2016年3月,我去北京采访中国"两会"之前,先去了浙江采访。由于全球航运业不景气,曾经作为浙江制造业巨头的造船业,陷入了艰难的困境,多家造船企业破产。即便在如此恶劣的环境中,在舟山投资的一家日本造船厂——常石集团却依然是订单不断,而且还不需要借银行的一分钱。

我感到很好奇,为什么常石集团可以成为"不倒翁",而中国的造船厂成了"倒翁"了呢?我想起了2013年去日本福山市采访常石集团总部时的情景。当时,公司董事长神原真人告诉我几句话,第一句:你的眼睛必须看到三年后的国际市场;第二句:你的嗅觉必须闻出明年的市场味道;第三句,你的钱包必须装满两年的开销。

这三句话,其实也可以归纳为四个字:"备战备荒"。它告诫人们:要时刻关注和警惕国际市场的任何变化,并做出超前的预测。有钱不乱花,留作粮荒时。

常石集团只做本业的事,一不被房地产诱惑,二不被"互联网+"引导,创业100年来,只做一件事:造船。

我把常石集团的这种企业文化称之为"工匠精神",锲而不舍地、精益求精地去做一件事,不以追求高回报高利益为核心目标,不求一时辉煌,但求长久拥有。酒香不怕巷子深,诚信与品质是一切事业的保证。

常石集团的这种企业文化,让三代经营者始终沉浸于传统的制造产业,并因此成为该行业的风向标,能在暴风雨来临之前提前进入避风港而不遭受损失。长期的积累,已经使得这样的"工匠企业"对市场有着特别的敏感和迅捷的判断。因此,这家企业如今成为日本第三大造船公司,不是靠运气,而是一种时刻的准备和锲而不舍的静心积累。

说到日本的"工匠",大家一定会想起东京银座大街地下一楼一家不起眼的寿司店。店主叫"小野二郎",生于1925年,今年已是91岁高龄,一辈子捏寿司,已经捏了70多年。店里只有10个座位,但却是米其林三星店,不在两个月之前预约,绝对跨不进这家店。2014年,美国总统奥巴马访问日本,与安倍首相慕名前往品尝,让世界认识了这位执着的老头。

就这么一间小小的寿司店,小野老先生硬是把它做成了世界名店。

在中国人的概念中,如果一家人里面爷爷是开拉面店的,儿子必须考上大学当干部,而生下的孙子如果不去海外留学,那就是"没出息",必须要像芝麻开花一样节节高,才能体现家族的兴旺与荣耀。

也正因为这种思想在作怪,爷爷绝对不会要求孙子继承家业,而孙子也很少看得起爷爷的这份手艺。"继承家业"往往被理解成"继承官业""继承富业",而不是继承技艺。传承的缺失,造成了技艺的流失,而技艺的流失,也就造成了文化的流失。谁都懂得这个道理,却谁也无意去继承没有社会地位、发不了大财的家业,譬如做拉面、捏寿司,譬如做雨伞、修皮鞋。

日本为什么有2.2万家百年以上企业,而中国只有5家呢?因为日本百年企业的子孙都以家业的历史与祖传技艺为荣,并代代相传。小野老先生的儿子就是继承父业成了一名"寿司工匠"。但在中国,这些"下里巴人"的行当往往被看做是"无能者"谋生的手段,无法得到人们的尊重,自然也没有人想去传承。

李克强总理的政府工作报告中,第一次写进了"工匠精神",发出了"培育精益求精的工匠精神"的呼吁。

但是在"两会"期间,不少代表委员在谈到"工匠精神"时往往强调开办职业学校培养"工匠"的重要性,却忽略了营造培养"工匠"的社会环境,以为培养一批职校学生,就可以培养出一批"工匠"。如果一个社会继续浮躁下去,房价继续飙升,学历继续成为衡量一个人价值的标准,那如何让年轻人沉下心来兢兢业业地学做"工匠"呢?这是关键!

更重要的还有企业。一家企业不专心做好本业,而靠玩资本游戏,靠炒房地产寻求一夜暴富。今天开快餐店,明天改成卡拉OK,它根本就谈不上"工匠"两字,更谈不上"百年"之梦。

一个称职的"工匠",一定是一个忍得住寂寞、抗拒得了诱惑的人,一定

是兢兢业业把工作当事业的人,也一定是具有"有饭吃就行"这样特殊情怀的人,它是一种"品味"。培养一名博士生容易,但是要培养一名"工匠"很难。因此,培养"工匠"的最大前提,是必须去除社会浮躁和功利。不去除这些,中国就不可能产生真正意义上的"工匠"。道理很简单:浮躁让人沉不下心来,自然也难以打造百年"工匠企业"。

13. 日本人为何敢在厕所里面吃东西

我认识一家日本公司的社长，他每天早上7点钟到公司，做的第一件事情是打扫厕所。这位社长已经70多岁，他的公司有100多位员工，主要为丰田汽车公司生产汽车零部件。老先生打扫厕所，从来不戴手套，而是跪在地上用手洗。有一次我问他，你为什么不请一个清洁工，而是每天亲自打扫呢？他回了我一句话，说，这是因为厕所里有财神。

在我们中国人的印象中，厕所是一个肮脏的地方。于是我们养成了一个习惯，越是肮脏的地方，越是不好好打扫。原因很简单，我们把厕所只是看作一个人排泄的地方，而没有把它看作是一个有文化的地方。

日本人不是这么想。这位社长给我讲了一个故事：日本古代有八个神仙，有一次应邀一起去蓬莱仙岛赴宴，结果财神因为上厕所没赶上宝船，等他赶到蓬莱仙岛时，七个神仙已经举杯言欢，而且没给自己留位子，于是他躲到了厕所里面。所以，日本的宝船上只有七位神仙，而不是八位。

老社长讲的故事，是日本著名的"七福神"的故事，我听出来是中国古代"八仙过海"的故事的翻版。他这么一说，把八仙变成七仙的原因讲清楚了。只是没有想到，第八个神仙，也是最重要的财神，居然被弄到了厕所里面。那么，财神居住的地方，你不每天把它弄干净，财气自然不会来。所以老社长每天擦洗厕所，其实是一种烧香拜神的修行。

老社长讲的故事，是日本厕所文化的一个版本。另外一个版本是传说自古以来，日本就有一位厕所神，她是一位女性，长得十分美丽。她主管人类的生育，所以要把厕所打扫得干干净净，生出来的孩子才会漂漂亮亮。

在日本福岛地区，家里孩子出生后的第21天，长辈要抱着婴儿连续到附近的3家邻居串门，把宝宝抱进邻居家的厕所，放上一枚5元硬币，请厕所神保佑孩子健康成长。在另外一些地区，如果家里生的是女孩，会先在她的额头写上"犬"字再抱进厕所，让厕所神保佑女孩将来像狗狗一样多子多孙。而在日本古代，厕所还被用来兼做产房，祈求厕所神保佑孩子肠胃强壮，健康成长。

厕所神还主管收获。在日本一些地区，迄今还保留着这么一个风俗——一家人坐在厕所前的一张草席上，向厕所神致敬，每人吃一口饭，表示领受了厕所神的恩赐，期待全家平安，子孙满堂。

最近中国的网络上有一个帖子，说日本公司的白领怕别人看到他吃盒饭难看的样子，于是躲到厕所里去吃。我没有看到过这样的现象。但是如果一个人理解了日本自古以来有在厕所门前吃饭祭神的习俗，那么在厕所里吃饭，就不会有心理抵触。

我们一些网友之所以认为日本人躲到厕所里吃饭是一种变态的行为，是因为在我们的印象中厕所是一个臭气熏天、肮脏不堪的地方。但是在日本的许多办公大楼或者家里，厕所是最干净的地方，甚至要超过厨房和客厅。因为厕所里除了一箱子水，没有任何多余的东西，没有异味，甚至还飘着淡雅的香水味。

日本社会有一种说法，判断一个家庭主妇是不是勤快，就上她家看看厕所是不是干净。因为一位勤快的家庭主妇，每天总会把厕所擦洗得最干净。

我有一次去朋友家做客，上洗手间时发现厕所里摆了一盆插花，看得出来这盆花很新鲜。后来女主人的孩子告诉我，这是妈妈一早去花店买来的。我就理解到这位女主人的一份心意，她知道客人会借用厕所，因此要把厕所打扮得干净温馨，才能体现女主人的教养和勤奋。

日本人对厕所的崇拜，从他们给厕所的取名就可以看出来。日文中，厕所被称作"御手洗"。在中国的汉字中，"御手洗"的"御"多用于和皇帝有关的东西，譬如皇帝的印章叫"御玺"，皇帝的宝座叫"御座"。所以，日本人把汉字传入自己的国家后，把厕所也加上"御"字，如同尊敬皇帝一样尊敬厕所，可见日本人重视和尊敬"厕所文化"的程度有多深。

现代日本社会，也有人把厕所叫作"トイレ"。这是外来语，是根据英语的厕所发音改过来的。所以大家在日本找厕所的话，用英语的厕所单词发音，日本人全会给你指路。如果你用一个"WC"表示，估计100个日本人中98个人是不知道的。但是你如果手写"御手洗"三个字的话，会显得你特有品位。因为日本人把"御手洗"当作有文化内涵的叫法，而"トイレ"只是一般的叫法。如果你将厕所直接叫作"便所"，那绝对是会被当成山沟沟里蹦出来的乡下人。

另外在日语中，厕所还有一种叫法，称作"化妆室"，这通常是年轻女性的叫法。"化妆"一词取代了厕所的传统叫法，这是因为现代的厕所空间除了方便和清洁以外，已经被赋予了新的功能和价值。日本厕所通常散发着淡淡香气，这香气很大一部分来源于在厕所补妆的女士们。

我觉得日本人设计房子，最为合理的部分是厕所与洗浴间的分离。日本除了单身公寓和酒店因为面积小实行厕所与洗浴一体化之外，在两室一厅以上的房间，厕所都是单独分离出来的。为什么厕所和洗浴间要分离？因为日本是一个岛国，空气湿润，而且一年中还有长达一个月的梅雨季节。因此厕所很容易变得潮湿，一潮湿就容易滋生细菌，感染人的生殖系统。所以日本的房屋设计中，只要空间允许，一定会把厕所单独分隔出来，做成2平方米大小的独立的空间。

许多家庭会在厕所里放上香水或者鲜花，男人们会放上自己爱读的书和杂志，把这2平方米的空间打造成一个温馨的空间。日本著名作家司马辽太郎说过，他的许多创作灵感都来自于厕所。因为坐在这个封闭的、独立的空间内，人最容易安静下来，那个时候创作思路就会源源不断地涌现出来。我的一位设计师的朋友也告诉我，许多新颖的设计理念都是在厕所间里创造出来的。

当然，日本人喜欢待在厕所里的另一个原因是工作压力过大。坐在马桶盖上休息一下，可以找回人生的禅意，以此得到放松。

日本著名的舞台设计家、杂文小说家妹尾河童先生曾经写过一本关于厕所的散文书，名为《窥视厕所》。书中总共详细介绍了50个私家厕所，厕所的主人有作家、演员、企业家等各行各业的人。妹尾河童先生对这些厕所做了仔细的描述，并画出了各个厕所的俯视图，令人大开眼界。厕所里摆放着主人收藏的瓷器、雕塑、八音盒甚至还有名画和古董。有的马桶本身就是带雕刻的艺术品，而厕所的踏垫更是各种各样，充满了艺术情趣。

说到日本的厕所，我们一定要聊聊日本的厕所里都有一些什么新鲜的玩意儿。

2015年中国社会的一大话题，是日本的马桶盖。这个马桶盖自然不是一般的马桶盖，而是高级智能的马桶盖。

马桶盖其实不是日本人发明的，而是美国人原先给痔疮患者配备的清洗工具。后来日本人发现这玩意儿好，至少可以减少痔疮的发生率，于是把它引进并加以改造。所以日本社会自从有了一种可以清洗的坐便器后，痔疮的发病率出现大幅下降。

那么当今日本社会，智能马桶盖已经进化到何种程度了呢？当你打开厕所门，原本盖着的马桶盖会自动掀起，并根据你的动作迅速判断出你是来大的还是小的，因此决定是不是要把坐的那层也帮你掀起来。当你落座后，会有优美的音乐响起，而坐便器是温暖的，哪怕是冰雪时节，也不会冻坏你的屁股。自然，冲洗用的水也是温水，水温可以自动调节。冲洗的力度和水量，冲洗的位置前后也可以调节。冲洗的按钮有两个，一个是专门给女性用的。当然，当你完事后，坐便器四周会吹出暖风，把你的屁股烘干，而不需要你亲自动手。

日本最新的马桶盖已经加入了不少新的科技元素，譬如可以进行粪便尿液的自动检测，让你马上知道今天自己的尿酸是不是偏高，肠胃是不是有什么疾病。坐在坐便器上，还可以测出你的体温和身高。

为了女性上厕所避免尴尬，日本知名的卫浴品牌TOTO东陶公司早在20世纪80年代就开发了一款明星产品，叫"音姬"。"音姬"的体积比手掌略大，人们只要轻触红外线开关，它就会自动播放25秒钟的流水乐声。在25秒的时间内如再次触摸开关，乐声就会自动延长。"音姬"的出现，获得了日本广大女性的无数好评，因为潺潺的流水乐声会遮盖如厕的声音。

日本所有的公共厕所，无论是地铁车站还是办公楼餐厅，卫生纸是一个标准的配备，而且往往都是放着好几卷。当然在日本不用担心有人会偷这些卫生纸，因为日本人都知道，你拿走了卫生纸，就会给许多人增添麻烦，是一件很不道德的事情。日本的卫生纸因为没有任何添加剂，可完全溶于水，所以不担心马桶堵塞问题。最重要的是卫生纸纯天然，对皮肤无害，不用担心我们的屁屁会莫名其妙地粘上许多荧光粉。

我们常说"看人看细节"，其实看什么都是"细节为王"。日本各类厕所，无论大小新旧都让人感到舒心方便。透过这些细节，我们看到的是日本的厕所文化，而这种文化的背后，是一种精益求精的敬业精神以及细致入微的人文关怀。

"松下政经塾"是日本培养政治家的摇篮，它有一句名言："政治家离不开选民如同离不开厕所，对待厕所与对待选民一样重要。"松下政经塾的教务长曾在学校的公共厕所里举行过一次开学典礼，那位教务长在亲手清理完马桶后，竟用双手从马桶里捧出一捧水，当众一饮而尽。他想告诉学生们一个道理，你把厕所擦洗好了，你就会明白自己应该如何做人做事。

日本有一首上过红白歌会的歌，叫《厕所之神》。每年的11月10日是日本全国的"厕所节"。

看完这篇文章，大家是不是应该在今天下班后，回家把自己家里的厕所好好地擦洗一遍呢？如果想象财神就在厕所里，你一定不会有抵触感。而对于自己的女儿，你要告诉她："把厕所打扫得越干净，将来长大了会越漂亮。"

14. 日本社会进步的秘密在哪里

这几天，浙江省台州市的一对夫妻去日本旅游，把宾馆里面的马桶盖背了回来，这件事在网络上引起了巨大的反响。拿人家的东西，在日本会被认定为盗窃罪，如果宾馆方面报警的话，这对夫妻即使回国，依然会遭到缺席起诉，并被列入日本警方的黑名单，以后再去日本就有麻烦。好在这对夫妻很快认识到自己的错误，把马桶盖寄了回去。这件事也反映了一个新的社会现象，那就是中国社会开始重视起厕所文化。

我在上海虹桥火车站坐高铁，其间去了一趟厕所，发现火车站真的很豪华，但是厕所真的是很脏。尤其是发黄剥落的墙体，与火车站豪华的装修形成了强烈的对比。于是我拍了照片，发了一条微博。但是没有想到，遭到一部分网友的批判，认为公共厕所是一个没有办法进行很好管理的地方，徐先生有点挑刺。我最头疼的一句话是"这是中国国情"。"中国国情"四个字往往成了许多人的遮羞布。那么，就如我在前面谈到的那样，日本人为什么能够把厕所整得那么干净，而我们中国人为什么做不到呢？原因就在于我们拥有一种所谓的"大国心理"，觉得自己永远都是对的，都是好的，讨厌别人批评，讨厌别人揭短，于是就形成了故步自封的心态。由此我想到一个问题，日本是一个小国，而且是一个缺乏资源的国家，它靠什么能够发展成为如此强盛的国家，秘密法宝只有一个，那就是放下身段向世界强国学习。

我们小时候的课本中有一句话，叫"我们的祖国地大物博，资源丰富"，这句话告诉我们，我们的祖国很富裕。后来发现这句话不太对，因为我们忘了一件事，那就是"人口众多，不能坐吃山空"。我们中国有着5000年的文明历史，也有人考证说，不是5000年，而是7000年。不管是5000年还是7000年，在中华大地上确实有我们值得骄傲的璀璨文明。但是，日本人的喉咙没有这么胖，他们考证后发现，自己的文明只有2000多年，而且基本上是在中华文明的熏陶中找到感觉的。

那么，我们回过头来看，假如中国有7000年文明，日本只有2000年文明，那么是否意味着中国应该比日本先进5000年呢？事实上在许多领域恰恰相反，日本比我们还先进。这是为什么？原因很简单，就两个字"学习"。

在过去2000多年的历史中，日本干了三件事，这三件事使日本从愚昧贫穷的岛国发展成了世界经济与社会强国。那么，日本在过去干了哪三件大事呢？

第一件是向中国学习，全面引进中国的社会制度、政治制度和文化科技，包括文字。

在中国的隋朝，日本出了一位女天皇叫推古天皇。她听说大海的对岸有一个十分强盛的国家，于是决定向这个国家朝贡，愿意成为一个朝贡国，并开始派遣使节和留学生到这个国家留学。

这些使节和留学生们到中国之后，发现中国社会不仅是一个中央集权的社会，更是一个制定了各项规矩的法制社会，整个国家秩序井然，经济和文化十分发达。居然还人工开挖了一条从北方到江南，全长2700公里的大运河。这对于还过着半原始社会生活的日本来说，是一个极大的震撼。于是，他们把中国的这些好东西都学了回来。首先制定了日本历史上第一部宪法，叫《宪法十七条》，第一条就是"以和为贵"。同时将官员中设立了十二品制度，明确了官员的等级制度，以便于国家管理。

到了中国唐朝，日本共向中国派出了19个政府使节团，叫"遣唐使"，还派出了大批的留学生和僧人漂洋过海到中国学习，目的只有一个，要把当时世界上最强盛国家的一切都学到手。

8世纪初，日本还没有一座像样的城市，严格讲起来，是日本人不知道"城市"是怎么一回事，因此也不知道"城市"该怎样来建。派往中国的"遣唐使"和学问僧到了长安（今陕西西安），看到整个长安城就傻眼了。当时的长安城已经是拥有100万人口的国际大都市，而且也是那个时代世界上最大、最繁华的城市。不仅城市周围建有高高的城墙可以御敌，而且城中的皇宫和商业区以及住宅区和娱乐区布局井然，城中道路呈"井"字形，纵横交错，四通八达。学问僧们依样画葫芦，把长安城建设图带回日本，并随后开始建设日本历史上第一座城市"平城京"（今奈良）。后来又仿造长安模式建设了京都。

目前在中国开始流行的"乌冬面"就是当时日本的"遣唐使"从中国学来的。

另外还有茶叶、柑橘、芥末，都是当年"遣唐使"从中国带回日本的。NHK电视台曾经制作了一档"遣唐使"的节目，有这么一句话："遣唐使把中国搬回了日本。"在古代海上交通极为不便的情况下，日本人是如何把中国搬回日本的呢？

资料记载，当时的遣唐船其实很小，长33.6米、宽9.2米。按照现代人的思维，打造一艘长33米，宽9.2米的木帆船，实在是太过于简单的事。但是当时日本科技很落后，尤其是金属加工技术水平很低，因此要用木板和木栓把一条船全部拼合起来，而且要做到不漏水，还要经得起东海巨浪的袭击，实在不是一件简单的事。我在《大遣唐使展》中看到一份资料，说当年派往中国的"遣唐使"船队一般为4艘，但是最终能够成功到达中国的，往往只有一艘。那么其他3艘如何了呢？要不就是沉没，要不就是中途折返。但即使中途折返，能安全回到日本的，几率又有多少呢？

史料记载，每艘遣唐船配置的船工有130人，加上"遣唐使"和政府官员、留学人员等，总共有150余人。四艘船至少有600人，但是最终能侥幸抵达中国的，可能只有150余人。所以日本"遣唐使"船队每次出使中国，其实就是与亲人的生死离别。换作今天，如果中国人送孩子到日本留学，四分之三的人将会中途遇难死掉，估计没有一家父母会让孩子离开家。但是当年的日本人为了学习中国先进的技术文化，确实到了刀山火海都敢上的境地。这种勇气，铸就了今日的日本。

日本的第二次海外学习，是在中国的晚清时期，日本发动了一场"明治维新"运动。这场运动就是日本社会在闭关锁国600多年之后，再次打开国门，全面学习世界最先进的政治、社会、经济和文化教育制度。

而在"明治维新"开始之前,有一个故事我想跟大家讲述一下。这个故事发生在1863年,当时日本社会处于幕府时代,也就是天皇任命一位大将军管理国家,而这位大将军任命一批诸侯管理地方。这些诸侯有一个很有趣的名字,叫"大名"。这些大名们管理着全国各个藩,也就是现在日本的各个县,于是大名们也被称为"藩主"。

现在的日本山口县,当时叫"长州藩",长州藩边上有一个海峡,叫马关海峡。中日甲午战争后,清朝政府就在那里与日本签署了丧权辱国的《马关条约》。1863年,当英国美国的舰队经过这个海峡时,遭到了长州藩守军的炮击。英国舰队立即反击,结果出现了怎样的情景?长州藩的铁炮炮弹射程只有200米,而英国军舰上炮弹的射程有600米,结果是长州藩的炮弹全掉到了海里,而英国军舰的炮弹全落在了长州藩的炮台上。最后,英国兵轻而易举地占领了长州藩炮台。当时谈判的结果是,日本赔偿英国和美国舰队44万美元。

对于日本来说,这个结果是一种耻辱,按理应该想办法报复敌人。但是长州藩藩主却做出了一个让人很意外的决定,筹集银两,选拔了5位优秀的青年派往英国留学,去研究英国的海军和他们的炮弹为何会射得这么远。

这5名青年到了英国以后,到海军军工厂研习,终于发现了英国炮弹为什么打得这么远,因为英国铁炮的炮膛被做成了螺旋纹。这种螺旋纹在物理学上起到一种加速作用。他们终于明白了一个道理:落后就要挨打。

这5名青年后来都成了日本"明治维新"的主要推进人物,而且也成了日本政治与科学技术、制造业的领军人物,对日本近代社会的发展产生了极大的影响。其中一位,大家对他的名字一定很熟悉,他叫伊藤博文。"明治维新"之后,他成了日本第一任首相,全面引进西方的议会制度和内阁制度,被称为"日本民主之父"。

被英国打了一顿,日本不是仇恨万分,而是努力从敌人身上寻找自己失败的原因,并诚心诚意地向敌人学习,这就是日本的精神。这种精神一直延续到第二次世界大战结束后,他们向自己的新敌人——美国学习,掀起了日本历史上第三次向世界列强学习的热潮。

日本向美国学习了什么?学习了新的制造业,他们把20世纪的新产品,譬如汽车、摩托车、电冰箱、洗衣机、电视机、马桶盖等拿到日本分解，然后进行模仿、改良和提高。经过20多年的努力，丰田汽车超过美国福特汽车，日本电视机一度垄断了世界高端产品市场。日本凭借这些产品成了世界制造业大国，并从战后的废墟中崛起，成了世界经济大国。

所以，日本这个国家一缺资源，二缺土地，但就是不缺学习精神和危机意识。他们在明知自己落后的情况下，不是故步自封、夜郎自大，而是愿意放下身段，诚心诚意地向别国学习，甚至向敌人学习，并将学来的东西进行筛选和提高，成就自己的智慧和国家的实力。

一个国家、一个民族甚至一个人，如果认为自己是最优秀的，那就不会进步，只会盲目自大。所以，日本的学习精神，我想会给我们中国社会在寻求国家持续发展的过程中带来一些启示。

15. 日本人过年有哪些传统风俗

日本人过新年过的是元旦新年。过年前，东京一群研究中国问题的年轻人聚会，邀请我去讲一讲中国经济。晚上聚餐时，我问大家：过年时最大的快乐是什么？大家说，可以回老家吃妈妈做的家乡菜，还可以睡几天懒觉。那么，过年时最大的烦恼是什么？大家异口同声地说："老是被追问什么时候结婚？"

我向大家提议：中国现在有一个小小的流行，过年时租一位女朋友或者男朋友回家，搪塞一下亲戚邻居，你们不妨也试一试。

我的话刚说完，大家扑哧一声大笑了起来，说：这绝对不可能。

我想日本的年轻人不至于如此保守吧？他们告诉我：年轻人平时跟谁谈恋爱，甚至跟谁同居，父母很少干涉，也不会与对方见面。但是一旦带女朋友或男朋友回家见父母，那可是一件大事，说明两人是定了终身并打算结婚了。所以，如果新年期间带一个人回家过年，那就是非结婚不可了。

看来租恋人回家过年，在日本还真是行不通。

大年三十（12月31日）的晚上，日本人一家子都要围坐在一起吃年夜饭。年夜饭的种类，各地都有不同，海边人家以海鲜为主，山区人家以肉和蔬菜为主。有钱人家则向酒店预订专门的新年佳肴"おせち料理"，一套的价格在1万元人民币左右。

中国式的那种过年吃饺子、吃汤圆之类的习惯，日本没有。但是，日本人在大年三十晚上一定要吃"跨年荞麦面"。那么日本人为什么在大年三十一定要吃荞麦面呢？原因有两个：一是荞麦面又细又长，象征长寿。二是荞麦面容易切断，也象征与即将过去的一年中遭遇的不幸和不愉快一刀两断。所以，凡是在这一年中失恋的年轻人,一定要在年三十的晚上吃一碗荞麦面,表示与旧恋人一刀两断,与痛苦的日子告别。

因此,"跨年荞麦面"对于许多失恋的年轻人来说,也是一碗"断肠面"。过年,也是为了"忘年"。

大年三十,日本人一家人必看的一档节目,就是NHK电视台的红白歌会。红白歌会诞生于1951年,已经有66年的历史,相当于中国的春节联欢晚会。不过与中国春节联欢晚会不同的是,它没有赵本山式的小品,没有相声和戏曲,也没有舞蹈节目,就是红组和白组的唱歌比赛。

红白歌会在NHK的音乐厅现场直播,有3000多名现场观众,这些观众都不是官员,而是NHK的电视观众,他们都是通过自己报名和抽选的方式最终被选来参加红白歌会的。

出场的歌手都是当今日本最走红的歌手,唱的歌也是一年中最流行的歌,或者是歌手自己的代表歌曲。歌会从晚上7点半开始一直到凌晨12点迎来新年的钟声为止,要持续5个半小时,最后象征性地决出红白两组谁胜谁负。

说到过年,就会想到压岁钱。压岁钱是每个人童年的一大快乐。日本人过新年的文化也延续了许多中国的传统元素,包括压岁钱。日本人把压岁钱叫做"お年玉",不管是有钱人家庭,还是不怎么富裕的家庭,给孩子们发压岁钱的标准几乎是全国统一,高中生是5000日元,大概260元人民币,初中生以下一般是3000日元,大概是155元人民币。孩子们收了压岁钱,会不会被父母以"交学费"或者代为存款的名义没收呢?这个就跟中国的父母做法一致,被没收的比例还挺高。

过年的时候,日本企业也要发奖金,2016年各企业的年终奖是多少呢?平均是36万日元,相当于19000元人民币,比去年减少了2%。而国家公务员的年终奖是65万日元,相当于34000日元人民币,减少了4.8%,但还是比企业员工多了将近一倍。不合理吧?天下总有许多不公平的事情,日本也是一样。不生气,是过好每一天最好的药方。

当新年来临之际,我们中国人喜欢放鞭炮放烟火,日本没有这个习惯。那么,日本人迎新年是什么习惯呢?到寺院去听迎新年钟声,或者去神社参拜。敬天为先,这在日本新年文化中已经是根深蒂固。

12月31日晚上,我去了东京最大的观音寺院——浅草寺。晚上10点钟开始,浅草寺门口就排起了2000多人的队伍,大家都来浅草寺烧头香。这里就出现一个问题,谁来烧头香?日本的寺院几乎是没有谁出钱多谁烧头香的规矩,而是谁心最诚,来得最早,谁就可以烧头香。我特地挤到队伍的最前面瞧一瞧到底是谁排在最前面,一看,原来是一位60多岁的老太太和一位30多岁的男子。我问他们什么时候来排队的?他们说是中午来的。

确实,烧香拜佛是精神活,而不是赚钱的活。不能因为你出钱多或者官位高,就可以烧头香。佛教不能搞成商业化。

到了深夜零时,日本全国各地的寺院都会敲响迎接2016年的钟声,最多的敲108响。

中国唐朝有一位诗人,叫张继。他上京赶考,没有考取进士,灰溜溜地坐船回家,在经过苏州城外寒山寺的时候,写了一首诗:

月落乌啼霜满天,江枫渔火对愁眠。姑苏城外寒山寺,夜半钟声到客船。

张继没有考取功名,但却因为这首诗让我们至今还记得他。日本把张继的这首诗收入中学课本中,所以,日本人从孩提时代开始就特别向往能够在大年三十的晚上在寒山寺听钟声迎接新年。据说,前几天苏州接待了好多的日本游客,寒山寺也敲响了迎接新年的钟声。

所以在新年到来的那一刻,日本列岛最热闹的地方是各个大大小小的寺院,还有乡村的大小神社,各个教会。日本是一个多宗教的社会,出生的时候拜神社,结婚的时候去教堂,死的时候去寺院。各个宗教相互串门,日本人称之为"综合保险"。

如果您要看日本人的和服,最好是新年第一天到神社或寺院去。日本女性穿和服最多的一天,就是大年初一,也就是元旦。一家人穿上漂亮的和服一起去神社或寺院拜年,是日本人保留至今的一大习俗。同时,日本人家家户户都要在家门口摆上由竹子和松枝做成的"门松",或者用稻草扎成的祭物挂在门口,恭迎财神的到来。

日本人在过年时还必须做的一件事是写贺年片。贺年片其实是明信片,与亲朋好友或者客户,平时没有什么联系,但是在新年来临时一定要写一张贺年片问个好,联络一下感情。少的写上100来张,多人要写上四五百张。虽然进入了网络时代,可以用手机来发短信、用微信之类的问候新年,但是许多日本人还是坚守传统,恭恭敬敬地手写贺年片寄给亲朋好友,因为电脑的字是冰的,手写的字是温暖的。所以每年的元旦,邮局要雇用大批的临时工,在元旦的早上7点前,将所有的贺年片送到每一个家庭。于是,在元旦的早上从信箱里取贺年片成为每户人家的一大欢喜之事,看看有谁一早给自己带来新年问候。

日本从100多年前的明治时代开始实行改革开放,全面引进西方的政治制度、社会制度、教育制度、科学技术,同时也引进西方的文化。但是过去这么多年,这个国家还坚守着许多的传统。有时候我们批评日本是一个"保守"的国家,但是日本人会反驳说:"守住传统,有什么不好?"是啊,破旧立新,并非都是好事。一个国家不坚守自己的传统,就会失去国粹文化,成为"四不像"的文化弱智。

16. 银座酒吧女必须遵守哪些规矩

日本有两种店是供男人们晚上喝花酒的，一种叫"**スナック**"（小酒吧），一种叫"**グラブ**"（俱乐部）。这两种酒吧的内容与服务方式大多一样，只是俱乐部的场地规模偏大些，但是再大也大不过上海夜总会上下 5 层、800 名小姐在籍的规模。

日本人过新年过的是元旦，因此进入 12 月份，便是进入了迎新年的时期。每家公司或者团体机构，无论大小，一般都要在 12 月举行一次"忘年会"，老总们、上司们请员工聚餐喝酒，让大家忘却一年的疲惫辛劳，类似于中国公司的"年夜饭"。于是东京的大小饭店火爆，一些著名的饭店甚至居酒屋要临时能订到餐位，那真是奇迹。

我参加东京一个经济团体的忘年会，喝完第一轮酒后，会长先生说"二次会"一定要搬到银座去开，于是一部分身心自由的人搭乘出租车浩浩荡荡地前往银座。

银座是日本最大的商业区，也是日本最大的酒吧区。离开银座大道往小马路走，你会看到每栋楼上挂着密密麻麻的小招牌，每块招牌就是一家酒吧。换言之，一栋楼里如果有 30 个房间的话，那就意味着有 30 家酒吧，而且互相井水不犯河水。

欧美酒吧大多是一群男女站在吧台前，翘着屁股坐在吧台前喝酒。日本把酒吧文化引进后，增加了日本古时女人陪酒陪唱的传统元素，创造出了独有的"酒吧文化"，而银座便是这座"酒吧文化"最具代表性的地方。

车在一栋楼前停下，妈咪就已经在楼下等候。妈咪是个 50 岁左右的日本女人，一身和服十分得体，看得出长得很标致。

替客人拎包是妈咪需要做的第一件事。虽然我们有好几个人，但她能一眼判断出谁是最重要的客人，并把客人的包拎过来，还抢着去按下电梯按钮，轻声细语地把客人引进门，一个劲地问候："圣诞节到了，夜里已经很冷，没冻着吧？"

  妈咪开的酒吧属于俱乐部的规模，里面可以容纳20多位客人。当我们进屋时，已经有小姐在门口等候，替我们脱外套和存包，并把我们引到座位上。

  店里除了妈咪和2位酒保之外，还有5位小姐，都是日本人。所以，当妈咪听说我是中国人时还挺兴奋，开头一句便是："北京雾霾好大，天安门城楼还看得见吗？"

  妈咪在6年前到过北京，因为一个男人小住过几天。我问她记住几句中国话？她想了想说："你好，谢谢，便宜一点儿好吗？再见。"

  银座酒吧的规矩，是一位小姐陪着几位客人围着一张小桌子喝酒。喝得最多的是威士忌，最标准的喝法是加冰块加水，如果喜欢喝烈酒的话，那就是冰块上直接加酒"干喝"。小姐的任务是给客人做酒，陪客人聊天。配的零食绝对没有中国夜总会那样豪华，没有水果拼盘，也不可能有鸭脖鸡翅，只有一小碟花生米和葡萄干。你想动手动脚，那可没那么容易。所以日本人把酒吧生意叫做"水商売"——酒里加水便可好好赚钱，没有其他多余的色彩。

  银座酒吧有一个很传统的规矩，客人是不可以将小姐带走的。也就是说，银座酒吧没有出台的店。如果有酒吧秘密做"酒肉生意"，从法律角度来讲就违反了《风俗业法》，面临抄家逮捕。从行业来讲，就有可能遭到排挤。当然话是这么说，小姐和客人在上班时间之外偷偷约会，那就另当别论了。当年日本首相田中角荣就把酒吧小姐的肚子搞大，最后秘密纳为外室，是为一例。

我在日本20多年，还没有一个人去酒吧喝酒的习惯。一方面是觉得一个人去喝酒挺傻，另一方面觉得就喝几口水，与小姐聊一会儿天，就要花费三四万日元，太不划算，还不如找一个心仪的女人一起吃饭喝酒来劲。但是在日本，无论是有家室还是单身汉，去酒吧喝酒是常事，尤其是在公司里担任一定职务的干部或者是在政府机关里工作的公务员，这种喝酒属于普通的夜生活，不违规，更不违法。以前去熊本县讲演时，当地的市长夜里带我去酒吧喝酒。妈咪说，市长在还没有当市长之前就来这个店里喝酒，那时妈咪还年轻，如今市长大人已经对妈咪不感兴趣了。

在酒吧里喝酒的话题，大多是社会新闻与风月故事，能够一起聊政治话题的小姐，那是属于高配。银座酒吧的小姐们，估计一半是普通公司白领。陪我们的两位小姐都是夜里兼职的小白领，因此聊日美安保，还能聊出一些话题。

妈咪本人估计是很少看报纸，也没有时间看电视，因此她总是会问一些"你老家在哪里？""这事怎么会这样？"之类不着边际的话。但是今夜她给我讲了一段故事："这家店已经开了30年了，你看我今天的这一件和服好看吧？这可是以前的妈咪去世时留下的，我拿了好多件。我以前也结过婚，后来离了，做夜里工作的，照顾不了家。"我问她"现在有男朋友吧？"她说："你看我有吗？哈哈，就是不告诉你。"

离开酒吧的时候，天下起了小雨。妈咪和小姐下楼送行，小姐们穿着露臂的连衣裙瑟瑟发抖，但是依然在寒风细雨中目送我们离去——这是银座的铁规则，再冷也必须把客人送上车或者目送远走，哪怕自己回去吃感冒药。所谓"诚心才能换来回头客"。

17. 日本社会为何还保留着告老还乡的传统

　　2016年的国庆长假，我去了日本大分县的高原山城九重町待了三天。在这三天的时间里除了泡温泉之外，更多的时间是与当地的干部和企业家进行交流。我发现，日本的农村之所以能够保持一个发展的态势，中国社会已经失传多年的"告老还乡"的文化起到很重要的作用。

　　九重町位于海拔近2000米的高原山区，从福冈市开车沿着高速公路走2个小时后，就可以来到这座山清水秀的山城。

　　在日本的行政体制中，县相当于中国的一个省，而町相当于中国的一个县。九重町就相当于九重县，町长就相当于中国的县长。

　　进入九重町，汽车几乎是在林荫道上开，光线相当充足。爬上高坡，只见一片绿油油的山地，可爱的奶牛们就在这个绿坡上自由自在地吃草，聆听大自然的梵音。

　　町长坂本和昭先生接待了我。他告诉我，为了养牛，他们把许多山坡上的树都砍了，改造成高山草原。同时町政府制定了一个特别的条例，禁止在町内的农田上使用农药和化肥，防止污染环境，影响奶品质量。

　　九重町最大的牧场位于一处小高原上，牧场的主人是当地一位老人，名叫安部武己，已经70岁出头。安部社长听说我的到来，早早就在牧场的门口迎接。进了牧场才发现，奶牛养殖场、挤奶场、奶制品加工厂、商店、高原温泉，五者是建在一个区域内，既可以参观如何挤奶，又可以品尝刚刚加工做成的奶制品，吃完了还可以在牧场的温泉里泡一泡温泉。

　　刚在社长的办公室落座，大家就端来了他们自产的牛奶和酸奶。端起牛奶喝了第一口，那份浓郁的奶味和清凉的口感让人产生一种强烈的幸福感——这才是新鲜的牛奶。

　　安部社长告诉我一个秘密，他们的牛奶都不采用高温杀菌的加工方法，因为高温杀菌会破坏许多营养成分，使得牛奶的味道无法保持原味。他们采用的加工方法是低温杀菌，这样可以保持鲜奶的最高营养成分，但是也带来一个问题：保存的时间一般只有一个多星期，而且必须是低温保存。

安部社长好像很不在乎销售量，他说："我们的所有奶制品都是自己产的鲜奶，目前销售的范围主要在大分县内，能产多少卖多少，最重要的是，每罐牛奶都要保持最高的品质和品味。"

喝完牛奶，安部社长特意带我去参观奶制品店，低温销售架上放着一排排新鲜的牛奶和酸奶、冰激凌还有奶糖。旁边还有牧场自己生产的猪肉火腿肠和火腿肉，还有刚刚收获的西瓜、番茄以及个儿特大的日本甜瓜。

挤奶房就在店铺的不远处，整个建筑具有欧洲风格。走进里面，居然闻不到一点牛粪味，整洁得都可以席地而坐。工作人员特地从草坡上牵来一头黑壮的奶牛，挤奶不是人工的，而是用机器。几个吸盘扣在奶头上，一按开关，奶水就咕咕地流入密封的储罐里。此时，挤奶房里响起了悠扬的轻音乐，居然是中国电影《非诚勿扰》中邬桑哼的北海道《知床之旅》。

坂本町长对于自己町里生产的奶制品有着绝对的自豪感，他指着刚刚驶来的一辆送货公司的卡车说："每天都会有不少来自全国的邮购，低温保存运送，运到东京是第二天，到冲绳也只要两天时间。"看来，好东西真的是不怕山高路远。

九重町虽然只相当于中国一个县城，但是人口只有1万多人，属于典型的农村小山城。这座山城没有工业，却有日本最长的吊桥和九州地区最大的滑雪场、日本最大的地热发电站还有几十处温泉。

九重町是一个以旅游和农业为主的山城，温泉很多，同时农副产品也十分丰富，不仅种植水稻，而且有各种各样的蔬菜和水果可以满足来自各地的游客的需求。我只是没有想到，这个只有1万多人的小山城，它的财政收入居然在日本全国的町当中排名第五位。按照中国的概念，就是全国百强县的第5位。由于财政收入丰厚，因此当地的孩子从出生到中学为止，实行的是免费医疗和免费教育，同时对考上大学的给予特别的奖学金，老年人的医疗也实行特别的减免制度，町政府边上还有一个公费的养老院。这样的福利待遇，在日本其他农村是很少见的。

在与九重町干部的交往过程中，我发现这座山城之所以能够发展得这么好，一个很大的原因是这座小山城里的人的教育程度高以及他们拥有的创新精神。

九重町有一个大峡谷，15年前，这个町的男人们提出一个梦想，要在这个大峡谷之间架设一条日本最长的吊桥。这个想法立即遭到一部分人的反对，原因很简单，因为那时整个九重町的财政收入才25亿日元，但是造桥所需要的费用是20亿日元，这几乎是整个九重町一年的财政收入。大家顾虑的是这个桥造好以后，能否保证给九重町带来收入，如果不能带来收入的话，整个町就要破产。

　　但是九重町的男人们并不这么想，他们觉得，如果建成这座日本最长的吊桥的话，九重町就有可能吸引大量的外地游客，带动整个旅游业的发展。

　　经过长达5年多的磨合，町议会最终批准了大桥的建设计划。2006年，这座长390米、高173米的日本最长的吊桥建成。站在这座大桥上，你不仅可以看到两大瀑布，秋天更可以看到两岸红叶，冬天可以看到360度的雪景，春天可以看到满山的樱花和杜鹃花。过桥参观费是每人500日元，相当于30元人民币。建成仅7年，大桥就收回了全部投资。2016年，大桥迎来了建成10周年的日子，游客累计已经达到了9800万人次，这座当年遭到反对的大桥，如今成了整个九重町的"摇钱树"。

　　九重町人的浪漫不仅体现在这座大桥的建设上，还反映在滑雪场的建设上。九州地区由于靠近日本南部，冬天很不容易积雪，因此九州地区没有上规模的滑雪场。但是九重町的男人们觉得，如果用人工吹雪机，一定能够建成一个标准的滑雪场。于是在 1996 年，高桥裕次郎等一群当地的企业家们共同集资，在森林公园里建成了全长 2500 米，有 5 个标准滑道的高山滑雪场，这个滑雪场如今也成了九州地区最大的滑雪场。与此相伴的还有冬季的烟火大会和冰雕节。

由于九重町的自然环境保护很好，所以一些大企业尤其是房地产和旅游业开发商要求在那里投资开发。但是九重町政府坚决不同意，他们认为房地产和旅游业开发商的大量涌入，必定会破坏自然环境，同时也影响当地居民小规模的温泉旅馆的经营，影响町民的收入。因此，他们拒绝大企业，拒绝开发商，唯一的目标就是要把九重町建设成为日本最朴素、最自然的农村，而不是繁华的城镇。

九重町有一座九州地区最高的温泉旅馆叫"法华院温泉山庄"，海拔 1400 米左右，需要翻过一座高山才能到达这个隐秘的千年温泉。我跟随这家旅馆的老板弘藏岳久先生爬了三个多小时的山，才来到隐藏在高山峻岭中的这座温泉旅馆。旅馆的客人很少，也就十几个人，老板娘很热情，看上去很年轻，一介绍居然已经 46 岁了，看来千年温泉的美肌功力不小。弘藏先生已经是这家旅馆的第 26 代传人。晚上我们在一起喝酒，我问他以前是做什么的，他说他是日本体育大学毕业的，以前打橄榄球。而老板娘居然是美术大学学雕塑的。一个是搞体育的，一个是搞艺术的，这对夫妻居然就这么静静地在这个几乎与世隔绝的山坳里默默地经营着这家祖传的温泉旅馆。

在九重町，我还到一家小咖啡店里喝咖啡，咖啡店的老板娘看上去50多岁。她告诉我，她以前在东京生活过。东京距离九重町，坐飞机也要坐2个小时，这么一个小山城的咖啡店老板娘，我想可能早年在东京打过工。但是她居然告诉我，自己是东京外国语大学毕业的，学的法语，第二外语学的中文，不过现在中文都快忘光了。在东京工作几年后，她就回到老家结婚生子。

我在这个山城里发现一个特殊现象，从这个小山城里出去的年轻人，他们在外面读完大学以后，许多人又回到了自己的家乡，继承家业或者在家乡工作创业。这些优秀的人才回到家乡，保证了家乡建设所需要的最基本的人才资源。我对他们说，中国的农村现在是有能耐的人都走出去了，大学毕业生很少会回农村老家。他们感到很惊讶，说回到家乡工作有什么不好呢？我想他们心里一定不清楚，中国的城市与农村的差别有多大。

说到这个小山城的人才，我必须要介绍一下町长坂本和昭先生。坂本先生在1992年开始当町长，到2012年已经当了20年。大家知道，日本的町长不是上级任命的，而是町民们自由投票选举的。四年一选，坂本町长已经当选了5届，可见当地民众是如此信任和支持他，而他本人在这20年中，为家乡的建设做出了卓越的贡献。

坂本町长已经71岁，他这次宣布不再连任，要回家去经营自己的几亩地。坂本町长是日本早稻田大学的毕业生，大学毕业以后进入中央机关工作。然而在1991年，他毅然离开中央机关，离开东京这个繁华的大都市，回到了只有1万多人的老家竞选町长。名牌大学毕业生的聪慧加上在中央机关当干部的经历，坂本先生管理个小山城，他的理念、他的能力远远超过了一般人。

坂本先生是未老时先还乡。九重町所在的大分县现任知事广濑先生则是典型的告老还乡的政府高官。广濑先生毕业于东京大学法学部，毕业后考入日本通商产业部工作。他1991年担任日本首相宫泽喜一的秘书官，1999年成为日本官僚体制中最高级别的官员——通商产业省事务次官（相当于常务副部长），一当当了3年，直到60岁退休。

退休后干什么？广濑先生决定离开自己生活了40年的东京，回到大分县老家。广濑先生的祖先是江户时代的大儒学家和汉诗人广濑淡窗。广濑家族自古善兴教育，崇尚中国文化。在家族的熏陶下，广濑知事从小便读中国古诗，对于中国文化更是情有独钟。

回到阔别多年的老家，广濑先生决定参加大分县知事的竞选，把自己的智慧和长期在中央机关积累的人脉资源和经验奉献给家乡的事业发展。结果一举当选，如今已经当了13年的知事，把大分县打造成为日本第一的温泉县和九州重要的电子工业基地。

大分县还有一位著名的告老还乡的政治家，那就是日本前首相村山富市。他离开日本政坛后没有眷恋东京，而是回到了自己的老家大分县，在50多年前自己买的老房子里与太太一起静静地生活，为当地的经济与国际交流事业默默地贡献自己的一份力量。

大分人说起村山先生，都喊他"老爷子"。昔日的日本首相，家门口没有警察站岗，出门没有保镖随扈，家里没有勤务员。92岁了，还自己骑自行车去超市买菜。因为村山先生坚信，回到家乡没有人会害他。

在九重町三天的时间里，我一直在思考一个问题，就是告老还乡的文化源自中国，为何会在日本根植下来，并且发扬光大？九重町的人告诉我，因为大家都是"爱乡党"，祖祖辈辈传下来的土地，需要有才华、有能耐的"爱乡党"们来保护和建设。年轻时外出学习创业，年纪大了回到自己的家乡，不只是叶落归根，更重要的是守护家园。

我想其中还有两大原因：一是没有太大的城乡差别，二是没有拆迁，有乡可还。

18. 与日本女生谈恋爱的几个招数

中国孩子到日本留学的时候，大多已经 20 出头，如果去读研的话，也都已经是二十三四岁，正是要找对象的时候。

不管你在国内有没有恋人，到了日本孤身一人学习和生活，心中一定会有寂寞的感觉。于是，渴望有一个恋人陪伴身边，也是很正常的想法。

从我目前接触到的中国留学生找对象结婚的情况来看，中国人之间找对象的比例还是比较高。一方面，中国留学生相互接触的机会比较多，包括参加各种各样的中国人联谊活动，还有国内大学的校友会活动，登山、泡温泉、马拉松长跑，等等，都有机会认识和接触。另一方面，毕竟都是中国人，在生活习惯、文化背景等方面，沟通起来十分容易，尤其是不存在语言的障碍。

相对来说，中国留学生与日本人谈恋爱结婚的比例还是比较低。但是与过

去相比，日本人愿意娶和嫁给中国人的比例已经有了很大的提高，而且结构也发生了很大的变化，低档次的结婚少了，真诚相爱结婚的多了。

中国人与日本人结婚的途径，主要有这么四个，第一是通过国际婚姻介绍所跟日本人结婚。这种结婚途径比较传统，而且大多数是中国女性嫁到日本地方城市，甚至渔村农村的居多。第二是在日本酒吧或者其他地方打工的中国女性，与日本人相识后结婚，这种情况在10年前还不少。第三是在同一家日本公司里工作的中国人，与日本人同事结婚。第四是在大学里，与日本人同学相识相爱而结婚。总体来说，前两种情况逐渐减少，后两种情况逐渐上升。

朋友圈中常常有这么一种说法："拿美国的工资，住英国的房子，娶日本的妻子，找法国的情人，开德国的汽车，吃中国的美食。"日本女人在许多人的心目中是温柔甜美的代表。我们过去在日本电影中常常看到日本女人如何伺候自己老公的镜头：当老公要出去上班时，妻子会给老公准备好衣服，擦好皮鞋，把老公送出家门。等老公下班回家的时候，老婆一边说"你辛苦了"，一边帮老公脱去外套，然后问他："你是先喝茶还是先洗澡？"

这些情景，曾经是我们许多中国男人所向往的。那么进入21世纪，现实中的日本女人到底是不是还像过去那样温柔地伺候男人呢？因为我没有和日本女人结婚，所以没有亲身体会。但是我的许多日本男同事回到家还真的是什么家务都不干，最多只是带着孩子玩上一阵子，家里的事都由妻子打理。

我以前有一位日本女秘书，只要通知她我什么时候离开家去办公室，当我走进办公室时，她给我预先泡一杯茶，水温刚好入口。我走进办公室后脱掉皮鞋换上拖鞋，她一定会把皮鞋换一个方向，将鞋子的头朝外，便于我出门时穿。如果皮鞋脏的话，她一定会擦干净。她说话永远是细声细语。后来她结婚就辞掉工作，现在已经是两个孩子的妈妈。再后来要找这么一位秘书，就找不到了。

我回中国的时候，很少单独约女性吃饭。因为我不太习惯在饭桌上伺候女性。你得不断地问她想喝什么想吃什么？要为她夹菜，要为她盛汤，要讨好她，最后还要自己悄悄出去买单。但是在日本，如果你约一位日本女性一起吃饭的话，倒酒盛汤夹菜全是她的活，你当老爷就行。而且聊天时，日本女性大多会顺着你的话题走，尽量让你说得开心。付账时她也会掏钱包，即使是表现一种客气，至少也会让你感觉到这个女性懂道理。当然在你付完钱之后，她一定会对你说一句感谢的话："今天让您破费了。"

我上面举的例子，是我的亲身体验。总体来说，日本女性比较会照顾男人。即使是一对夫妻，老公的举止言行再出格，老婆在众人面前也不会训斥自己丈夫，会给足丈夫面子。等回家之后，再慢慢修理。

跟日本女人在一起，你很容易找到作为一个男人的尊严和存在感。但是这种温柔传统的日本女性，在东京这样大都市的白领中已经比较难以找到，在日本的一些地方城市，这样的传统女性还比较多。所以日本男人也常说，找老婆，得回老家去找。

在我们许多中国人的印象中，日本女性在性方面比较随便，性格比较浪。我想这可能是大家看日本的 AV 片看多的缘故。在日本，AV 是一种产业，也就是说，是一种取悦男人的商品，并不是现实中的生活。现实中的日本女性和绝大多数中国女孩子一样，都是比较保守本分的。那种在新宿歌舞伎町放浪的女性，在涉谷街头打扮妖艳的女性，毕竟还是少数。

日本社会的总体潮流是，女孩子在结婚之前可以多交几个男朋友，但是结婚之后大多是恪守妇道，相夫教子。

日本国立社会保障与人口研究所实施的一项社会调查结果显示，日本 18 岁到 34 岁之间的成年女子的处女率为 46%。这一数字可以让许多对日本女性有成见的中国父母多一点安心。

在日本留学，无论是读大学本科还是读研究生，其实能够接触日本女孩子或者日本男孩子的机会不是很多，原因在哪里呢？首先是因为日本的大学基本上没有学生宿舍，大家都是走读，所以很难做到像中国大学那样整天朝夕相处。哪怕是在学校食堂吃饭，往往也都是中国留学生聚在一起，日本学生聚在一起，很少有人会勇敢地挪动位子与日本同学一起聚餐。如果读研的话，一般一个导师就带几名研究生，男女几个，可以选择的范围就更小了。

我当年读研的时候，一个研究室就 5 个学生，日本学生 3 个，外国学生 2 个。因为是文科，女生比男生多一个，比例是三比二。读研有一个公用的研究室，所以一个星期会有几次大家聚在一起。不过这几年，大家都不来电。最后来了一位意大利女生，原本充满期待，结果发现长得跟电影中的意大利明星距离太大，我那个男同学一下子就没了热情。

这都是我的青春笑话。

人与人之间如果不接触、不联系，就无法产生感情。所以如果在大学里要找一位日本人做恋人，虽然也有难度，但并非没有途径。这途径主要有四个：

第一个途径，就是参加学校里面各种俱乐部的活动。这种俱乐部就是学生们自己组织的社团，一般来说主要是以日本学生为主，有政治学习会、经济研究会，还有美食研究会、登山会，等等，尤其是中国问题研究会，是最欢迎中国留学生参加的，而且你还可以成为主角。

这样的学生社团，参加者都比较优秀而且志同道合，每个月都有聚会或者外出活动，活动结束后大家都会聚在一起去居酒屋喝酒聊天，很容易增进相互了解，也很容易产生感情。这是我最积极向大家推荐的一种途径。

第二个途径，就是找同学。虽然大家不是住在同一个宿舍楼里，但是与日本同学还可以一起上大课，一起在食堂吃饭，或者一起参加教学活动，还是有许多机会让你接触到日本同学，只是要考验你有没有勇气了。

在这里，我建议我们中国留学生准备一个小道具，就是准备一张手写的名片。

在日本社会，凡是有工作的人都会有名片。哪怕退休的老年人也会准备名片，便于和别人交流。但是在日本社会，名片是社会人士的交际工具，不是学生使用的交际工具。你是一个大学生，突然掏出一张名片来，大家会感觉到很惊讶。但是为了让对方知道你的联络方式，口述总不方便，因此还是需要一个纸片。

所以我建议你，自己动手做手写名片。不要印头衔，你只写上自己的姓名、手机号码、邮箱、地址，或者微信号、日本的 LAEN 号就可以了。千万不要跑到文具店里去搞印刷品，那就太正规，别人会感到你很张扬。手写的纸片，低调又方便使用。遇到自己心仪的日本女孩或者男孩，可以很自然地塞一张给对方，便于建立联系。有了联系，就有了感情，有了感情，就有了机会。爱情与婚姻，都是在频繁联系中产生的。

我觉得还有一个途径也可以一试，那就是找老师给你当媒人。尤其是到了读研的年龄，找对象是很正常的事情。这时候你可以跟导师商量，请老师帮你介绍一下日本的同学。一般情况下，老师还是挺愿意帮忙牵线搭桥的。

第四种途径，就是校园偶遇。这种浪漫的事情，我反正没有遇到过，但是不排除真的会发生。所以你得时刻准备着，而最好的"偶遇武器"，就是我刚才教你的一招：准备一张手写名片。

20世纪90年代我在日本留学时，我们的国家还很穷，日本人问我最多的一句话是："你每个月往家里寄多少钱？"现在日本人问中国留学生最多的一句话是："你学什么专业？毕业后准备回国吗"国家的强大，正在改变日本人对中国人的印象。

那么在日本人印象中，"中国人"是一个什么概念呢？好的方面，第一是中国人比较勤奋，比较刻苦；第二是脑子灵，人很聪明；第三是讲究男女平等，没有大男子主义的倾向。不好的印象也有三个，第一是中国人比较有钱，但是有暴发户倾向；第二是中国人不太守规矩；第三是中国人相对来说比较狡猾，诚实度不高。

面对普通日本人对中国人的这个印象，如果你跟日本女孩子谈恋爱，如何让她的父母、让他周边的亲朋好友信任你，这是关键问题。

和日本女孩子谈恋爱，必须要注意以下几个问题：

假如跟日本女孩子一道出去吃饭或者一起出去旅游，你要记住，一定要实行AA制，不要像在中国那样感觉应该是男人请客，在日本没有这个概念。一般的日本女孩子从小学开始就实行AA制，你没有必要打肿脸充胖子。但是买个饮料买个水果什么的，千万不要跟人家去AA制，小钱你来掏。像住宿费、新干线列车费什么的，她如果要AA制的话，你就不要客气，这钱照收就行。一方面，她不会觉得欠你太多，另一方面，也给她一个自尊。因为日本女人认为，一起出去旅游是两个人快乐的事，你高兴，她也高兴，所以她承担自己的那份快乐也是应该的。

一般日本女性选择丈夫，不是以经济条件作为第一选择要素。所以你即使家里很有钱，也不要在她面前故意炫耀，在和她的交往中一定要保持一名学生的本色，不要追求高档商品、高档餐厅，你越朴素，她越安心，这跟中国有很大的不同。日本女孩子嫁给你，不会要求你一定要买房子买车，而且也不要彩礼，两人去租一套房子就行，与日本女孩子结婚的经济成本很低。她们最在乎的是一个人的人品，要求你诚实。所以你与日本女孩子谈恋爱，一定要说实话，即使你的爸妈是山沟里的农民，也不用撒谎。她喜欢你的话，不会在乎你的家庭条件。日本人从小被教育对人要说真话，所以在这样的环境中成长起来的日本女孩，最不能容忍的就是说假话。所以，诚实是中国人与日本人交往的一个必须坚守的品质。

与日本女孩子交往过程中，你不要把她看作是一个AV女优，如果你这么看，那就容易犯错误。日本大多数女孩子都是很纯洁的，所以你跟她谈恋爱不要一开始就直奔主题，我这个"主题"，你心里一定知道指的是什么，要学会尊重她，自然而然地成就事情。

在与日本女孩子恋爱时，你要充分发挥中国男人的美德，抽空炒几个菜给她吃，出门的时候会照顾她，把这些优势发挥出来，让她体会到中国男人柔情的一面。

我说了一大堆中国男生找日本女孩的事，那么如果一个中国女孩想找一个日本男朋友怎么办呢？途径跟我刚才说的一样。一般来说，日本男孩从小在母亲的教育熏陶下，做事很讲究计划性，随意性很小，做事还讲规矩。所以你跟日本男孩在一起，要么你学会当跟屁虫，要么你学会当指挥者，去引导他。由于日本社会普遍认为中国女性比较强势，所以即使你想主导他，也要学得温柔一点，别把他吓跑了。

另外，去日本留学前或者回国探亲时，女生们最好做一件旗袍。中国男人到日本都喜欢看穿和服的日本女人，所以你如果有了一个日本男朋友，他也一定喜欢你跟他参加朋友聚会时穿上旗袍，展示一下中国女性的魅力。

对于国际婚姻，大家一定要有一个思想准备。日本和中国毕竟是两个国家，文化背景不一样，生活习惯也不一样。你早上起来喜欢喝粥，吃个霉豆腐，他喜欢喝咖啡，吃面包，所以要学会相互理解，相互包容。

我的一位小同乡最近要结婚了。这个女孩很优秀，在日本读完硕士研究生以后，进入日本著名国际大商社的研究所工作，她的日本男朋友既是她的研究生同学，毕业后又一起在同一家公司里就职，无论是学历还是知识修养、工作环境与社会地位都十分相配。上一次来我办公室时，我真的很为他们高兴。

中国人与日本人结婚，感到幸福的很多，离婚的也不少。总体来说，同学之间、同事之间结婚幸福指数比较高。通过国际婚姻介绍或者在酒吧在打工的地方认识，相对来说幸福指数就会低一些。不管怎样，与日本人结婚，无论是娶妻还是嫁人，婚姻最终与国籍无关，都需要好好经营，相敬相爱。

19. 诚信，在日本社会的分量有多重

有朋友问我："徐先生，你在日本生活这么多年，你觉得日本社会最值得学习的东西是什么？"我说，最值得的学习的东西是诚信。

我们小时候，父母都经历过"文化大革命"的残酷，所以经常教育我们的一句话是："见到陌生人，千万不要说真话。"因为我们父母这一代人，都被说真话给害苦了。但是在日本社会，父母从小教育孩子："见到任何人都必须说真话，如果有一天你说了一句假话，那么过去说过的一切真话全部会被当成假话，你将失去社会对你的信任。"

这两种不同的教育导致的结果是，有意的欺骗和无意的受害。20 世纪 90 年代初，我刚到日本留学的时候，开始在一所日本语学校读书，一个班的多数同学都是中国人。后来发现这个班真的很厉害，除了我之外，他们的父母不是市长就是局长，还有一位自称是道光皇帝的后裔，更有一位神秘兮兮的、据说是中央某位首长的儿子。那个时候我们都知道"吹牛不需要花钱"的道理。但是，日本人很相信中国学生们讲的话，因为他们没有接受过如何撒谎的教育。因此有不少去酒吧喝酒的日本男人，就被中国小姐骗得团团转。

这不是笑话，是我们那个时候的真事。

日本社会对于诚信的要求，不仅仅只是要求你说的每一句话都必须是真话，同时也要求你承诺的事情必须认真按时地去完成，这也是日本人老是要加班的一个很重要的原因。

有几件事在日本属于做人的常识。譬如你去拜会客人，比约定的时间提前 10 分钟到达。譬如无法按期交货，提前几天通知客户。譬如你与朋友相约，无法准时赶到，提前半小时告诉对方，而不能说是堵车。另外，不能把质量有问题的产品卖给别人，不能做假冒伪劣商品，做生意不能宰客都属于常识。还有，做政治家、做艺人、做公众人物，不能有任何背叛粉丝的行为。不能与坐过牢、判过刑的老板的企业做生意，也是常识。

但是日本也不是人人都能守得住这些常识。譬如著名歌手酒井法子，她因为跟随前夫吸毒，虽然被判刑，虽然已经无数次道歉，但是，日本成千上万的酒井迷们始终无法原谅她，因为酒井法子背叛了他们。今年上半年，朝日电视台的一位时事评论员，口才特好，长相也十分英俊，人气特旺，但是就因为被发现在美国留学的学历造假，不仅被赶出电视台，连顾问单位都与他解除合约，至今找不到工作。

日本著名的世界 500 强企业东芝公司，在去年被发现做假账。也许有朋友会说，企业做假账也算正常的事，不做假账赚不了钱。但是，东芝公司因为做假账，出现了什么样的结果呢？第一是股票暴跌，跌掉一半以上。第二是股东起诉要求赔偿。第三是东芝的产品卖不出去。第四是近几任的董事长和社长被追究司法责任。第五是银行拒绝新贷款。最后，东芝公司陷入全面的经营困境，不得不将白色家电卖给中国的美的公司，把最赚钱的医疗设备事业也卖给了佳能公司。

东京电力公司因为在福岛第一核电站的核泄漏问题上隐瞒事实，黄金级企业如今成了"过街老鼠"。

撒谎做假，是要付出人生代价的。这在日本社会是一个最基本的常识。正因为如此，恪守诚信成了每个日本人、每家日本企业和日本社会的道德与行为准则。同时，对于违反这一准则的惩罚也是相当严厉的，几乎是一棍子打死。所以在日本社会，守护个人的信誉、守护家族的信誉对于许多日本人来说，是一件天大的事。也正因为如此，我们会发现日本存在已经经营了十几代甚至二十几代的温泉旅馆、荞麦面店。因为守护家业，就是守护家族的信誉。

日本对换手机号码是特别的敏感的一件事。因为如果不是被追债，不是遇到麻烦事，一般人是不会更换手机号码的。所以当你更换了手机号码，你必须向所有的朋友说清楚原因，不然就会在朋友中落下一个大大的信誉问号：他向我们隐藏了什么事？

在日本，一家企业的信誉不是看你有多多的资本金和有多牛的技术，而在于你有多长的创业历史。日本企业的平均寿命是 30 年，超过 150 年历史的企业有 2.5 万家。中国企业的平均寿命是 7—8 年，小企业的平均寿命更是低到 3 年，超过 100 年历史的企业只有 5 家。所以日本有这样一种说法，企业活了 10

年，才算是一家企业。这句话是什么意思？就是说你的企业办到第10年，银行才会相信你，大企业才愿意跟你做生意。因为你能够拼过10年，说明你知道如何做生意，而且有一定的经营基础。信誉不是钱堆出来的，而是努力做出来的。所以，日本企业家破产或出狱后要东山再起，几乎是个神话，社会和舆论不会接纳容忍你。

生活在这么一个如此追求诚信的社会，我们这些在日本的外国人要守护住自己的诚信，必须付出比日本人多几倍的努力。首先你要让日本人认识你，其次要让日本人相信你，再次要让日本人重视你，最后要让日本人依靠你。完成这四部曲，除了恪守诚信与自己的行为道德之外，还需要你的学识、能力和专长，以及他们没有而你有的东西。

一个社会，大多数人讲诚信，这个社会自然就会变得和谐，心灵也会变得纯净，人也会因此变得有尊严。譬如入住饭店旅馆，不需要预先刷卡担保，只要在离开时交钱，这就是一个诚信社会的写照。而要做到这一点，需要整个社会的共同努力和恪守，仅仅教育是不够的。

20. 在日本吃寿司有什么讲究

说到日本美食，一定会想到寿司。

中国有饺子，意大利有比萨。寿司作为日本料理的典型代表之一，也已成为风靡全球的美味食品，只要有日本料理的地方，就一定会有寿司的身影。

寿司是一种什么食品呢？简单地说，就是用醋调味过的米饭，再加上鱼肉海鲜、蔬菜或鸡蛋片等配料捏成的饭团。

寿司最早出现在东南亚地区。大家知道东南亚国家很热，鱼很容易腐烂，因此东南亚国家的人习惯把鱼切成一片一片，然后用盐水来腌制，以便能够长时间保存。所以寿司最早的概念，是盐水腌制鱼片的意思。

这种制作方法后来传入中国。据说在公元200年，也就是后汉时期，中国开始流传这种用盐、醋、米及鱼腌制而成的"寿司"食品。中国战乱频发，寿司正好是人们逃难时的充饥食品。到公元700年，即奈良年代，寿司传入日本。当时的日本人用一些醋腌制过的饭团加上一些咸鱼片或肉类，压成小块放在小木箱内，作为航海或长途旅行时的食品。公元927年完成的日本平安时代法典《延喜式》中，就已经记载了寿司的做法。

到了中世纪，也就是中国的明朝时期，日本人依然过着一日两餐的生活，也就是早晚各吃一顿，中午不吃饭。但是在那个时候，寿司开始作为一种点心在贵族和有钱人的家庭流行起来。最先将腌制过的鱼裹在饭团里一起吃的人，是京都和大阪地区的人。因为京都当时作为日本的首都，有钱人多。而大阪作为日本的商业中心，生意人多。寿司作为一种高档食品，逐渐改变了日本人的饮食生活。

寿司真正在日本流行起来，是在1700年之后，也就是日本的江户时代。那个时候，由于德川家康成为日本的大将军开始掌握日本的政权，而他的根据地不在京都、大阪的关西地区，而是现在的东京。东京有一个东京湾，盛产各种海鲜。因此江户地区，也就是现在的东京地区的人开始将新鲜的生鱼片搁在用醋加工过的饭团上吃，这就是我们现在看到的"日本寿司"的原型，叫"江户寿司"。

寿司作为日本一种大众食品普及到全国，则是因为1923年的关东大地震和之后的太平洋战争。由于地震，加上后来东京遭到美军轰炸机的轰炸，大半个城市成为废墟。因此东京的很多寿司师傅都返回老家，分散到全国各地，这些人开始在各地开寿司店，使偏僻的小城市都开始有了寿司店。

第二次世界大战之后，尤其是在20世纪70年代之后，日本人开始移民到海外，许多人到了美国，因此寿司也开始传入美国。在西海岸城市，日本的寿司店到处都是，美国人称之为"寿司吧"。现在，寿司作为日本饮食文化的一个代表，开始在全世界传播。在我们中国，吃回转寿司成了一种体验日本文化的时尚。

其实，日本寿司是有流派的，一般分为两大流派：一种是关西派，叫做箱寿司。这是一种装在盒子里面的寿司，基本上使用腌制过的鱼肉，现在在京都、大阪的百货公司的食品柜台里都可以买到。这种寿司保存时间长，可以作为长途旅行的食品。还有一种是江户派，叫做握寿司。它是用手工捏的寿司，鱼片都是新鲜的。相比之下，握寿司更受大家青睐。因为握寿司不仅可以保证米的颗粒圆润醇香，而且因为使用新鲜的鱼片，所以口感与视觉更佳。

那么，握寿司的制作有什么讲究呢？一般"握寿司"的制作是在饭里放醋作为主材料，然后把各种新鲜的海鲜，如鲍鱼、牡丹虾、海胆黄、扇贝、鲑鱼籽、金枪鱼、三文鱼等切成片，放在雪白香糯的饭团上，一揉一捏之后再抹上鲜绿的芥末酱，最后放到古色古香的瓷盘中供客人食用。

在日本吃寿司是有讲究的，高级寿司店是寿司师傅面对面给每一位客人捏寿司。而且鱼片和海鲜特别讲究新鲜度，像对虾、鲍鱼、扇贝都是活杀，并根据客人的年龄、口味和饮食习惯随时调整种类和数量。同时，高级寿司店很讲究环境，基本上都是吧台式座位，与师傅面对面坐。在高级寿司店里吃一套寿司，每个人至少要1万日元，大概650元人民币。贵的话，需要4—5万日元。

日本在20世纪80年代开始出现了"回转寿司"，这种寿司店多为全国连锁店，它为寿司的大众化做出了重要的贡献。因为回转寿司价格低廉、轻松随意，属于半自助式，因此深受普通消费者欢迎。走进店堂，可以看到一碟碟寿司由传送带传送，在眼前回转而过。客人的座位设置在传送带一侧，自己伸手便可方便地从传送带上取下自己爱吃的寿司，最后根据所吃的碟数和碟子的颜色来结账。根据使用的食材不同，回转寿司每碟（一般是2贯）的价格150—600日元，也就是9—16元人民币不等。

无论是高级店还是在回转寿司店，吃寿司有三样东西是不可少的。

第一，生姜片。腌制过的这种糖醋生姜片可以清除口气，有杀菌消毒的功效，每吃完一种寿司后吃一些姜片，就可以品尝到下一碟寿司的原汁原味和生鱼片的甘甜与新鲜。

第二，绿茶。绿茶是磨成粉末的，然后冲上开水。喝绿茶是日本人的传统，吃寿司喝绿茶，可以调节口味，清洗口腔，起到一种杀菌的作用。

第三，芥末。芥末是从中国传入日本的。芥末不仅可以杀菌消毒，而且还可以增加食用时的刺激感，如果有人不太习惯较浓的鱼生味，芥末还可起到掩盖这种气味的作用。正宗的日本寿司，芥末是裹在生鱼片与饭团之间，不是像吃生鱼片那样另外放上一碟。

做寿司，米饭是很重要的，蒸出来的米饭必须保持一粒一粒的状态。做寿司的米最好选择日本珍珠米，珍珠米饭团的黏性介于泰国香米和糯米之间，更适用于手握寿司，如果米饭煮得太软或太硬都会影响寿司的口感，不软不硬正合适。

吃寿司有一个最基本的规矩，就是不能咬，必须一口闷。一个寿司分成两口吃，一方面饭团会松散掉落，很不雅观，同时也会影响口感。只有一口闷，饭香与生鱼片的鲜味才能完全相融，将牙齿与脸颊之间填得满满的，让那浓香滋味无处可逃。

吃寿司，到底应该用手抓还是用筷子吃？应该说，过去日本人用手抓的比较多，现在用筷子的比较多，毕竟用手抓吃得津津有味，但还是会让人觉得有点不卫生。但用筷子夹寿司有一个很关键的窍门，那就是必须先把寿司侧过来，用筷子夹住生鱼片和饭团，轻轻地沾一点酱油，然后迅速放入口中，整个过程必须在3秒钟内完成。只有这样，整个寿司才不会松散，酱油碟子里才不会留下一粒米饭，显得高雅上档次。

有一次我在上海吃寿司，看到旁边的客人先吃上面的生鱼片，然后再吃饭团，那就是属于超级外行了。

曾经有位朋友问过我一个问题：日本人为何不吃三文鱼的生鱼片？

原因是这样的，因为三文鱼中很容易长寄生虫，过去日本人吃三文鱼生鱼片，老是拉肚子，因此日本一直以来有"吃三文鱼拉肚子"的说法。至少在5年前，日本的超市是不卖三文鱼生鱼片和寿司的。寿司店里也不提供三文鱼寿司。最近几年，日本的速冻技术有了很大的改进，可以瞬间将三文鱼冷冻到零下30度，将大多数寄生虫杀死。所以，经过这种特殊处理的三文鱼的生鱼片，开始端上了日本人的餐桌。但是在日本的高级寿司店里，三文鱼依然是登不上大雅之堂，一方面因为传统的习惯，另一方面，因为三文鱼脂肪太多，有点油腻，影响口感。同时在日本人的心目中，三文鱼是属于低档次的鱼，有身份地位的人和有钱人是不应该碰的。

说到寿司，我们有必要来聊一聊日本的"寿司之神"小野二郎先生。

美国的一部纪录片《二郎的寿司之梦》把这位捏了大半个世纪寿司的老大爷推向了世界。位于银座地下一层的这家不起眼的寿司店，一下子成了米其林三星店。2014年美国总统奥巴马访问日本，当天晚上，安倍首相就是在这家店里宴请奥巴马，让他感受到日本的寿司文化和日本人的匠心精神。

今年已经91岁的小野二郎先生，出生于1925年，是静冈县滨松市人。

1951年，他拜入东京京桥江户前寿司店与志乃学艺，后被派往大阪分店担任厨师长。1955年，小野二郎回到东京，接手了与志乃的银座分店。1965年，40岁的小野先生将银座分店买下，自己开始独立开店，并将它改名为"**すきやばし次郎**"，就是我们现在看到的这家地下寿司店。

几十年来风雨无阻，小野二郎一天天地在这个原木吧台后面为顾客捏着一贯贯的寿司，如今是米其林历史上年龄最大的三星主厨。在这之前，他在80岁时还获得了日本政府颁发的"现代的名工"称号。

2016年5月，我好不容易约上了这家寿司店。

寿司店就一个吧台，只有12个座位。一般需要提前3个月才能约上。我运气相当好，那一天刚好是小野先生亲自来店。他看见我入座，点了点头表示欢迎，没有一句话。服务员递上了热毛巾和热茶，让我擦一把脸，并告知我不要使用手机拍照。我刚喝了一口热茶，一抬头发现小野先生已经开始捏制第一贯寿司。

寿司是放在一块特制的黑色木板上，我要了一个随意套餐，价格很贵，需要3万日元，大约2000元人民币。小野先生很少说话，但是很在意我吃寿司的进度。先上的是白身鱼寿司，然后是对虾，再然后是满身脂肪的金枪鱼，就像吃西餐先上香槟、再上红葡萄酒、再上白葡萄酒一样，整个程序指向十分明确，套餐设计由淡雅至浓郁再转鲜甜，每一贯寿司都是干干净净、漂漂亮亮，微微闪烁着清朗的光泽。即便没有小酒开胃，依旧让我吃得津津有味。

整个套餐总共18贯寿司，最后送上一片哈密瓜，算是用餐结束，就餐时间45分钟左右。老先生虽然年事已高，但是看他捏寿司真是一种享受，一招一式，没有多余的动作，而捏的饭团松紧适中，放到嘴里，刚好让有一种融化的感觉。可以看出，这套餐传递着小野先生对寿司的深刻理解与热爱，客人吃的不是寿司，而是一种文化。

21.《菊与刀》这本书反映了日本人什么性格

前几天我去逛上海书城，看到了好几本介绍日本的书，其中有一本是《菊与刀》。

我在15年前读过《菊与刀》这本书，觉得这是一本了解日本人和日本民族本性的好书。我这次又买了一本，在回东京的飞机上重新阅读了这本书。

《菊与刀》的作者不是日本人，也不是中国人，而是一位美国人，她的名字叫本尼迪克特，是一位女人类学家。

本尼迪克特于1887年6月5日生于纽约，爷爷曾参加过美国独立战争。在她两岁时，父亲不幸去世，童年是在孤单中度过。1909年，本尼迪克特毕业于瓦萨尔学院，大学时期主修英国文学，写得一手好诗。第二年她到欧洲留学，回国后曾在加利福尼亚的一所女子中学当老师。1919年，也就是中国发生"五四运动"的那一年，本尼迪克特进入哥伦比亚大学跟随博厄斯教授专攻文化人类学。博厄斯教授有"美国文化人类学之父"之称，是一位很了不起的学者。1923年，本尼迪克特获博士学位后留校任教，从讲师当到教授，1936年起担任哥伦比亚大学人类学系代理主任。早在1927年研究印第安部落的文化，她便写成《文化的类型》一书。1940年，她写了一本《种族：科学与政治》，批判种族歧视。第二次世界大战期间从事对日本和罗马尼亚、荷兰、德国、泰国等国民族性的研究，其间诞生了《菊与刀》这本书。第二次世界大战结束后，本尼迪克特继续在哥伦比亚大学从事"当代文化研究"，她于1948年9月病逝，享年61岁。

本尼迪克特为什么会想到去写这一本《菊与刀》？其实最初不是她自己想写的，而是在第二次世界大战期间，她接受了美国战时情报局的委托，开始研究日本。因为当时，第二次世界大战已经临近尾声，摆在美国政府面前有两大问题：第一是日本会不会投降？第二是对日本能不能采用对德国同样的办法？

为了做出最好的决策，美国政府动员了各方面专家来研究日本，请他们提供各种报告和建议，在这些专家中就有这位漂亮的女教授本尼迪克特。

本尼迪克特不懂日文，也没有到过日本，她依据对日本电影、对在美国的日本侨民和战俘的采访，通过阅读有关日本的书籍以及新闻报道，最终完成了这份有关日本的专题报告，并在1946年11月把这份报告汇成一本书在美国正式出版。

这本书出版后，引起了美国政府、知识阶层和一般美国民众的极大兴趣，被认为是影响第二次世界大战后美国对日占领政策，包括不杀天皇的决策的重要著作。有人这样评价《菊与刀》，说20世纪50年代，美国用它改造日本；20世纪80年代，世界用它分析日本；21世纪，中国用它来认识与重新发现日本。一本书不管写得对错，能够延续70年依然被大家所喜爱与阅读，对于作者来说，是一种莫大的荣耀，虽然本尼迪克特在这本书出版后第三年就因病去世，但是她的思想与观点至今依然影响着我们。

《菊与刀》这本书共13章，从对战争的看法讲起，讲到"明治维新"，再分述日本人的风俗习惯、道德观念、自我修养和对孩子的教育、对日本未来的展望。作者虽然是一位人类学家，但同时也是一位诗人，因此写作手法是夹叙夹议，抛开了对樱花、茶道、武士道等日本传统文化的煽情描述，更多是对日本人的家庭关系、精神信仰进行了白描式的对比，描述了一个与美国截然不同的社会与人性。

本尼迪克特为何拿《菊与刀》来作为书名呢？因为"菊"象征了日本天皇制度，而"刀"象征了日本武士道精神，这构成了日本文化体系的全部。而菊与刀，看似水火不容，实则相辅相成，暗含了日本文化的双重性。

《菊与刀》第一章的题目是"任务——研究日本"，这一章系统地概括了日本人矛盾的性格：既生性好斗又温和谦让；既穷兵黩武又崇尚美感；既傲慢自大又彬彬有礼；既保守又勇于接受新的生活方式。那么，"菊"与"刀"正好象征了这种日本人矛盾的个性。

第二章的题目是"战争中的日本人"，主要讲述的是日本人对于战争的看法。在战争中，日本人更相信精神的力量，他们始终认为美国虽然在物质上是强大的，但是在精神上是贫弱的。他们相信精神必定战胜物质，灵魂的力量是攻无不克的。在这种精神力量的鼓舞之下，日本人相较于活着投降更热衷于战死，觉得战死才是体现生命价值的最好方式。对于投降或者成为战俘，日本人觉得有一种强烈的耻辱感，认为自尊受到了毁灭性打击。

第三章讲到了日本侵略他国的理由。在日本人眼里，东亚的其他国家都是低于日本的劣等民族，应当接受日本的统治，同时必须将美国等欧美国家排除出去，建立一种新的国际等级秩序。只有这样，东亚才能更好地发展。因此，他们认为"大东亚共荣圈"的理论并没有错。

第四章讲述了"明治维新"。"明治维新"虽然是反对封建制度的，但它最终还是宣传和保持了日本的封建等级制度，并无条件地服从。

第五章的题目是"历史和世界的负恩者"，讲述了日本人在生活、社会、政治领域对于地位比自己高的人产生尊崇的历史与原因。日本人认为：自己一生最大的恩人就是他的上级。如果得不到天皇的恩典则更无幸福可言。

第六章和第七章都讲述的是日本人的报恩思想。他们认为，接受别人的恩惠实际上就是欠了别人的债，因而必须还债。日本人的报恩方式实际上与其他国家有所区别。他们认为，报恩必须是积极的、刻不容缓的。施恩不是美德，而报恩才是美德。为了报恩而积极工作，把积极工作理解成是一种美德。

第八到十二章中讲述了日本人的自我修养。他们认为洗刷罪名的最好方式是自杀。他们喜欢享受肉体的快乐，对于男女关系的界定并不是很严格，把属于妻子和属于性享受的范围截然分离开来，把人生看作一出戏，从一个极端行为转向另一个极端行为心里不会感到任何痛苦。日本人的人生观是通过忠诚、孝顺、情义、仁义和人情等内容具体表现出来的。

第十三章的题目是"战败后的日本人"。这一章的最后一段话，是这样写的：日本人现在知道自己的军国主义之路已经不通。他们将关注军国主义是否在世界其他国家同样会遭到失败。如果它没有完全失败，日本有可能重燃自己的战争狂热，那么日本就会努力证明自己充分吸取了这样一个教训：帝国主义的王朝企图不是通向荣誉之路。

这句话已经过去70年，但是依然让我感到一种如在面前的现实感。

在这本书中，我特别感兴趣的是第三章中的一段文字，它这样写道：要想理解日本人，首先必须弄清他们的"各得其所"或"各安其分"的含义，他们对秩序、等级制的信赖，与我们对自由平等的信仰犹如南北两极。在我们看来，平等制度赋予了社会的正当性。但是在日本，要把平等作为一种可行的社会结构是非常困难的。日本人对等级制的信赖建立在对人与人之间以及个人与国家之间的关系所持的整体观念之上，所以我们必须对他们的民族习俗，诸如家庭、国家、宗教信仰和经济生活等做一番描述，才能了解他们对生活的看法。

日本人对国际关系的全部问题也都是用等级制这种观念来看待的。在过去的10年间，他们一直把自己描绘成高踞于国际等级制金字塔的顶端，现在，这种地位虽已被西方各国所取代，但他们依然抱着这样的观念。

平等对美国人而言，是追求未来更美好世界的最崇高、最道德的基础。而日本人宣布其信奉的是"各得其所"的理念，这是根据其社会经验所培育出来的生活准则。多少个世纪以来，不平等已成为日本民族有组织的生活准则，既是最容易预计也是最广泛被接受的。承认等级制的行为对他们来说，就像呼吸空气一样自然。

这段文字提出了一个问题，那就是，美国人追求的是平等，而日本人追求的是等级。问题是，日本人一直认为自己是高人一等的高贵民族，所以他不仅侵略中国，也敢于向美国宣战。即使在第二次世界大战失败后，日本人依然不愿意低下高昂的头，放弃自己的等级观念。我觉得，本尼迪克特的这段话，说出了日本这个民族最大的一个特点：它缺乏平等的思想，因此也容易变得狂妄。

在战后很长一段时间里，日本人不愿意被人称为是"亚洲人"，因为在过去的时代里，亚洲是"贫穷""愚昧"的代名词。日本人一直把自己当做欧美俱乐部的一员，实施所谓的"脱亚入欧"政策。所以当中国崛起后，日本如何维护自己作为亚洲大国的地位，成了很大的一个外交课题。最终，日本选择采取与美国联合起来遏制中国的手段，也就是所谓的强化日美同盟关系的做法。

自古以来，日本人学了许多中国的政治文化制度，但是有两样东西自始至终没有学。一样是宦官制度，也就是日本的皇宫中、将军府中，只有官僚，没有太监；另一样就是科举制度。在中国，一个农家贫寒子弟，你只要肯读书，那么就有可能中状元当官，不仅可以改变自己的出身，同时也可以成为国家的栋梁之才。所以，科举制度是鼓励中国人好好读书、出人头地的一条光明大道。但是，日本实行的是严格的等级制度，天皇之下是将军，将军之下是诸侯，诸侯之下是武士，武士之下是平民。诸侯是世袭的，武士也是世袭的，武士的子孙永远效忠于诸侯一家，并接受诸侯给予的俸禄养活自己的家人，由此形成了日本社会关系中最为牢固的利益集团。因此，日本不接受中国的科举制度，主要的目的是禁止平民变成武士，破坏日本的等级制度。

　　这种严格的等级制度，虽然经历了"明治维新"和战后的变革发展，至今依然残留着一部分的传统。但是由于导入了议会制度，废除了贵族阶层，实施了新式教育，因此，日本传统的等级制度也已经被改变，农民的儿子也可以成为国会议员，成为政府部长。20世纪90年代的日本首相村山富市，就是一位大分县渔民的儿子。这一点与《菊与刀》所描述的日本社会，已经发生了很大的变化。

　　《菊与刀》这本书是我们了解日本人与日本文化的一把钥匙。但是，毕竟日本在第二次世界大战后发生了许多的变化，所以我们在观察日本社会、分析日本民族特性时，可以将《菊与刀》作为一个重要的参考，但没有必要将这本书神化。我们只要更多地观察和分析当今的日本社会，那么在理解现实的日本这件事情上，就不会出现太大的偏差。

22. 日本情人节为何是女人讨好男人

情人节为何是"白色"的？愣是没有搞清。说实话，对于我们这种有贼心没贼胆的老男人来说，情人节就像刚烤出来的红薯——香，但烫手。

一大早上班，编辑部新来的年轻人递给我一只精美纸袋。桃花还没开，我知道不会有什么好运。所以我也没有躲到厕所里去小心翼翼地打开那个纸袋，摸摸里面是否还有什么小纸条。只是没有想到，年轻人给我的不是一盒巧克力，而是一只油炸的煎饼。

我给这只煎饼拍了一张照，发到了微信上，想想要不要开除她。

上海好友吴四海给我留了片言说："受尽煎熬，依旧爱你！真是，你太不解风情。"不愧是电视节目主持人，有花头眼睛。我还真没注意到：煎饼还是心形。

日本女人到底有多好？我是不敢妄加评论，因为得罪哪一方都是祸。但是遇到情人节，我还得表扬她们几句——按大大的意思说，就是"蛮拼的"。

情人节这一天，中国的玫瑰一定是价高几倍，而在日本，花店生意绝对是惨不忍睹。因为你看不到男人往花店跑，而是看见女人捧着一盒盒巧克力往男人怀里塞。2月14日情人节，男人个个是天皇。

我为什么要表扬日本女人的这种献身行动，是因为2月14日这一天，在日本是女人讨好男人的日子，而讨好的武器，就是各种各样的巧克力。

什么时候开始情人节要送巧克力？我还没考证过。但是发现日本情人节送巧克力还真有学问，送给"真命

天子"的，一定要亲手做。超市里有各种各样做巧克力的原料和模型，亲手做好再搁上一张精美的卡片，用专用色笔写上"做得有点笨拙，请你将就着尝尝"。男人收到这份手工作品，眼前就浮现出娇妻做好满满的一桌菜等着自己下班，喊一声"辛苦了，您回来了"的情景。

据悉，手工制作巧克力，原是没钱的高中女生想出来的办法。后来延伸到了职场，就赋予了别样的意义。当然，结婚以后就别太指望太太做好巧克力往你嘴里塞。

送给父亲或上司的巧克力，那就要贵的，价格一般在1000日元（约60元人民币）左右一盒。当然还有更好的，像银座的"和光"巧克力和帝国饭店的巧克力，一盒就要5000日元（约300元人民币）。前些天我就下了血本买过一盒送某美女，她愣是没有给我一颗尝个味。

送完情人送上司，送完上司还得送同僚。于是，第三档次的巧克力叫"义理巧克力"，译成中文大白话，就是"打发性巧克力"。一个办公室的男同事或者业务单位的男士，见面就塞一盒——超市里买的，薄薄的，一般也就200日元（约十几元人民币）。主要用于：交流感情，疏通关系。

虽然收到的只是"义理巧克力"，但是在一个单位里，男人们也要拼一拼，谁收到多谁就是男神。所以，情人节这一天如果是工作日，男人们出门一定会拎上一个包，以备晚上回家数巧克力去。

其实，情人节送巧克力也是女人们传递爱意的最佳时机。假如你突然接到一个电话，她对你说："好久没见你，如果方便的话，我想把一盒巧克力交给你。"哪怕你平时对她没什么好印象，也很难拒绝一位女性要亲手送给你一盒巧克力的情谊。于是她挤地铁，奔跑1000米，把一盒亲手做的巧克力放到你的手心时，你还有啥好说呢，"等过些日子，樱花开时，一起赏花去。"她一声"嗨"，于是什么事都搞定了。

写到这里，我想到一个问题：宣传男女各占半边天，其实不是一件好事。最后搞得男人像女人，女人像男人。这个社会如果阴阳不均，最终导致的是绝对的不和谐。所以，我还是喜欢要有点大男子主义，至少男人要伟岸，而女人要娇柔——哪怕表面也行。

"吃人家的嘴软，拿人家的手短。"这一放之四海而皆准的革命真理，搁在日本也一样。所以，商家们动了个脑筋，2月14日是女人送男人巧克力，那过一个月，就让男人还一份礼给女人。所以3月14日是日本的第二个情人节，女人当"武媚娘"。

那么，男人一般送什么礼物给女人呢？一般只有两个等级。给"真命娘子"送首饰或内衣，给重要女生送手绢。因为一块手绢得1000日元（约60元人民币），所以，男人就没有"义理手绢"可送。那些送了"义理巧克力"的女人们，只能自认倒霉。想擦眼泪，还得自个儿买手绢去。

情人节就这么来回折腾一次，经济效益是600亿日元（约35亿元人民币）。这就是煎饼为何不能代替巧克力的最简单道理——不能掉价。

23. 到京都寻访最浪漫的美食街

京都有两条古街，一条是祇园，一条是先斗町。

祇园是人们熟悉的艺伎街，街道虽短但是十分宽敞。晚上扛一台相机蹲在祇园，总能拍到出门去酒肆陪酒的艺伎。但你在先斗町看到的多是满街的食客。

"鸭川"这条河流把京都古城分成南北两区，南区是商贸中心，而北区则是佛教与神道文化中心，一闹一静，构成了京都的别样氛围。

先斗町就在鸭川岸边，天生就是一个喝酒的好地方。街道绵长1.5公里，街面之狭窄，只能过一辆三轮车。但是，石板铺就的街道在各色灯光映衬之下，演绎出五彩的人生道，你走在上面能够感受到古都的那种古朴与精致。

先斗町诞生于345年前的宽文时代。那时政府为了防止鸭川河水泛滥，在岸边建设了堤坝，称为"新河原町通路"。此后，人们开始在堤坝上建造各式的酒肆旅馆，一时艺伎与娼妓云集，成为京都最繁华的街区。当时的政府几度取缔打击嫖娼卖淫，但是先斗町始终是贵族与庶民最爱的地方。进入明治时代后，明治政府正式认定先斗町为京都的"花柳街"，允许艺伎在这里公开经营。于是艺伎的演舞场也正式出现，艺伎的舞蹈也演绎出"筱塚流"、后若柳流和尾上流等各种流派，这里开始成为京都古城艺伎最为集中和达官贵人们吃喝玩乐的新天地。

先斗町的料理，是典型的京料理。京料理是日本"和食"料理的代表，2013年，"和食"被世界教科文组织确定为"世界无形文化遗产"。

由于京都远离海岸，在过去交通物流极不便利的情况下，京都人很少有机会吃到新鲜的鱼类。因此，京料理的主要食材用料都是蔬菜、豆制品以及溪鱼。调理师通过烹煮，将食材做成缤纷的会席料理，所以也有"花料理"之称。

吃正宗的京料理，是需要提前预约的。因为主人必须根据客人所需要品尝到到菜肴去提前选购所需要的食材。鲜度是京料理的生命——它不用味精等调味品，全靠食材本身的味道来满足味觉的要求。

我预约的店是在先斗町的中段，店门口放了许多新鲜的蔬菜，但不用担心有人拿走。

这家店的大厨以前是京都一家有着400多年历史的老铺旅馆的料理长，独立出来后经营了这家店。他说，店里的所有食材使用的是京都上贺茂地区定点农家的蔬菜，而烹饪的水则是当年日本的茶圣千利休泡茶用的柳水。当然，所有盛菜的器皿都是京都著名的清水烧，有的已经有200年的历史。用这种古董级器皿盛出来的京料理，也便有着特殊的味道。

这家店就在鸭川边，打开窗户可以看到鸭川两岸盛开的樱花，听到河水淙淙的流淌声。每年夏天，店家都会被允许在河岸上搭建一个平台，将店铺延伸出去，摆上几个矮矮的桌几，放上红色的坐垫，便成了榻榻米式的餐位。盛夏的夜晚，在凉风习习的河川边吃上一顿京料理，也是一种特别的享受。

先斗町除了京料理之外，也有不少和式酒吧。点几碟小菜，烫上一壶清酒，与主人天南海北地胡吹，往往是京都夜生活的"二次会"。

这样的和式酒吧总是很小，一般只能容下不到10位的客人。我去的那家店，在先斗町一条不起眼的小巷的尽头，拉开移门走进去，发现只有5个座位。我的第一反应是："这老板如何自己养活自己？"

老板40岁出头，据说为了开这家只有5个座位的店，还花费了300多万日元，大约 18 万人民币，在东京六本木的一家和式酒吧苦学了一年。

老板名叫吉川，是地道的京都人。听说我是从东京来的中国人，开口便来一句："京都都快被你们中国人占领了。"当然说这话时，他面带喜悦之情，就如出租车司机最爱中国游客一样。因为好多中国人一上来总是会包车一天，让你带着他们到京都各处转悠，一天挣足两天的钱。

我没有想到，吉川先生随后会数落起东京人来。他说，东京人是"田舍者"，最狡猾。当年天皇离开京都前往江户（后改名东京）视察，绝对不会是心血来潮突然想要留在东京，一定是遭到了江户人的绑架。

吉川先生把东京人叫做"田舍者"，也不是他的发明。"田舍者"按照中国话的意思就是"乡下人"。看来过去几百年，京都人从来都不把东京人放在眼里，只认为自己才是大和民族悠久历史文化的纯粹继承者，不管世间如何变幻，京都人始终以一种极端保守的姿态默默地守护着那一份优雅的传统——和服、艺伎、京料理、京糕点、樱花、红枫和古都古街。

只是让我惊讶的是，吉川先生居然还是一位大提琴演奏家，正儿八经毕业于东京艺术大学。他说自己水平太低，进不了大的乐团，所以还是老老实实地在晚上开一家小店，有演奏任务时出去跑跑场子。

我对吉川先生产生了一种莫名其妙的崇敬，大提琴演奏家与小酒吧老板，无论如何难以划等号。但是吉川先生是划上了，还划得很扎实，一点也没有羞涩。他说，来他店里的常客大多都是乐团的同行，"店小了点，有时会坐不下，但就我一个人忙活，大家爱给多少钱就多少钱"。

临走时，我留下了 2 万日元，吉川先生一直把我送出店门。离开大老远了，我还能感觉到他在目送。

24. 与京都艺伎喝花酒的隐秘规矩

到京都游玩,最欢悦的事不是跑到祇园或先斗町去瞧艺伎的粉脖,而是叫艺伎陪你喝酒。

所谓艺伎,其实分成舞子和艺伎,统称为艺者。舞子是指处女级的年轻艺者,服饰上的区别在于背后有一块很大的兜布。而有了男人的艺者,和服的背后是打了结,才被称为艺伎。

听先斗町酒吧老板吉川先生说,白天在景点转悠的那些艺伎打扮的人,都不是正儿八经的艺伎,而是游客。正宗的艺伎,白天是不出门的。即使出门,也是常人打扮。所以要看艺者,只有晚上到祇园或先斗町去找。

艺伎们平时都生活在哪里?自然不是自己的家或租赁的公寓楼,而是茶屋。茶屋相当于艺伎经纪公司,主人是"妈妈",大多是资深的艺伎或是花柳街的著名经纪人。女孩子在十二三岁的时候就被送进茶屋,接受妈妈严格的礼仪和待人接物的规矩训练,从一步一颦、站姿坐姿到琴棋书画、歌舞演艺,至少需要3年的苦练才能出场。

艺伎自古有"卖艺不卖身"的传统,这指的是艺伎不会也不能随便跟客人出去过夜,客人出多少钱都不行。但是,有钱人可以包养,包养艺伎自古是日本上流社会男人的一种时尚。在20世纪80年代的泡沫经济时期,一年的包养费至少也得2000万日元(约合105万元人民币)。而这笔钱,还不包括给艺伎买和服、化妆品以及租房等费用,如果全部加起来,则需要5000万日元以上。

吉川先生说,京都艺伎的包养有特别的规定,如果客人看上一位艺伎想包养,那就必须先向妈妈提亲。妈妈不会立即答应你,她会通过各种手段调查你的背景和资产信誉。只有有德有品、财力雄厚的男人,才会得到妈妈的许可。当然,没有妈妈的许可,艺伎私自与客人勾搭的话,那结果只有一个:被逐出花柳界。

泡沫经济崩溃后,日本经济陷入长期的不景气,包养艺伎的人大大减少。如今,"外室文化"在日本也渐渐消失,所以艺伎的人数也大幅减少。先斗町最盛期，有艺伎 300 余人，现在也只剩下 50 余人。

要请出一名艺伎陪你喝酒，是很难的事，因为艺伎从不向不相识的客人提供服务。我给京都和服店老板土屋先生打了一个电话，他是京都的"地主"。土屋先生听说我来了，倒是十分客气，说无论如何要带我去喝花酒。

喝花酒的地方就在先斗町小街的一家日本料理店，榻榻米式的和室，面积大约有 20 平方米。等我们进店时，主人已经摆上了两张低矮的小几。因为先前吃过两顿饭，所以我们只要了一个小套餐，每人 15000 日元。

土屋先生预先打了电话给相熟的妈妈，所以在我们进店后不久，一位艺伎和一位妈咪级琴师欣然而至。据说，这是艺伎出场的"低配"。

艺伎看上去 20 岁出头，虽然涂了一脸的白粉，看不清真容，但是形象确实惊艳。尤其是进门的跪拜，缓缓地低身，优雅地一拜，让你顿悟"女人本该如此"，而自己挺爷们。

预先被告知规矩，与艺伎一起喝酒不能对她使用调侃和戏弄的语言，不能触摸她的手，更不能搂抱。换言之，你只能用欣赏的眼光来接受她细心且柔情的服务，但是你不能占她的便宜。

艺伎陪酒的流程是按照时间算的，基本上是 2 小时为一个单位。跪拜完后便是自我介绍，我这才知道她的艺名叫豆千鹤，所属茶屋的妈妈取名豆家，所有的艺伎姐妹都以豆为姓。

第一个流程，是艺伎给我们敬茶。就我和土屋先生两人，所以大家就随和不少。茶是抹茶，正宗的茶道演绎。

第二个流程，便是对饮。千鹤小姐给我斟满清酒，我就咕咚一杯，再斟满，又咕咚一杯，反正杯子很小，一时也醉不了。边聊天边相互敬酒，我们两人想把千鹤放倒，估计挺有难度。你看她将小酒杯端上，提起香袖一遮，一抿嘴就下去了，速度绝对体现自信。

第三个流程，就是千鹤小姐表演传统舞蹈，由同来的专属艺伎琴师以三弦弹唱伴奏。舞蹈表演时间大概 30 分钟，分为三种传统舞蹈，一招一式挺有风韵，就是没能看懂表现的是什么内容。

第四个流程，是陪酒闲聊。我们是盘腿而坐，千鹤小姐是跪着说话、倒酒和一起品酒。一个小时这样跪着，她能坚持下来，还真有功夫。

千鹤说，聊天也是艺伎必修的一门基本功。喝酒中，千鹤都跟我们聊了些什么呢？从日本的茶道聊到中国的茶道，从中日寺院文化的不同聊到两国文化的传承，从京都的古街聊到东京的银座，最后聊到安倍经济学会否成功，他太太的小酒店是否还开着，还有德航客机的副机长是否患有精神病。

　　看来，茶屋的妈妈要培养一名出色的艺伎，比培养自己的女儿还要花心思，不仅礼仪到位，知书达理，而且还必须上知天文下知地理，这不是一般女子所能为。

　　千鹤她们回去的时候，土屋先生包了一点钱。我后来问他："给了多少？"他说："15万日元。"这应该是邀请艺伎陪酒的最低费用。

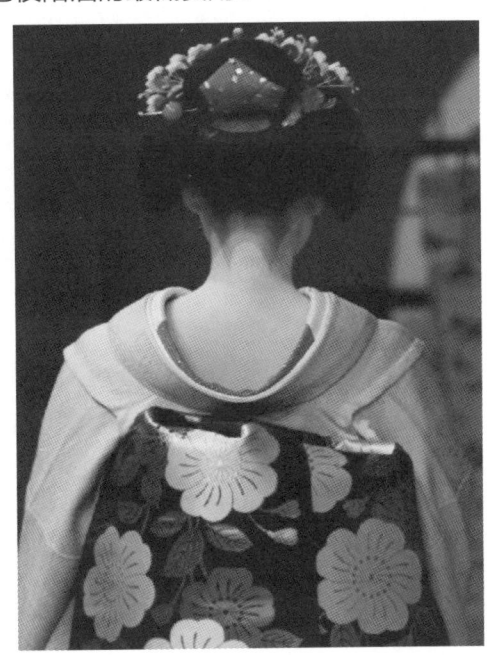